新编经典诗文背诵导读

XINBIAN JINGDIAN SHIWEN BEISONG DAODU

庄传云 寇金良◎主编

安徽师范大学出版社
·芜湖·

图书在版编目(CIP)数据

新编经典诗文背诵导读 / 庄传云,寇金良主编.—芜湖:安徽师范大学出版社,2018.6
ISBN 978-7-5676-3581-4

Ⅰ.①新… Ⅱ.①庄… ②寇… Ⅲ.①古典诗歌－中国－高中－教学参考资料②文言文－高中－教学参考资料 Ⅳ.①G634.303

中国版本图书馆CIP数据核字(2018)第107108号

新编经典诗文背诵导读

XINBIAN JINGDIAN SHIWEN BEISONG DAODU

庄传云　寇金良◎主编

责任编辑:胡志恒　刘　佳

装帧设计:丁奕奕

出版发行:安徽师范大学出版社

芜湖市九华南路189号安徽师范大学花津校区　　邮政编码:241002

网　　址:http://www.ahnupress.com/

发 行 部:0553-3883578　5910327　5910310(传真)　　E-mail:asdcbsfxb@126.com

印　　刷:浙江新华数码印务有限公司

版　　次:2018年6月第1版

印　　次:2018年6月第1次印刷

规　　格:787 mm×1092 mm　1/16

印　　张:19.25

字　　数:386千字

书　　号:ISBN 978-7-5676-3581-4

定　　价:58.00元

《新编经典诗文背诵导读》编委会

莲花诗韵香清远　校园文化气正刚

让背诵托起梦想

刘贵彦*

2015年仲夏，带着光荣的教育梦想，通过北京师范大学合作办学平台，我从冰城哈尔滨来到了江城芜湖这块教育热土，满怀信心，肩负使命，和北京师范大学芜湖附属学校全体师生一起，共同努力，力争在尽可能短的时间内，创建特色文化名校，以“人·爱·创新”为核心价值观，不负人民重托，回报社会厚望，实现教育梦想。

北京师范大学芜湖附属学校以学生个性人格的全面和谐发展为核心，尊重教育规律，创新教育管理，在打造高效课堂的同时，切实推动北京师范大学芜湖附属学校“515”经典阅读工程建设，切实推动广大教职工热爱阅读的风气，突出学习教育名著，提高教师教育理论水平，更新教育观念，丰富教育智慧，促进教育创新，让爱阅读的老师带动爱阅读的学生，特别是学校图书馆、阅览室、书吧的开放，早读课的背诵、阅读课的开设，经典诵读活动的开展，名言名句的环境布置，已经初步建设了一个文化校园、书香校园。

书声琅琅风化智，墨香阵阵花开明。这次我们北京师范大学芜湖附属学校语文教研组同仁，在繁忙工作之余，发挥聪明才智，精心编写校本教材，为我校全体学生提供科学合理、实用有序的诵读资料。这是北京师范大学芜湖附属学校第一部校本教材，是一件很有意义的事情，无疑将载入立校兴校的大事记。借此机会，我想谈谈自己对背诵的认识和看法，希望和大家交流。

---

* 刘贵彦，北京师范大学芜湖附属学校校长、全国优秀教师、黑龙江省特级教师、黑龙江省中学骨干校长。

一、背诵是回归优良传统

著名文艺理论家、美学家、教育家朱光潜先生在《从我怎样学国文说起》中说："私塾的读书程序是先背诵后讲解。现在回忆起来，不断地有新领悟，其中意味，确是深长。"

著名小说家白先勇先生在《我的国文老师》中说："我认为念中国诗词，真是人生的一大享受，中国诗词里极度的精纯性，对于文字的节奏、音乐性和灵敏度，都是很好的基础。"

瑞典汉学家高本汉先生说："这种学习(背诵)的课程，采用了已经二千年，养成大家于古代文书具有特别的熟悉；结果，对古代的历史和文学，又发生了一种崇视敬爱的心理。"

中国古代教育的优良传统证明："背"是学好语文的先决条件。可以自豪地讲，学习语言，最先进的方法在中国。"书读百遍，其义自见"，"熟读唐诗三百首，不会作诗也会吟"，"读书破万卷，下笔如有神"。这些强调读、强调背的方法和做法，大家已耳熟能详，习以为常。曾有人做过这样一个有趣的统计：古代科举考试考生要想"金榜题名"，必须将《论语》《孟子》《书经》《礼记》《左传》等40多万字的书，全部精读背熟。这个统计或许不尽准确、全面，但选择经典和重要篇章背诵牢记，几千年来古代教育一直沿用这个重要方法。从启蒙开始，老师并不给学生大谈理论，而是充分地让他们背诵、积累，然后模仿、训练、自悟，老老实实地读、背、抄、默，一篇又一篇，一本又一本，几年下来，腹中渐富，胸中渐宽。有人直至学富五车，成名成家。可以这么讲，古代的诸多先贤圣人，何尝不是从"背"中起步而一步一步走向人生辉煌的呢？今天我们强调背诵就是回归优良传统，从战略意义上，就是充分、合理、有效地吸取传统语文教学的精华。

二、背诵是各国基础教育的常用方法

不要以为只有我们中国人强调经典的背诵，犹太人、印度人、中东阿拉伯人、欧美人、东亚人的教育中都存在不同的背诵经典的要求。我们不妨来看看他们是怎么对待自己的传统经典吧！

犹太人向来以较强的记忆力而自豪，但这并不是因为他们天生聪明，而是因为从他们两三岁开始，父母就会让孩子背诵《圣经》，每天背诵一部分，并形成一种习惯。犹太人认为，如果不能培养出一个好的记忆力，今后就没有办法学习其他事物。一旦记忆容量变大了，大脑就有能力不断地储存新的信息。

日本是一个高度重视教育的国家，特别注重对孩子的普法教育和传统文化教育。日本著名教育家阴山英男在其所著的《天才是怎样炼成的》一书中，列出要求学生背诵的书目，其中包括《日本国宪法全文》《源氏物语》《平家物语》《伊氏物语》《论语》《老子》《孟子》和《徒然草》等。

在西方亦如此，他们对荷马、维吉尔、但丁、歌德的重视就是从背诵他们的经典作品入手，很多基督徒则对《圣经》异常重视，会背诵许多经典经文。

阿拉伯的儿童从三岁起就得背诵《古兰经》。印度人对于自己的经典如《吠陀经》、《往世书》、史诗《摩诃婆罗多》和《罗摩衍那》非常重视，严格要求学生背诵。

由此可见每个国家都重视自己民族的古老智慧，我们怎能不尊重和熟悉自己民族的经典？

三、背诵有无可替代的作用

俄国大文豪列夫·托尔斯泰之所以博闻强识，并非他有什么特异功能，而是因为他坚持每天做“记忆力体操”。他曾经说过：“背诵是记忆力的体操。”

可见背诵不但是一种有效的记忆方法，而且通过背诵还可以培养和锻炼人的记忆力。背诵能够储备丰富的语言材料，是促进语言的理解和运用能力向前发展的必要条件。无数人学习语文的实践证明，背诵古诗文对学好语文具有十分重要的作用。反复诵读能加深理解，熟读成诵的过程中，能把所诵读的语言材料牢固地保持在记忆中，这样，记忆力得到了很好的锻炼。

背诵对提高听说读写能力也有重要作用。熟读背诵那些千锤百炼、脍炙人口的名家名篇，可逐步积累字、词、句、篇等方面的感性材料，并可在消化、吸收的基础上，不断转化为读、写的能力。许多同学都对作文深感头痛，其实背诵就是医治此病的良药。唐代文学家韩愈曾说：“人之能为文，由腹有诗书。”蜜蜂广采花粉，才能酿出香甜的蜜；春蚕饱食桑叶，才能吐出雪白的丝。熟读成诵，消化吸收，作文时则文思泉涌，意到笔随，称心如意，笔底生花。巴金也说过：“读多了，读熟了，常常可以顺口背出来，也就慢慢体会到它们的好处，也就慢慢摸到文字的调子。”所以我们应抓紧时间，多读多背，对语文教材要求背诵的，要不折不扣地熟读成诵。另外还要精心挑选文质兼美、脍炙人口的诗文来熟读成诵，铭记于心。

四、背诵对各科学习有促进

初中语文教学大纲明确指出“语文学科是学习其他各门学科的基础”，高中语文教学大纲更强调“提高语文素质”“对于学好其他学科十分必要”。语文是人文性和工具性都特别强的学科，这种语文人文性和工具性也是其他学科所必须具备的。语文不仅决定学生的近期目标，更深刻影响学生一生的命运，而背诵是语文学习的好方法、好基础，因此背诵对于各门学科的意义就显而易见了。

做“记忆力体操”的不仅是强调背诵的语文，也是非常需要记忆力和理解力的数理化等学科。数理化的基本公式、定理定律都是必须准确清晰记下来的，不可能临到运用时再去翻书查资料。背诵可以提高学生的理解力，各门学科的主要载体是语言，没有对语言的准确理解力，怎么能够学好各门功课呢？理解和记忆是辩证的统一，记忆可以促进理解，理解可以巩固记忆，理解了的东西识记起来比较迅速和牢固。我们的背诵不可能是单纯的忽视理解的死记硬背，而是充分理解下的融会贯通，是理解力和记忆力的多向发展，这不但不影响数理化的学习，反而会促进它们。

背诵其实是素质教育的重要组成部分。多背诵古诗文让我们受到中华优秀文化的熏陶，塑造热爱祖国和中华文明、献身人类进步事业的精神品格，形成健康美好的情感和奋发向上的人生态度，奠定精神世界的人格基础。古往今来，多少仁人志士，多少社会精英，多受过经典诗文背诵的深刻影响。应该说这才是古诗文背诵的真正意义和价值所在。

同学们，你们应该有家国情怀，肩负起光荣的使命，实现人生的价值，那就读起来，背起来吧！

我将赞赏你们刻苦的努力和精彩的表现！

目录

CONTENTS

高中必修一

高中必修二

■ 课内背诵

■ 对接诵读

■ 拓展阅读

高中必修三

■ 课内背诵

高中必修四

■ 课内背诵

■ 对接诵读

拓展阅读

高中选修

课内背诵

附录　高中必背初中内容

CHAPTER 7

XIN BIAN

经典诗文 背诵导读

高中必修一

莲花诗韵香清远 校园文华气正刚

请珍惜每秒每分

TIME LOST CAN NOT BE RECALLED

岁月不请自来,青春不告而别

课内背诵	对接诵读	拓展阅读
沁园春·长沙	七绝·赠父亲 沁园春·雪	忆秦娥·娄山关
雨巷	独自的时候	寻梦者
再别康桥	沙扬那拉 偶然	“我不知道风是在哪一个方向吹”
烛之武退秦师	曹刿论战	介之推不言禄
荆轲刺秦王(节选)	咏荆轲	冯谖客孟尝君
鸿门宴(节选)	项羽之死(节选)	项羽本纪赞

沁园春·长沙

◎毛泽东

课内背诵

佳作推荐

壮景壮志扬豪情，崇高尽因大心灵。开启高中第一课，伟人华章深情吟。

作家作品介绍

毛泽东（1893—1976），字润之，笔名子任。湖南湘潭人。诗人，伟大的马克思主义者，无产阶级革命家、战略家和理论家，中国共产党、中国人民解放军和中华人民共和国的主要缔造者和领导人。毛泽东被视为现代世界历史中最重要的人物之一，《时代》杂志也将他评为20世纪最具影响100人之一。

“沁园春”，词牌名。1925年作者故地重游，作此词。

独立寒秋，
湘江北去，
橘子洲头。
看万山红遍，
层林尽染；
漫江碧透，
百舸争流。
鹰击长空，
鱼翔浅底，
万类霜天竞自由。
怅寥廓，
问苍茫大地，
谁主沉浮？

携来百侣曾游。
忆往昔峥嵘岁月稠。
恰同学少年，
风华正茂；
书生意气，
挥斥方遒。
指点江山，
激扬文字，
粪土当年万户侯。
曾记否，
到中流击水，
浪遏飞舟？

导读赏析

全词通过对长沙秋景的描绘和对青年时代革命斗争生活的回忆，提出了“谁主沉浮”的问题，表现了词人和战友们为了改造旧中国英勇无畏的革命精神和壮志豪情。上阕侧重写景，下阕着重抒情，情景交融。不仅使我们得到欣赏壮丽秋景的艺术享受，更使我们从诗人炽烈的革命情怀中，汲取奋发前进的信心和力量。

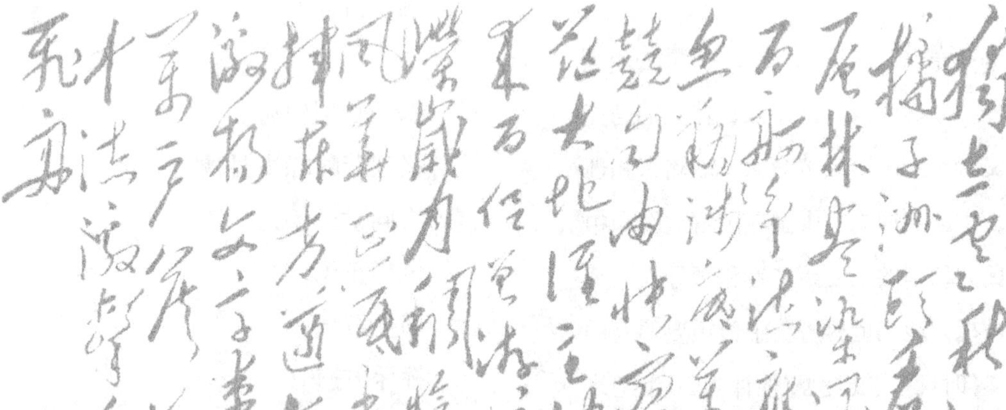

雨　巷

◎戴望舒

课内背诵

佳作推荐

朦胧凄美且感伤，象征婉约托意象。开创新诗音乐美，你我记忆有《雨巷》。

作家作品简介

戴望舒（1905—1950），名承，字朝安，小名海山，浙江杭县（今浙江余杭）人。中国现代派象征主义诗人，翻译家。

撑着油纸伞，独自
彷徨在悠长，悠长
又寂寥的雨巷，
我希望逢着
一个丁香一样的
结着愁怨的姑娘。

她是有
丁香一样的颜色，
丁香一样的芬芳，
丁香一样的忧愁，
在雨中哀怨，
哀怨又彷徨；

她彷徨在这寂寥的雨巷，
撑着油纸伞
像我一样，
像我一样地
默默彳亍着，
冷漠，凄清，又惆怅。
她静默地走近
走近，又投出
太息一般的眼光，
她飘过
像梦一般的，
像梦一般的凄婉迷茫。

像梦中飘过
一枝丁香的，
我身旁飘过这女郎；
她静默地远了，远了，
到了颓圮的篱墙，
走尽这雨巷。

在雨的哀曲里，
消了她的颜色，
散了她的芬芳，
消散了，甚至她的
太息般的眼光，
丁香般的惆怅。

撑着油纸伞，独自
彷徨在悠长，悠长
又寂寥的雨巷，
我希望飘过
一个丁香一样的
结着愁怨的姑娘。

导读赏析

本诗是戴望舒的成名作，他因此赢得了“雨巷诗人”的雅号。雨巷、独行者、姑娘这些象征性意象，含蓄地暗示出作者既迷惘感伤又有所期待的情怀。重唱、叠句等手法，成就了回环往复的旋律和婉转悦耳的乐感，“替新诗的音节开了一个新的纪元”。

再别康桥

◎徐志摩

课内背诵

佳作推荐

传奇婚恋奇生死，柔美旋律康桥情。诗中“三美”尽数在，唇齿生香直到今。

作家作品简介

徐志摩（1897—1931），浙江海宁人，现代诗人、散文家。原名章垿，字槱森，留学英国时改名志摩，新月派代表诗人。

轻轻的我走了，
　正如我轻轻的来；
我轻轻的招手，
　作别西天的云彩。

那河畔的金柳，
　是夕阳中的新娘；
波光里的艳影，
　在我的心头荡漾。

软泥上的青荇，
　油油的在水底招摇：
在康河的柔波里，
　我甘心做一条水草！

那榆阴下的一潭，
　不是清泉，是天上虹
揉碎在浮藻间，
　沉淀着彩虹似的梦。

寻梦？撑一支长篙，
　向青草更青处漫溯，
满载一船星辉，
　在星辉斑斓里放歌。

但我不能放歌，
　悄悄是别离的笙箫；
夏虫也为我沉默，
　沉默是今晚的康桥！

悄悄的我走了，
　正如我悄悄的来；
我挥一挥衣袖，
　不带走一片云彩。

十一月六日，中国海上

导读赏析

全诗以离别康桥时感情起伏为线索，抒发了对康桥依依惜别的深情。诗人用虚实相间的手法，细致入微地将诗人对康桥的爱恋，对往昔生活的憧憬，眼前无可奈何的离愁，表现得真挚、隽永。本诗充分体现了新月诗派的“三美”：绘画美、建筑美、音乐美，是徐志摩诗作中的代表作。

烛之武退秦师

◎《左传》

课内背诵

佳作推荐

捐弃前嫌身不顾，深明大义烛之武。三寸之舌百万师，保家爱国垂千古。

作家作品简介

《左传》全称《春秋左氏传》，原名《左氏春秋》，汉朝以后多称《左传》，相传是春秋末年鲁国的左丘明为《春秋》做注解的一部史书，与《公羊传》《穀梁传》合称“春秋三传”。《左传》是我国第一部叙事详细的编年史著作，共三十五卷。它依孔子修订的鲁史《春秋》的顺序，主要记载了东周前期二百四五十年间各国政治、经济、军事、外交和文化方面的重要事件和重要人物，是研究中国先秦历史很有价值的文献，也是优秀的散文著作。

晋侯、秦伯围郑，以其无礼于晋，且贰于楚也。晋军函陵，秦军氾南。

佚之狐言于郑伯曰：“国危矣，若使烛之武见秦君，师必退。”公从之。辞曰：“臣之壮也，犹不如人；今老矣，无能为也已。”公曰：“吾不能早用子，今急而求子，是寡人之过也。然郑亡，子亦有不利焉。”许之。

夜缒而出，见秦伯，曰：“秦、晋围郑，郑既知亡矣。若亡郑而有益于君，敢以烦执事。越国以鄙远，君知其难也。焉用亡郑以陪邻？邻之厚，君之薄也。若舍郑以为东道主，行李之往来，共其乏困，君亦无所害。且君尝为晋君赐矣，许君焦、瑕，朝济而夕设版焉，君之所知也。夫晋，何厌之有？既东封郑，又欲肆其西封，若不阙秦，将焉取之？阙秦以利晋，唯君图之。”秦伯说，与郑人盟。使杞子、逢孙、杨孙戍之，乃还。

子犯请击之，公曰：“不可。微夫人之力不及此。因人之力而敝之，不仁；失其所与，不知；以乱易整，不武。吾其还也。”亦去之。

导读赏析

春秋时代，诸侯国之间的兼并战争呈现日益炽烈之势，这使外交活动显得极为重要，国与国之间的外交关系越来越复杂频繁，尤其是一些小国，面对大国的军事进攻，丝毫没有与大国进行军事对抗的能力，只能通过出色的外交活动和卓绝的外交辞令来维护自己国家的生存和利益。这种时势造就了一大批熟悉天下形势，精通外交辞令，善于利用矛盾及利害关系说服对方，维护自己国家利益的出色的外交活动家。《左传》一书，对他们的外交活动和辞令做了非常精彩的记述，《烛之武退秦师》就体现了优秀的外交辞令，显示了语言艺术上的卓越成就。

公元前630年，秦、晋借口郑国曾对晋文公无礼且与楚国亲近，而合攻郑国，在自己的国家（郑国）危难面前，烛之武前往敌国交涉。于强秦面前，其不卑不亢，能言善辩，终于使秦国从郑国退兵。本文波澜迭起，曲折有致，处处注意伏笔与照应，是《左传》中乃至中国文学史上一篇优秀散文。

荆轲刺秦王（节选）

◎《战国策》

课内背诵

太子及宾客知其事者，皆白衣冠以送之。至易水上，既祖，取道。高渐离击筑，荆轲和而歌，为变徵之声，士皆垂泪涕泣。又前而为歌曰：“风萧萧兮易水寒，壮士一去兮不复还！”复为慷慨羽声，士皆瞋目，发尽上指冠。于是荆轲遂就车而去，终已不顾。

佳作推荐

易水千年风犹寒，壮士此去本应还。
可叹太子遣舞阳，英雄惜败千古憾。

作家作品简介

《战国策》是一部国别体史学著作，又称《国策》。记载了西周、东周及秦、齐、楚、赵、魏、韩、燕、宋、卫、中山各国之事，记事年代起于战国初年，止于秦灭六国，约有240年的历史。分为12策，33卷，共497篇，主要记述了战国时期的游说之士的政治主张和言行策略，反映出这一时期各国政治、外交的情况。

导读赏析

本文波澜起伏、惊心动魄的故事情节围绕着一个“刺”字展开，记述了战国时期荆轲刺秦王这一悲壮的历史故事，反映了当时的社会政治情况，表现了荆轲机智勇敢、扶弱救困、反抗侵伐、勇于牺牲的精神。

文章通过一系列情节和人物对话、动作、神态等表现人物性格，塑造了侠义英雄荆轲的形象。

鸿门宴（节选）

◎司马迁

课内背诵

佳作推荐

中国历史的每一页都浸洇着生命的热血，你面对那冰冷的纪年投以轻蔑的一瞥，然后满怀慈悲地一页一页抚摸那些泣血的生灵，历史的天空不再是神在主宰，逻辑的必然的锁链砰然迸裂，一个个鲜活的生命撕开序幕，精彩的历史重新上演。“刚正不阿，留将正气冲霄汉。幽愁发愤，著成信史照尘寰。”

作家作品简介

《史记》是西汉著名史学家司马迁撰写的一部纪传体史书，是中国历史上第一部纪传体通史，被列为“二十四史”之首。记载了上至上古传说中的黄帝时代，下至汉武帝太初四年间共3000多年的历史。与后来的《汉书》《后汉书》《三国志》合称“前四史”。《史记》对后世史学和文学的发展都产生了深远影响。被鲁迅誉为“史家之绝唱，无韵之《离骚》”。

沛公旦日从百余骑来见项王，至鸿门，谢曰：“臣与将军戮力而攻秦，将军战河北，臣战河南，然不自意能先入关破秦，得复见将军于此。今者有小人之言，令将军与臣有郤。”项王曰：“此沛公左司马曹无伤言之。不然，籍何以至此？”项王即日因留沛公与饮。项王、项伯东向坐；亚父南向坐，——亚父者，范增也；沛公北向坐；张良西向侍。范增数目项王，举所佩玉玦以示之者三，项王默然不应。范增起，出，召项庄，谓曰：“君王为人不忍。若入前为寿，寿毕，请以剑舞，因击沛公于坐，杀之。不者，若属皆且为所虏！”庄则入为寿。寿毕，曰：“君王与沛公饮，军中无以为乐，请以剑舞。”项王曰：“诺。”项庄拔剑起舞。项伯亦拔剑起舞，常以身翼蔽沛公，庄不得击。

于是张良至军门见樊哙。樊哙曰：“今日之事何如？”良曰：“甚急！今者项庄拔剑舞，其意常在沛公也。”哙曰：“此迫矣！臣请入，与之同命。”哙即带剑拥盾入军门。交戟之卫士欲止不内。樊哙侧其盾以撞，卫士仆地。哙遂入，披帷西向立，瞋目视项王，头发上指，目眦尽裂。项王按剑而跽曰：“客何为者？”张良曰：“沛公之参乘樊哙者也。”项王曰：“壮士！——赐之卮酒。”则与斗卮酒。哙拜谢，起，立而饮之。项王曰："赐之彘肩。"则与一生彘肩。樊哙覆其盾于地，加彘肩上，拔剑切而啖之。项王曰："壮士！能复饮乎？"樊哙曰："臣死且不避，卮酒安足辞！夫秦王有虎狼之心，杀人如不能举，刑人如恐不胜，天下皆叛之。怀王与诸将约曰：'先破秦入咸阳者王之。'今沛公先破秦入咸阳，毫毛不敢有所近，封闭宫室，还军霸上，以待大王来。故遣将守关者，备他盗出入与非常也。劳苦而功高如此，未有封侯之赏，而听细说，欲诛有功之人，此亡秦之续耳。窃为大王不取也！"项王未有以应，曰："坐。"樊哙从良坐。坐须臾，沛公起如厕，因招樊哙出。

导读赏析

本文描写的是刘邦、项羽在推翻秦王朝后，为了争夺农民起义军胜利成果而首次展开的一场惊心动魄的政治斗争。作者运用对照手法，在矛盾斗争中刻画人物。本文描绘了许多富有戏剧性的难忘场面，情节波澜起伏，扣人心弦，具有重要的史学价值和文学价值。

七绝·赠父亲

◎毛泽东

对接诵读

佳作推荐

走出韶山别亲人，改诗明志赠父亲。千秋功业少年启，立志向学有雄心。

导读赏析

1910年秋，17岁的毛泽东准备离开家乡韶山去湘乡县立东山高等小学堂读书。临行前，他怀着激动的心情改写了一首诗，夹在父亲每天必看的账簿里，作为奔向外面世界的宣言书。本诗表达了少年毛泽东胸怀天下、志在四方的远大抱负。

孩儿立志出乡关①，
学不成名誓不还。
埋骨何须桑梓②地，
人生无处不青山③。

注　释

①乡关：家乡，故乡。

②桑梓：家乡，故乡。古代，人们喜欢在住宅周围栽种桑树和梓树，后来人们就用物代处所，用“桑梓”代称家乡。

③青山：象征祖国的山河秀丽。“人生无处不青山”，意思是说祖国到处都是秀丽的山河，可以作为安息的地方。三、四句表现了大丈夫志在四方，好男儿四海为家之意。

译　文

孩儿立下志向走出家乡，
学习不取得成就发誓不回来。
死后埋葬尸体何必在故乡的土地，
人生到处都是可以埋葬尸体的青山。

沁园春·雪

◎毛泽东

对接诵读

佳作推荐

起笔不凡人不凡，气魄宏大大自然。江山多娇多英雄，今朝风流后世赞。

导读赏析

本词上阕描写乍暖还寒的北国雪景，展现伟大祖国的壮丽山河；下阕由毛泽东对祖国山河的壮丽而感叹，并引出秦皇汉武等英雄人物，纵论历代英雄人物。画面雄伟壮阔而又妖娆美好，意境壮美雄浑，气势磅礴，胸怀豪迈，颇能代表毛泽东诗词的豪放风格，是词坛杰出的咏雪抒怀之作。

北国[1]风光，
千里冰封，
万里雪飘。
望长城内外，
惟[2]余莽莽[3]；
大河上下，
顿失滔滔。
山舞银蛇，
原驰蜡象，
欲与天公[4]试比高。
须[5]晴日，
看红装素裹[6]，
分外妖娆。

江山如此多娇，
引无数英雄竞折腰[7]。
惜秦皇汉武，
略输文采；
唐宗宋祖，
稍逊风骚。
一代天骄[8]，
成吉思汗，
只识弯弓射大雕。
俱往矣，
数风流人物[9]，
还看今朝。

注　释

①北国：指我国北方。中国古代的分裂时期，如宋称辽、金为北国，东晋称十六国等为北国，南北朝时期南方的各朝代称在北方与之对抗的各朝代为北国等。诗中的“北国”使人在不觉中产生出一种我国疆土广大的民族自豪感。

②惟：只。

③莽莽：这里是无边无际的意思。

④天公：指天。

⑤须：等到。

⑥红装素裹：形容雪后天晴，红日和白雪交相辉映的壮丽景色。红装，原指妇女的艳装，这里指红日照耀着大地。素裹，原指妇女的淡装，这里指白雪覆盖着大地。

⑦竞折腰：这里是说争着为江山奔走操劳。折腰，鞠躬，倾倒。

⑧一代天骄：指称雄一世的人物。天骄，“天之骄子”的省略语。汉朝人称匈奴单于为天之骄子，后来称历史上北方某些少数民族君主为天骄。

⑨风流人物：这里指能建功立业的英雄人物。

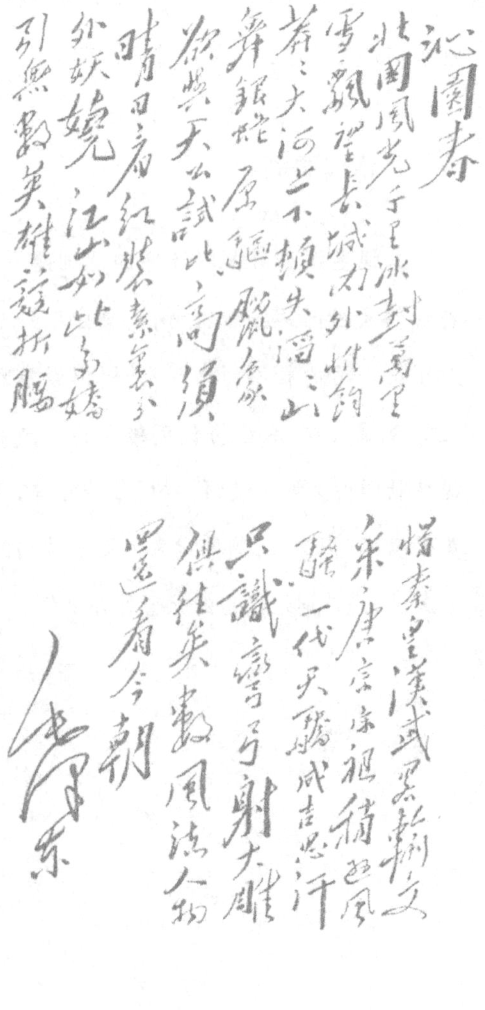

独自的时候

◎戴望舒

对接诵读

佳作推荐

曾经笑声如蔷薇，今梦烟火积尘灰。音乐白云皆不定，人生如何无伤悲？

导读赏析

本诗以两组对立的意象相互映衬，一边是笑声、梦、音乐、白云等流逝、把握不定的东西，一边是木器、烟斗等稳固不变的物象，形成诗歌的张力。一幅幅的画面，映衬着一个在孤独的梦中抽着烟的人。在平凡琐屑的情绪背后，隐藏着一个现代知识分子对孤独卑微的个体生命细腻敏锐的体验。

房里曾充满过清朗的笑声，
正如花园里充满过蔷薇；
人在满积着梦的灰尘中抽烟，
沉想着消逝了的音乐。

在心头飘来飘去的是什么啊，
像白云一样地无定，像白云一样地沉郁？
而且要对它说话也是徒然的，
正如人徒然[①]地向白云说话一样。

幽暗的房里耀着的只有光泽的木器，
独语着的烟斗也黯然缄默，
人在尘雾的空间描摩着惨白的裸体
和烧着人的火一样的眼睛。

为自己悲哀和为别人悲哀是一样的事，
虽然自己的梦是和别人的不同，
但是我知道今天我是流过眼泪，
而从外边，寂静是悄悄地进来。

注　释

①徒然：指无缘无故。

沙扬那拉

◎徐志摩

对接诵读

佳作推荐

巧妙捕捉常镜头，莲花何故多娇羞。原来文字太神奇，道尽才子蜜样愁。

导读赏析

本诗是作者与一位日本女郎分别时有感而发所作，以日常用语“再见”为题，巧妙地捕捉了生活中最常见的镜头，极为生动地写出了一瞬间的感受。短短五句，巧用比喻，既有语言又有动作，更有缠绵的情意，寥寥数语，而形象呼之欲出，充分显示了诗人深厚的艺术功力。

最是那一低头的温柔，
　象一朵水莲花不胜凉风的娇羞，
道一声珍重，道一声珍重，
　那一声珍重里有蜜甜[1]的忧愁——
　　沙扬娜拉[2]！

注　释

①蜜甜：甜蜜，形容亲热而令人愉快。

②沙扬娜拉：日语“再见”的音译。

偶 然

◎徐志摩

对接诵读

佳作推荐

偶然也是缘，无缘难偶然。玲珑显大意，委婉方从容。

导读赏析

诗人将“偶然”这样一个极为抽象的时间副词形象化地置入象征性的结构，充满情趣哲理。诗歌语言不但珠润玉圆、朗朗上口，而且余味无穷。人生，必然会有这样一些“偶然”的“相逢”和“交会”，而这“交会时互放的光亮”，必将成为永难忘怀的记忆而长伴人生。

我是天空里的一片云，
偶尔投影在你的波心——
　　你不必讶异，
　　更无须欢喜——
在转瞬间消灭了踪影。

你我相逢在黑夜的海上，
你有你的，我有我的，方向；
　　你记得也好，
　　最好你忘掉，
在这交会时互放的光亮！

曹刿论战

◎《左传》

对接诵读

佳作推荐

战争题材推《左传》，《曹刿论战》精彩篇。一鼓作气远谋略，人心向背最关键。

导读赏析

本文所写的战争是齐鲁之间的一次战争，因战场在长勺，故又称“长勺之战”。长勺之战是中国战争史中因为主观指挥的正确，后发制人，以小敌大，以弱胜强的著名战例。文章的重点不在记叙战斗情况，而在记叙曹刿“论”战略、战术，中心突出，详略得当。说明了只有在政治上取信于民，在军事上运用正确的战略战术，把握好作战时机，才能取得战争的胜利。

十年春，齐师伐我。公将战，曹刿请见。其乡人曰：“肉食者谋之，又何间焉？”刿曰：“肉食者鄙，未能远谋。”乃入见。问：“何以战？”公曰：“衣食所安，弗敢专也，必以分人。”对曰：“小惠未徧，民弗从也。”公曰：“牺牲玉帛，弗敢加也，必以信。”对曰：“小信未孚，神弗福也。”公曰：“小大之狱，虽不能察，必以情。”对曰：“忠之属也。可以一战。战则请从。”

公与之乘，战于长勺。公将鼓之。刿曰：“未可。”齐人三鼓。刿曰：“可矣。”齐师败绩。公将驰之。刿曰：“未可。”下视其辙，登轼而望之，曰：“可矣。”遂逐齐师。

既克，公问其故。对曰：“夫战，勇气也。一鼓作气，再而衰，三而竭。彼竭我盈，故克之。夫大国，难测也，惧有伏焉。吾视其辙乱，望其旗靡，故逐之。”

译　文

鲁庄公十年的春天，齐国军队攻打我们鲁国。鲁庄公将要迎战，曹刿请求拜见鲁庄公。他的同乡说：“当权的人自会谋划这件事，你又何必参与呢？”曹刿说：“当权的人目光短浅，不能深谋远虑。”于是入朝去见鲁庄公。曹刿问：“您凭借什么作战?”鲁庄公说：“衣食这类养生的东西，不敢独自享受，一定把它们分给身边的大臣。”曹刿回答说：“这种小恩小惠不能遍及百姓，老百姓是不会顺从您的。”鲁庄公说：“祭祀用的猪牛羊和玉器、丝织品等祭品，我从来不敢虚报夸大数目，一定对上天按照实情报告。”曹刿回答说：“这只是小信用，未能让神灵信服，神灵是不会保佑您的。”鲁庄公说：“大大小小的诉讼案件，即使不能一一明察，也一定按照实情判断。”曹刿回答说：“这才是尽了职分的事情，可以凭借这个条件打一仗。如果作战，就请允许我跟随着去。”

到了那一天，鲁庄公和曹刿共坐一辆战车，在长勺同齐军作战。鲁庄公要击鼓进军。曹刿说：“现在不行。”等到齐军三次击鼓之后，曹刿说：“可以击鼓进军了。”齐军大败。鲁庄公要下令驱车追赶。曹刿说：“还不行。”他下车察看齐军战车车轮轧出的痕迹，又登上车前的横木远望齐军的队形，说：“可以追击了。”于是庄公就下令追击齐军。

战胜齐军后，鲁庄公问曹刿这样做的原因。曹刿回答说：“作战，要靠勇气。第一次击鼓能够振作士气，第二次击鼓士气就衰退了，第三次击鼓士气就竭尽了。对方士气竭尽我军士气正旺，所以能战胜他们。像齐国这样的大国，情况是难以推测的，我担心他们那里有埋伏。后来我看到他们车轮轧出的痕迹混乱了，望见他们的旗帜倒下了，所以追击他们。”

咏荆轲

◎陶渊明

对接诵读

佳作推荐

不畏强暴勇赴死，五柳先生咏荆轲。塑造豪侠藏猛志，归园岂有济世乐。

导读赏析

诗歌按照事件的经过，描写了出京、饮饯、登程、搏击几个场面，通过环境气氛的渲染来烘托荆轲的精神面貌，尤其着力于人物动作的刻画，塑造了一个大义凛然的除暴英雄形象。诗人对荆轲的歌咏中，表达了强烈的爱憎情感，亦将对现实的满腔悲愤倾泻于字里行间。与作者的代表田园诗歌迥然有别，本诗让我们看到了其豪放的一面。

燕丹善养士，志在报强嬴[①]。
招集百夫良，岁暮得荆卿。
君子死知己，提剑出燕京；
素骥鸣广陌，慷慨送我行。
雄发指危冠，猛气冲长缨[②]。
饮饯易水上，四座列群英。
渐离击悲筑[③]，宋意唱高声。
萧萧哀风逝，淡淡寒波生。
商音更流涕，羽奏壮士惊。
心知去不归，且有后世名。
登车何时顾，飞盖[④]入秦庭。
凌厉越万里，逶迤过千城。
图穷事自至，豪主正怔营[⑤]。
惜哉剑术疏，奇功遂不成。
其人虽已没，千载有余情。

注　释

①强嬴：强秦。嬴指秦王嬴政，即后来统一六国始称皇帝的秦始皇。

②缨：绳。此处指系帽子的丝带。

③渐离：高渐离，燕国人，与荆轲友善，擅长击筑。《史记·刺客列传》："荆轲嗜酒，日与狗屠及高渐离饮于燕市，酒酣以往，高渐离击筑，

荆轲和而歌于市中，相乐也，已而相位，旁若无人者。”这里是指送别的击筑。筑：古击弦乐器，形似筝。

④飞盖：指车子如飞一般疾驰。盖，车盖，代指车。

⑤豪主：豪强的君主，指秦王。怔(zhèng)营：惊恐、惊慌失措的样子。《史记·刺客列传》：荆轲以匕首刺秦王，王惊而拔剑，“时惶急，剑坚，故不可立拔”，“环柱走，卒惶急，不知所为”。

译文

燕国太子喜欢收养门客，
目的是对秦国报仇雪恨。
他到处招集有本领的人，
这一年年底募得了荆卿。
君子重义气为知己而死，
荆轲仗剑就要辞别燕京。
白色骏马在大路上鸣叫，
众人意气激昂为他送行。
个个同仇敌忾怒发冲冠，
勇猛之气似要冲断帽缨。
易水边摆下盛大的别宴，
在座的都是人中的精英。
渐离击筑筑声慷慨悲壮，
宋意唱歌歌声响遏行云。
座席中吹过萧萧的哀风，
水面上漾起淡淡的波纹。
唱到商音听者无不流泪，
奏到羽音荆轲格外惊心。
他明知这一去不再回返，
留下的姓名将万古长存。
登车而去何曾有所眷顾，
飞车直驰那秦王的宫廷。
勇往直前行程超过万里，
曲折行进所经何止千城。
翻完地图忽地现出匕首，
秦王一见不由胆战心惊。
可惜啊可惜他剑术欠佳，
奇功伟绩终于未能完成。
荆轲其人虽然早已死去，
他的精神永远激励后人。

项羽之死（节选）

◎司马迁

对接诵读

佳作推荐

霸王别姬儿女情，东城快战傲群英。赠马赐头真壮烈，荡气回肠叹沽名。

导读赏析

司马迁运用细节描写对垓下之围、东城大战、乌江自刎三个生死攸关的场面，四面楚歌、霸王别姬、月夜突围、阴陵迷道、东城快战、拒渡赠马、自刎赠头等一连串的情节，进行了惟妙惟肖、生动传神的描绘，多角度、多层面地丰富了项羽的英雄色彩，从而使人物形象浑厚而富于立体感，表现了一代枭雄项羽的鲜明个性和英雄品格，使拔山举鼎的悲剧英雄跃然纸上。

项王军壁[1]垓下，兵少食尽，汉军及诸侯兵围之数重。夜闻汉军四面皆楚歌[2]，项王乃大惊曰："汉皆已得楚乎？是何楚人之多也！"项王则夜起，饮帐中。有美人名虞，常幸从；骏马名骓[3]，常骑之。于是项王乃悲歌慷慨[4]，自为诗曰："力拔山兮气盖世！时不利兮骓不逝[5]！骓不逝兮可奈何！虞兮虞兮奈若何[6]！"歌数阕，美人和之。项王泣数行下，左右皆泣，莫能仰视。

于是项王乃上马骑[7]，麾下壮士骑从者八百余人，直夜溃围[8]南出，驰走。平明[9]，汉军乃觉之，令骑将灌婴以五千骑追之。项王渡淮，骑能属者[10]百余人耳。项王至阴陵，迷失道，问一田父[11]，田父绐[12]曰"左"。左，乃陷大泽中。以故汉追及之。项王乃复引兵而东，至东城，乃有二十八骑。汉骑追者数千人。项王自度[13]不得脱。谓其骑曰："吾起兵至今八岁矣，身七十余战，所当者[14]破，所击者服，未尝败北，遂霸有天下。然今卒困于此，此天之亡我，非战之罪也。今日固决死，愿为诸君快战，必三胜之，为诸君溃围，斩将，刈[15]旗，令诸君知天亡我，非战之罪也。"

乃分其骑以为四队，四向。汉军围之数重。项王谓其骑曰："吾为公取彼一将。"令四面骑驰下，期[16]山东为三处。于是项王大呼，驰下，汉军皆披靡，遂斩汉一将。是时，赤泉侯为骑将，追项王，项王瞋目而叱之，赤泉侯人马俱惊，辟易⑰数里。与其骑会为三处。汉军不知项王所在，乃分军为三，复围之。项王乃驰，复斩汉一都尉，杀数十百人，复聚其骑，亡其两骑耳。乃谓其骑曰："何如？"骑皆伏⑱曰："如大王言。"

注　释

①壁：本指军垒，此处作动词用，设营驻守的意思。

②四面皆楚歌：四面八方都响起用楚方言所唱的歌曲。喻指楚方多已降汉。

③骓(zhuī)：青白相间的杂色马。根据马的毛色命名为骓。

④慷慨：悲愤激昂。

⑤逝：奔驰。

⑥奈若何：(我)将你怎么安排呢？若，你。

⑦骑(jì)：单人骑乘一匹马。

⑧直夜溃围：当夜突围。直，当。

⑨平明：天亮时。

⑩骑能属(zhǔ)者：能跟从而来的骑兵。属，随从。

⑪田父(fǔ)：农夫。

⑫绐(dài)：欺骗。

⑬度(duó)：估计，揣摩。

⑭所当者：所遇到的敌方。

⑮刈(yì)：割，砍。

⑯期：约。

⑰辟易：退避。这里指惊吓后退。

⑱伏：同"服"，心服。

译　文

项王的部队驻守在垓下，兵力又少，粮食也已经没有了，汉军及诸侯的军队把他们层层围住。深夜，(项羽)听到四面的汉军都在唱着楚地的歌谣，项羽于是大为吃惊，说："莫非汉军已把楚国全部占领了吗？他们那边楚人为什么这么多呀！"项王于是在夜里起来，在帐中饮酒。当时他身边有一个美人名叫虞，一直受宠跟在项王身边；有一匹骏马名字叫骓，他一直骑着。这时候，项羽不禁感慨万分，作歌(吟唱)道："力量能拔山啊，英雄气概举世无双，时运不济时骓马不再奔跑！骓马不奔跑可将怎么办，虞姬呀虞姬，(我)将怎么安排你才妥善？"他一连唱了好几遍，美人虞姬应和着一同唱歌。项王眼泪一道道流下来，左右侍者也都跟着落泪，没有一个人忍心抬起头来看他。

在这种情况下，项羽上马突围，部下壮士八百多人骑马跟在后面，当夜突破重围，向南冲出。天刚亮的时候，汉军才发觉，命令骑将灌婴带领五千骑兵去追赶。项王渡过淮河，部下壮士能从而来的只剩下一百多人了。项王到达阴陵，迷了路，去问一个农夫，农夫骗他说："向左边走。"项王领着人向东跑，陷进了大沼泽地中。因此，汉兵追上了他们。项王于是又带着骑兵向东跑，到达东城，这时就只剩下二十八人。汉军骑兵追赶上来的有几千人。项王自己估计不能逃脱了，对他的骑兵说："我带兵起义至今已经八年，亲自打了七十多仗，抵挡我的敌人都被打垮，我攻击的敌人无不降服，从来没有战败，从而成了天下的霸主。可是如今最终被困在这里，这是上天要灭亡我，并不是我指挥战争的过错。今天要决一生死，我愿意给诸位打个痛痛快快的仗，一定要连胜它几回，给诸位冲破重围，斩杀汉将，砍倒军旗，让诸位明白这是上天要灭亡我，并不是用兵打仗的过错。"

于是(项王)把手下的骑兵分成四队，分别朝着四个方向冲出。汉军把他们包围起几层。项王对骑兵们说："我来给你们拿下一员汉将！"命令四队骑士分别朝四个方向飞奔而下，约定好大家在山的东面分作三处集合。于是项王高声呼喊着冲了下去，汉军像草木随风倒伏一样溃败了，项王杀掉了一名汉将。这时，赤泉侯杨喜为汉军骑将，在后面追赶项王，项王瞪大眼睛呵斥他，赤泉侯连人带马都吓坏了，退避了好几里。项王与他的骑兵在三处会合了。汉军不知项王的去向，就把部队分为三路，再次包围上来。项王驱马冲了上去，又斩了一名汉军都尉，杀死有百八十人，而后把自己的骑兵集合起来一清点，仅仅损失了两个人。项王问骑兵们道："怎么样？"骑兵们都敬服地说："正像大王说的那样。"

忆秦娥·娄山关

◎毛泽东

拓展阅读

佳作推荐

慷慨悲烈长征苦，壮景豪情娄山关。而今迈步从头越，勇闯天涯莫畏难。

导读赏析

这首词上阕写景，下阕抒情，景中含情，情中又有景，情景一体，水乳交融。上阕沉郁，下阕激昂，上阕取冷色调，下阕取暖色调，上下阕的强烈对比，反映了诗人的乐观主义精神和作为一代伟人指挥若定的气魄。全词只写了中央红军的一次战斗，却是对红军长征这一重大历史事件的真实折射。上下两阕，通篇只有四十六个字，篇幅虽短，但雄奇悲壮，气势如虹。

西风烈，
长空雁叫霜晨月。
霜晨月，
马蹄声碎，
喇叭声咽[①]。

雄关漫道真如铁，
而今迈步从头越[②]。
从头越，
苍山如海[③]，
残阳如血。

注　释

①咽(yè)：本义是声音因阻塞而低沉，这里用来描写在清晨寒风中听来时断时续的军号声。

②从头越：重新跨越。

③苍山如海：青山起伏，像海的波涛。

寻梦者

◎戴望舒

拓展阅读

梦会开出花来的，
梦会开出娇妍的花来的：
去求无价的珍宝吧。
在青色的大海里，
在青色的大海的底里，
深藏着金色的贝一枚。
你去攀九年的冰山吧，
你去航九年的瀚海吧，
然后你逢到那金色的贝。
它有天上的云雨声，
它有海上的风涛声，
它会使你的心沉醉。
把它在海水里养九年，
把它在天水里养九年，
然后，它在一个暗夜里开绽了。
当你鬓发斑斑了的时候，
当你眼睛朦胧了的时候，
金色的贝吐出桃色的珠。
把桃色的珠放在你怀里，
把桃色的珠放在你枕边，
于是一个梦静静地升上来了。
你的梦开出花来了，
你的梦开出娇妍的花来了，
在你已衰老了的时候。

佳作推荐

梦想开出娇妍花，千辛万苦探寻她。意象象征可圆满，岂有追求无代价。

导读赏析

这首诗将现代人的“寻梦”思绪寄寓在一个“寻找金色的贝”的民间故事里，一虚一实，巧妙交织为一体。将类似民歌的夸饰、复沓与意象朦胧的现代象征手法，不露痕迹地结合为一体；用亲切的日常口语的调子，将复杂化、精微化的现代人的感受含蓄地表达出来。流动其间的诗情与诗绪既是明朗的，表现了追求理想的执着，又是迷惘、感伤的，表现了追求中的艰辛与彷徨，以及梦想实现后幸福与青春逝去的无奈。

“我不知道风是在哪一个方向吹”

◎徐志摩

我不知道风
是在哪一个方向吹——
我是在梦中，
在梦的轻波里依回。

我不知道风
是在哪一个方向吹——
我是在梦中，
她的温存，我的迷醉。

我不知道风
是在哪一个方向吹——
我是在梦中，
甜美是梦里的光辉。

我不知道风
是在哪一个方向吹——
我是在梦中，
她的负心，我的伤悲。

我不知道风
是在哪一个方向吹——
我是在梦中，
在梦的悲哀里心碎！

我不知道风
是在哪一个方向吹——
我是在梦中，
黯淡是梦里的光辉。

拓展阅读

佳作推荐

辗转反复音袅袅，大梦难行多煎熬。新月幽灵盼尊严，我不知道风知道。

导读赏析

全诗共六小节，皆以“我不知道风/是在哪一个方向吹——我是在梦中”为开头，结构整齐明快，读来朗朗上口。诗人的感情在六次重章复唱中升华，扑朔迷离的梦也在似有非有中一次次到达尽头，却又意犹未尽。作者对自身处境的无奈，对动荡不安的社会的思考，深蕴其中，可是他像风一样没有方向，不知目的，无从反抗。唯有梦给予他勇气，传递了理想，也为他那颗脆弱的心编织一个茧。

介之推不言禄

◎《左传》

拓展阅读

佳作推荐

淡泊名利不居功，携母隐居绵山中。
晋文改过求贤良，绵上封田旌其功。

导读赏析

晋文公为公子时，由于父子兄弟的冲突，被迫在国外流亡十九年，介之推追随他，曾割股之肉给晋文公充饥。直到晋惠公死了，晋文公才在秦穆公的帮助下回国。他即位以后，跟他一起出国流亡的人，都争功、要俸禄。唯独介之推不这样做，在那种社会中可算是凤毛麟角。介之推跟他母亲的对话，深刻批判了争功请赏、猎取名利的行径；但他把文公能够回国做国君看成是上天安排，忽视了人为努力，限于宿命迷信。介之推藐视富贵、正气凛然和母亲不动声色、旁敲侧击，都一一跃然纸上。

晋侯赏从亡者[1]，介之推[2]不言禄，禄亦弗及。

推曰："献公[3]之子九人，唯君在矣。惠、怀[4]无亲，外内弃之。天未绝晋，必将有主。主晋祀者，非君而谁？天实置[5]之，而二三子[6]以为己力，不亦诬[7]乎？窃人之财，犹谓之盗。况贪天之功，以为己力乎？下义其罪[8]，上赏其奸[9]。上下相蒙[10]，难与处矣。"

其母曰："盍[11]亦求之？以死谁怼[12]？"

对曰："尤[13]而效之，罪又甚焉！且出怨言，不食其食。"

其母曰："亦使知之，若何？"

对曰："言，身之文[14]也；身将隐，焉用文之？是求显也。"

其母曰："能如是乎？与汝偕隐。"遂隐而死。

晋侯求之，不获，以绵上[15]为之田[16]。曰："以志[17]吾过，且旌[18]善人。"

注　释

①晋侯：指晋文公，即重耳。他逃亡在外，在秦国的帮助下回晋继承君位。从亡者：追随

晋文公出亡在外之臣,如狐偃、赵衰之属。

②介之推:晋文公的从亡之臣。

③献公:晋文公重耳之父晋献公。

④惠、怀:晋惠公,晋怀公。晋惠公是晋文公重耳的弟弟,是晋怀公的父亲。

⑤置:立。

⑥二三子:相当于“那几个人”,指跟随晋文公逃亡诸臣。子,对人的美称。

⑦诬:荒谬。

⑧下义其罪:在下位的人把自己的罪恶当作正义行为。

⑨上赏其奸:在上位的人对他们做的坏事加以奖赏。

⑩蒙:欺骗。

⑪盍:何不。

⑫怼(duì):怨恨。

⑬尤:谴责。

⑭文:花纹,装饰。这里指文饰。

⑮绵上:地名。在今山西介休东南的介山之下。

⑯田:祭田。

⑰志:标记。

⑱旌:表彰。

译　文

晋文公赏赐跟着他逃亡的人们,介之推不去要求禄赏,而(晋文公)赐禄赏时也没有考虑到他。

介之推说:“献公的儿子有九个,现在唯独国君还在(人世)。惠公、怀公没有亲信,(国)内外都抛弃他们。天没有(打算)灭绝晋,(所以)必定会有君主。主持晋国祭祀的人,不是君王又是谁呢?上天确实要立他为君,而跟随文公逃亡的人却认为是自己的贡献,(这)不是很荒谬吗?偷窃别人的钱财,都说是盗窃。更何况贪图天的功劳,将其作为自己的贡献呢?下面的(臣子)将罪当作正义行为,上面的(国君)对他们做的坏事加以奖赏。上下互相欺骗,难以和他们相处。”

他的母亲说:“你为什么不也去要求赏赐呢?(否则)这样(贫穷地)死去(又能去)埋怨谁呢?”

(介之推)回答说:“谴责了他们而又去效法他们,罪更重啊!况且说出埋怨的话了,(以后)不应吃他的俸禄了。”

他的母亲说:“也让国君知道这事,如何?”

(介之推)回答说:“言语,是自身行为的文饰。身体将要隐居了,哪里用得着文饰?这样是乞求显贵啊。”

他的母亲说:“(你)能够这样做吗?(如果可以就)和你一起隐居。”便(一直)隐居到死去。

晋文公到处寻找介之推,没有找到,便用绵上作为他的祭田。晋文公说:“用这来标记我的过失,并且表彰善良的人。”

冯谖客孟尝君[1]

◎《战国策》

拓展阅读

佳作推荐

奇士冯谖弹剑铗，孟尝一一满足他。报恩设计谋“三窟”，高枕无忧无后怕。

导读赏析

本文记叙冯谖为巩固孟尝君的政治地位而进行的种种政治外交活动，表现冯谖的政治识见和多方面的才能，反映出齐国统治集团内部和齐、魏等诸侯国之间的矛盾。冯谖善于利用矛盾以解决矛盾。他为孟尝君出谋划策，是基于士为知己者用的观念。他为孟尝君焚券市义，说明他认识到争取民心对巩固贵族统治具有极其重大的意义，这是当时颇为流行的民本思想的反映。

齐人有冯谖者，贫乏不能自存，使人属孟尝君，愿寄食门下。孟尝君曰：“客何好[2]？”曰：“客无好也。”曰：“客何能？”曰：“客无能也。”孟尝君笑而受之曰：“诺。”

左右以君贱之也，食以草具[3]。居有顷[4]，倚柱弹其剑，歌曰：“长铗[5]归来乎！食无鱼。”左右以告。孟尝君曰：“食之，比[6]门下之客。”居有顷，复弹其铗，歌曰：“长铗归来乎！出无车。”左右皆笑之，以告。孟尝君曰：“为之驾，比门下之车客。”于是乘其车，揭其剑，过其友曰：“孟尝君客我。”后有顷，复弹其剑铗，歌曰：“长铗归来乎！无以为家。”左右皆恶之，以为贪而不知足。孟尝君问：“冯公有亲乎？”对曰：“有老母。”孟尝君使人给其食用，无使乏。于是冯谖不复歌。

后孟尝君出记，问门下诸客：“谁习计会[7]，能为文收责[8]于薛者乎？”冯谖署曰：“能。”孟尝君怪之，曰：“此谁也？”左右曰：“乃歌夫长铗归来者也。”孟尝君笑曰：“客果有能也，吾负之，未尝见也。”请而见之，谢曰：“文倦于事，愦[9]于忧，而性懧愚[10]，沉于国家之事，开罪于先生。先生不羞，乃有意欲为收责于薛乎？”冯谖曰：“愿之。”于是约车治装，载券契而行，辞曰：“责毕收，以何市而反[11]？”孟尝君曰：“视吾家所寡有者。”

驱而之薛，使吏召诸民当偿者，悉来合券。券遍合，起，矫命[12]以责赐诸民，因烧其券，民称万岁。

长驱到齐，晨而求见。孟尝君怪其疾也，衣冠而见之，曰：“责毕收乎？来何疾也！”曰：“收毕矣。”“以何市而反？”冯谖曰：“君云‘视吾家所寡有者’。臣窃计，君宫中积珍宝，狗马实外厩，美人充下陈[13]。君家所寡有者以义耳！窃以为君市义。”孟尝君曰：“市义奈何？”曰：“今君有区区之薛，不拊爱[14]子其民，因而贾利之。臣窃矫君命，以责赐诸民，因烧其券，民称万岁。乃臣所以为君市义也。”孟尝君不说，曰：“诺，先生休矣！”

后期年，齐王谓孟尝君曰：“寡人不敢以先王之臣为臣。”孟尝君就国[15]于薛，未至百里，民扶老携幼，迎君道中。孟尝君顾谓冯谖：“先生所为文市义者，乃今日见之。”

冯谖曰：“狡兔有三窟，仅得免其死耳。今君有一窟，未得高枕而卧也。请为君复凿二窟。”孟尝君予车五十乘，金五百斤，西游于梁，谓惠王曰：“齐放其大臣孟尝君于诸侯，诸侯先迎之者，富而兵强。”于是，梁王虚上位，以故相为上将军，遣使者，黄金千斤，车百乘，往聘孟尝君。冯谖先驱诫孟尝君曰：“千金，重币也；百乘，显使也。齐其闻之矣。”梁使三反[16]，孟尝君固辞不往也。

齐王闻之，君臣恐惧，遣太傅赍[17]黄金千斤，文车[18]二驷，服剑一，封书谢孟尝君曰：“寡人不祥，被于宗庙之祟[19]，沉于谄谀之臣，开罪于君，寡人不足为也。愿君顾先王之宗庙，姑反国统万人乎！”冯谖诫孟尝君曰：“愿请先王之祭器，立宗庙于薛。”庙成，还报孟尝君曰：“三窟已就，君姑高枕为乐矣。”

孟尝君为相数十年，无纤介[20]之祸者，冯谖之计也。

注　释

①冯谖(xuān)：齐国游说之士。客：做门客。孟尝君：齐国贵族，姓田名文，齐闵王时为相。

②好：爱好，擅长，喜好。

③食(sì)：作动词，给人吃。草具：粗劣的饭菜。

④有顷：不久。

⑤铗(jiá)：剑柄，这里指剑。

⑥比：和……一样，等同于。

⑦计会(kuài)：即会计，计算和管理财务。

⑧责(zhài)：同“债”。

⑨愦(kuì)：同“溃”，昏乱。

⑩怍(nuò)愚：懦弱无能。怍，同“懦”。

⑪反：同“返”，返回。

⑫矫命：假托(孟尝君)命令。

⑬下陈：台阶下面。

⑭拊(fǔ)爱：爱抚。拊，同“抚”，抚育，抚慰。

⑮就国：回自己的封地。

⑯三反：先后多次往返。反，同“返”。

⑰赍(jī)：持物赠人。

⑱文车：文饰华美的车辆。

⑲祟(suì)：灾祸。

⑳纤介：纤丝与草籽，比喻极微小。介，通“芥”。

译　文

齐国有一人叫冯谖，家境贫寒不能养活自己，便托人告诉孟尝君，表示希望在他的门下寄居为食客。孟尝君问：“客有什么爱好吗？”冯谖回答说：“没有什么爱好。”孟尝君又问：“客有什么才能？”冯谖回答说：“没有什么才能。”孟尝君笑着答应：“好吧！”

孟尝君身边的人认为孟尝君看不起冯谖，就让他吃粗劣的饭菜。过了一段时间，冯谖倚着柱子弹着自己的剑，唱道：“长剑我们回去吧！吃饭没有鱼。”随从们把这事告诉了孟尝君。孟尝君说：“让他吃鱼，按照中等门客的生活待遇。”又过了一段时间，冯谖弹着他的剑，唱道：“长剑我们回去吧！外出没有车子。”周围的人都取笑他，并把这件事告诉给孟尝君。孟尝君说：“给他车子，按照上等门客的生活待遇。”冯谖于是乘坐他的车，高举着他的剑，去拜访他的朋友，十分高兴地说：“孟尝君待我为上等门客。”此后不久，冯谖又弹着他的剑，唱道：“长剑我们回去吧！没有能力养家。”孟尝君周围的人都开始厌恶冯谖，认为他贪得无厌。孟尝君问：“冯先生有亲人吗？”冯谖说：“家中有老母亲。”于是孟尝君派人供给他母亲吃用，不使她感到短缺。于是冯谖不再唱歌了。

后来，孟尝君拿出账簿来询问他的门客：“谁熟悉会计的事，能替我到薛地去收债呢？”冯谖在本上署了自己的名，说：“我能。”孟尝君很惊奇，问：“这是谁呀？”随从们说：“就是那唱‘长剑我们回去吧’的人。”孟尝君笑道：“这位客人果真有才能，我亏待了他，还没见过面呢！”他立即派人请冯谖来相见，当面赔礼道：“我被琐事搞得精疲力竭，被忧虑搅得心烦意乱；加之我懦弱无能，整天忙于处理国家事务，以致得罪了您，而您却并不见怪，还愿意往薛地去为我收债吗？”冯谖回答道：“愿意去。”于是套好车马，整治行装，装上契约票据准备出发了。辞行的时候冯谖问：“债收完了，买什么回来？”孟尝君说：“就看着我家里所缺少的东西买吧。”

冯谖赶着车到薛地，派小吏把该还债务的百姓找来核验契据。核验完毕后，他起身假托孟尝君的命令，把所有的债款赏赐给欠债人，并当场把债券烧掉。百姓都高呼万岁。

冯谖赶着车，马不停蹄，直奔齐都，清晨就求见孟尝君。孟尝君对他这么快就回来感到很奇怪，立即穿好衣、戴好帽，去见他，问道："债都收完了吗？怎么回得这么快？"冯谖说："都收了。""买什么回来了？"冯谖回答道："您曾说'看着我家里所缺少的东西买'，我私下考虑您宫中积满珍珠宝贝，外面马房多的是猎狗、骏马，后庭多的是美女，您家里所缺的就是义啊！所以我私下为您把义买回来了。"孟尝君道："买义是怎么回事？"冯谖道："现在您不过有块小小的薛邑，如果不抚爱百姓，反而用商贾之道向人民取利。因此我擅自假造您的命令，把债款赏赐给百姓，并烧掉了契据，百姓欢呼万岁，这就是我为您买回的义啊。"孟尝君听后很不高兴地说："嗯，先生下去休息吧！"

过了一年，齐闵王对孟尝君说："我可不敢把先王的臣子当作我的臣子。"孟尝君只好前往他的封地薛邑。离薛地还有一百多里地，老百姓们扶老携幼，都在路旁迎接孟尝君到来。孟尝君见此情景，回头看着冯谖道："您为我买的'义'，今天才见到作用了。"

冯谖说："狡猾机灵的兔子有三个洞才能免遭死患。现在您只有一个洞，还不能高枕无忧。请让我再去为您挖两个洞吧。"孟尝君应允了，就给了五十辆车子，五百斤黄金，向西去大梁游说，冯谖对惠王说："现在齐国把他的大臣孟尝君放逐给诸侯国了，哪位诸侯迎请他，就可使自己的国家富庶强盛。"于是惠王把相位空出来，把原来的相国调为上将军，并派使者带着千斤黄金，百辆车子去聘请孟尝君。冯谖先赶车回去，告诫孟尝君说："黄金千斤，这是很重的聘礼了；百辆车子，这算显贵的使臣了。齐国君臣应该听说这事了吧。"大梁的使臣往返了好几趟，孟尝君坚决推辞不去。

齐王听说这个消息，君臣上下都很害怕，派太傅带去黄金一千斤、两辆四匹马拉的彩饰车驾、齐王自佩的宝剑一把，并写信向孟尝君道歉说："我没福气，祖宗降下的灾祸落到了我的头上，又被那些喜欢阿谀谄媚的臣子所迷惑，得罪了您。我是不值得您帮助的了，但希望您看在先王宗庙的份上，暂且回齐国来治理百姓好吗！"冯谖又提醒孟尝君说："希望您向齐王请求先王传下来的祭器，在薛地建立宗庙。"宗庙建成了，冯谖回来向孟尝君报告说："三个洞穴已经都建成了，您就高枕无忧，放心享乐去吧！"

孟尝君做了几十年宰相，没遭受一点灾祸，全靠冯谖的谋划。

项羽本纪赞[①]

◎司马迁

拓展阅读

佳作推荐

功过是非任评说，史公见解真卓越。自古贤君得人心，面对责任不推脱。

导读赏析

《项羽本纪》为《史记》的名篇，项羽是司马迁重点刻画的历史人物之一。这篇赞语作为《项羽本纪》的结尾，用极为简洁的文字，对项羽的一生进行了历史的总结，颇具权威性。项羽乃是一位传奇性的人物，为此这篇赞语也就从传奇处入手：虞舜和项羽本来没有血缘关系，然而两个人都是双瞳孔，司马迁以两个人在相貌上的这种共同特征，将项羽和虞舜联系起来，从而提出自己的疑问：难道项羽是虞舜的后代吗？这就更突出了项羽这个人物的神秘色彩。

太史公[②]曰：吾闻之周生[③]曰“舜目盖重瞳子[④]”，又闻项羽亦重瞳子。羽岂其苗裔[⑤]邪？何兴之暴[⑥]也！夫秦失其政，陈涉首难[⑦]，豪杰蜂起，相与并争，不可胜[⑧]数。然羽非有尺寸[⑨]，乘势起陇亩[⑩]之中，三年遂将五诸侯灭秦，分裂天下，而封王侯，政由羽出，号为“霸王”，位虽不终，近古[⑪]以来未尝有也。及羽背关怀楚，放逐义帝[⑫]而自立，怨王侯叛己，难矣。自矜功伐[⑬]，奋其私智而不师古，谓霸王之业，欲以力征经营天下，五年卒亡其国，身死东城，尚不觉寤[⑭]而不自责，过矣。乃引[⑮]“天亡我，非用兵之罪也”，岂不谬哉！

注　释

①本纪：《史记》的一种体例。按照年代先后，叙述历代帝王政绩。赞：文章最后的论赞部分。这里是作者在叙事之后，以作者的口气写的议论、总结及补充的文字。

②太史公：司马迁自称。

③周生：汉时的儒生，姓周，事迹不详。一说为周朝的儒生。

④重瞳（tóng）子：一个眼珠里有两个瞳

孔，古人认为这是帝王之相。

⑤苗裔：后代子孙。

⑥暴：突然。

⑦首难（nàn）：首先起来造反。

⑧胜：尽，全部。

⑨非有尺寸：没有一尺一寸的封地。

⑩陇亩：田野。这里指民间。

⑪近古：文中是指春秋战国以来的时代。

⑫义帝：即项羽奉立的楚怀王熊心。

⑬矜：夸耀。功伐：功勋。

⑭寤：通"悟"。

⑮引：援引。这里有借口、推托的意思。

译　文

太史公说：我曾听周生说过，"舜的眼睛大概是双瞳孔"，又听说项羽亦是双瞳孔。难道项羽是舜的后代吗？项羽的兴起是多么迅猛啊！那秦王朝政治差失、混乱的时候，陈涉首先发难反秦，一时间英雄豪杰纷纷起来，互相争夺天下的人数也数不清。但是项羽并没有一尺一寸的封地作为根基，趁着时势奋起于民间，三年的时间，就发展到率领五国诸侯一举灭秦，并且分割秦的天下，自行封赏王侯，政令都由项羽颁布，自号为"霸王"，虽然霸王之位并未维持到底，但近古以来未曾有过这样的人物。等到项羽放弃关中，怀恋故乡楚地，流放义帝而自立为王，此时再抱怨王侯们背叛自己，那就太勉强了。自己夸耀功劳，逞弄个人的聪明才智，而不效法古人，虽说是霸王的事业，想仅仅通过武力取得并统治天下，结果仅仅五年的时光，就使得他的国家灭亡了，自己也死在东城，他还没有觉悟，不肯责备自己，这显然是错误的。竟然还说什么"是上天要灭亡我，并不是我用兵的过错"，这难道不是很荒谬吗？

CHAPTER 2

XIN BIAN

经典诗文背诵导读

高中必修二

莲花诗韵香清远　校园文华气正刚

请珍惜每秒每分

TIME LOST CAN NOT BE RECALLED

岁月不请自来，青春不告而别

课内背诵	对接诵读	拓展阅读
荷塘月色(节选)	绿	桨声灯影里的秦淮河
氓	关雎 蒹葭	硕鼠
采薇	桃夭	木瓜
离骚(节选)	端午 涉江(节选)	国殇
涉江采芙蓉	迢迢牵牛星	青青河畔草
短歌行	观沧海 龟虽寿	蒿里行
归园田居(其一)	饮酒(其五) 归园田居(其三)	归园田居(其六)
兰亭集序	东床快婿	题《羲之观鹅图》
前赤壁赋	赤壁歌送别 赤壁	后赤壁赋
游褒禅山记(节选)	登飞来峰 梅花	桂枝香·金陵怀古

荷塘月色（节选）

◎朱自清

课内背诵

佳作推荐

荷塘月色享无边，超出平常忆采莲。淡淡喜悦淡淡哀，诗情画意赏经典。

作家作品介绍

朱自清（1898—1948），字佩弦，江苏扬州人，散文家、诗人、学者。著有诗文集《踪迹》，散文集《背影》《欧游杂记》《你我》等。

曲曲折折的荷塘上面，弥望的是田田的叶子。叶子出水很高，像亭亭的舞女的裙。层层的叶子中间，零星地点缀着些白花，有袅娜地开着的，有羞涩地打着朵儿的；正如一粒粒的明珠，又如碧天里的星星，又如刚出浴的美人。微风过处，送来缕缕清香，仿佛远处高楼上渺茫的歌声似的。这时候叶子与花也有一丝的颤动，像闪电般，霎时传过荷塘的那边去了。叶子本是肩并肩密密地挨着，这便宛然有了一道凝碧的波痕。叶子底下是脉脉的流水，遮住了，不能见一些颜色；而叶子却更见风致了。

月光如流水一般，静静地泻在这一片叶子和花上。薄薄的青雾浮起在荷塘里。叶子和花仿佛在牛乳中洗过一样；又像笼着轻纱的梦。虽然是满月，天上却有一层淡淡的云，所以不能朗照；但我以为这恰是到了好处——酣眠固不可少，小睡也别有风味的。月光是隔了树照过来的，高处丛生的灌木，落下参差的斑驳的黑影，峭楞楞如鬼一般；弯弯的杨柳的稀疏的倩影，却又像是画在荷叶上。塘中的月色并不均匀；但光与影有着和谐的旋律，如梵婀玲上奏着的名曲。

荷塘的四面，远远近近，高高低低都是

树，而杨柳最多。这些树将一片荷塘重重围住；只在小路一旁，漏着几段空隙，像是特为月光留下的。树色一例是阴阴的，乍看像一团烟雾；但杨柳的丰姿，便在烟雾里也辨得出。树梢上隐隐约约的是一带远山，只有些大意罢了。树缝里也漏着一两点路灯光，没精打采的，是渴睡人的眼。这时候最热闹的，要数树上的蝉声与水里的蛙声；但热闹是它们的，我什么也没有。

导读赏析

本文是现代散文名篇。作品通过对月下荷塘描写，抒写在严酷现实重压下苦闷、彷徨和寂寞的心境，表现作者对黑暗现实的不满情绪及对未来美好自由生活的朦胧追求。文章精于构思，采用圆形结构，三大部分转接自然，“颇不宁静”是文眼；多用借景抒情、比喻、通感手法，语言典雅清丽、新颖自然，使文章充满诗情画意、脍炙人口。

氓

◎《诗经·卫风》

课内背诵

佳作推荐

信誓旦旦有伪装，遇人不淑真悲凉。二三其德负心汉，青春空付悔断肠。

作家作品介绍

《诗经》是我国最早的诗歌总集。原本只称《诗》，汉代时被尊为经典，始称《诗经》。共收录从西周初年到春秋中叶的诗歌305篇，分为“风”“雅”“颂”三大类。本篇《氓》属于“卫风”。

氓之蚩蚩，抱布贸丝。
匪来贸丝，来即我谋。
送子涉淇，至于顿丘。
匪我愆期，子无良媒。
将子无怒，秋以为期。

乘彼垝垣，以望复关。
不见复关，泣涕涟涟。
既见复关，载笑载言。
尔卜尔筮，体无咎言。
以尔车来，以我贿迁。

桑之未落，其叶沃若。
于嗟鸠兮，无食桑葚！
于嗟女兮，无与士耽！
士之耽兮，犹可说也。
女之耽兮，不可说也！

桑之落矣，其黄而陨。
自我徂尔，三岁食贫。
淇水汤汤，渐车帷裳。
女也不爽，士贰其行。
士也罔极，二三其德。

三岁为妇，靡室劳矣。
夙兴夜寐，靡有朝矣。

言既遂矣，至于暴矣。
兄弟不知，咥其笑矣。
静言思之，躬自悼矣。

及尔偕老，老使我怨。
淇则有岸，隰则有泮。
总角之宴，言笑晏晏。
信誓旦旦，不思其反。
反是不思，亦已焉哉！

导读赏析

《氓》是《诗经》中著名的长篇叙事诗，全诗以叙事为主线，杂以议论和抒情。在艺术表现手法上，以赋为主，兼用比兴。第一、二章是赋体，叙述男子向女子求婚以至结婚的过程。第三、四章以抒情为主，抒写了女子对自陷情网的痛悔，以及被弃后对男子的怨恨之情。诗中比兴手法的运用，加强了抒情效果。第五章是赋体，叙述女子被弃前后的处境。第六章是赋体兼比兴，叙事中夹杂议论与抒情，表现了女子悔恨交加的心情和与男子决绝的态度。

对比手法的运用，是本诗的又一艺术特色。其中有女子婚前婚后思想情感的对比，男子婚前婚后行为态度的对比，男子与女子之间思想性格的对比。诗人用对比手法，突出了女子的痴情大胆、淳朴热情、勤劳善良与男子的虚伪狡狯、喜新厌旧、自私粗暴，成功地塑造了两个性格鲜明的人物形象。

此诗充分运用了赋比兴交替使用的手法，时时注意情与景的结合，特别是将一条淇水作为背景贯串全诗，显示了构思的严密与巧妙。如“送子涉淇，至于顿丘”，写相恋时的依依不舍；“淇水汤汤，渐车帷裳”，写被弃后再涉淇水返回娘家的情景；“淇则有岸，隰则有泮”，则以生活中所经历的印象最深的场景兴起内心的感情。同是一条淇水，随着主人公前后处境的不同，表现了悲喜不同的心境。情以物迁，情与景会，可谓妙极。

采　薇

◎《诗经·小雅》

课内背诵

佳作推荐

重章叠唱吟返乡，戍卒御敌守边长。战争和平苦与乐，无从诉说不见娘

作家作品介绍

《诗经》中“风”有十五国风，大都是民间歌谣；“雅”分大雅、小雅，是宫廷乐歌；“颂”分周颂、鲁颂、商颂，是宗庙祭祀的乐歌。本篇《采薇》属于《诗经》中的“小雅”。

采薇采薇，薇亦作止。
曰归曰归，岁亦莫止。
靡室靡家，猃狁之故。
不遑启居，猃狁之故。

采薇采薇，薇亦柔止。
曰归曰归，心亦忧止。
忧心烈烈，载饥载渴。
我戍未定，靡使归聘。

采薇采薇，薇亦刚止。
曰归曰归，岁亦阳止。
王事靡盬，不遑启处。
忧心孔疚，我行不来。

彼尔维何，维常之华。
彼路斯何？君子之车。
戎车既驾，四牡业业。
岂敢定居？一月三捷。

驾彼四牡，四牡骙骙。
君子所依，小人所腓。
四牡翼翼，象弭鱼服。
岂不日戒，猃狁孔棘。

昔我往矣，杨柳依依。
今我来思，雨雪霏霏。

行道迟迟，载渴载饥。
我心伤悲，莫知我哀！

导读赏析

全诗通过士兵在归途中追述戍边作战之苦及思乡之情，反映出猃狁入侵给人民带来的苦难，表现出周人对战争的厌恶和反感。

本诗在艺术上很有特色，运用了多种修辞手法。有以具体代抽象的借代，如：以“杨柳”代春天，以“雨雪”代冬天。有自问自答的设问句，如：“彼尔维何，维常之华”“彼路斯何？君子之车”。有反问句，如：“岂敢定居”“岂不日戒”。末章的“昔我往矣，杨柳依依。今我来思，雨雪霏霏”，除了工整的对仗以外，更是利用反衬的修辞手法，创造了“以乐景写哀，以哀景写乐”的诗歌美学境界，深刻而有力地表现了戍边士兵的哀怨，使其成了千古不朽的名句。王夫之评论说：“‘昔我往矣，杨柳依依。今我来思，雨雪霏霏。’以乐景写哀，以哀景写乐，一倍增其哀乐。”（《姜斋诗话》）笼罩全篇的情感主调是悲伤的家园之思。或许是突然大作的霏霏雪花惊醒了戍卒，他从追忆中回到现实，随之陷入更深的悲伤之中。追昔抚今，痛定思痛，怎能不令“我心伤悲”呢？“昔我往矣，杨柳依依。今我来思，雨雪霏霏。”这是写景记时，更是抒情伤怀。个体生命在时间中存在，而在“今”与“昔”、“来”与“往”、“雨雪霏霏”与“杨柳依依”的情境变化中，戍卒深切体验到了生活的虚耗、生命的流逝及战争对生活价值的否定。绝世文情，千古常新。今人读此四句仍不禁怅触于怀，黯然神伤，也主要是体会到了诗境深层的生命流逝感。

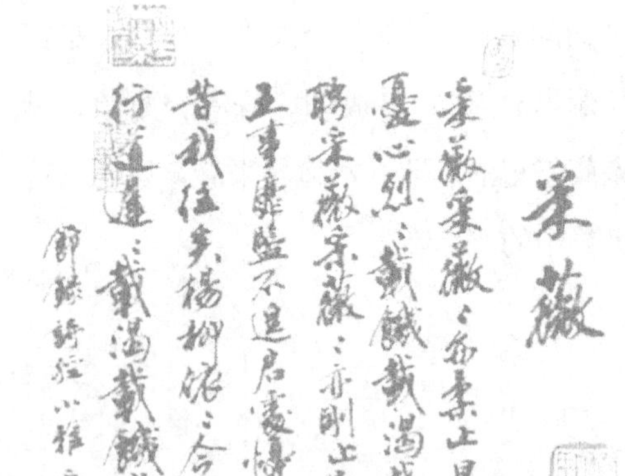

离骚（节选）

◎屈　原

课内背诵

佳作推荐

世道黑暗民多艰，是非颠倒路漫漫。理想现实大冲突，九死美政犹未变。

作家作品介绍

屈原（约前340—前278），名平，字原。战国时期楚国人，曾任楚国的左徒和三闾大夫。《楚辞》收录了战国时期楚国屈原、宋玉等人的作品，西汉刘向辑。《离骚》是《楚辞》的代表作，共373句，是我国古代最长的抒情诗。

长太息以掩涕兮，哀民生之多艰。余虽好修姱以鞿羁兮，謇朝谇而夕替。

既替余以蕙纕兮，又申之以揽茝。亦余心之所善兮，虽九死其犹未悔。

怨灵修之浩荡兮，终不察夫民心。众女嫉余之蛾眉兮，谣诼谓余以善淫。

固时俗之工巧兮，偭规矩而改错。背绳墨以追曲兮，竞周容以为度。

忳郁邑余侘傺兮，吾独穷困乎此时也。宁溘死以流亡兮，余不忍为此态也！

鸷鸟之不群兮，自前世而固然。何方圜之能周兮？夫孰异道而相安？

屈心而抑志兮，忍尤而攘诟。伏清白以死直兮，固前圣之所厚。

悔相道之不察兮，延伫乎吾将反。回朕车以复路兮，及行迷之未远。

步余马于兰皋兮，驰椒丘且焉止息。进不入以离尤兮，退将复修吾初服。

制芰荷以为衣兮，集芙蓉以为裳。不吾知其亦已兮，苟余情其信芳。

高余冠之岌岌兮，长余佩之陆离。芳与泽其杂糅兮，唯昭质其犹未亏。

忽反顾以游目兮，将往观乎四荒。佩缤纷其繁饰兮，芳菲菲其弥章。

民生各有所乐兮，余独好修以为常。虽体解吾犹未变兮，岂余心之可惩？

导读赏析

《离骚》是一首充满激情的政治抒情诗，也是一首现实主义与浪漫主义相结合的艺术杰作。构思上，诗中写了两个世界：现实世界和由天界、神灵、往古人物以及人格化了的日、月、风、雷、鸾凤、鸟雀所组成的超现实世界，表现瞬息变化的激情。诗人展现广阔的、雄伟的、瑰丽的背景，创造至美、至壮、至悲的意境。诗歌不仅大量运用神话、传说材料，还大量运用比兴、比喻、象征手法，以花草、禽鸟寄托情意。既为我们塑造了一个形象高大、思想性格鲜明的抒情主人公形象，又使语言优美新奇。《离骚》不仅是中国文学的奇珍，也是世界文学的瑰宝，开辟了中国文学浪漫主义的源头，对后世的文人创作产生了深远的影响。

涉江采芙蓉

◎《古诗十九首》

涉江采芙蓉，兰泽多芳草。
采之欲遗谁，所思在远道。
还顾望旧乡，长路漫浩浩。
同心而离居，忧伤以终老。

课内背诵

佳作推荐

多情采芙蓉，多意兰芳草。思妇和游子，别梦到终老。

作家作品介绍

《古诗十九首》最早见于南朝梁萧统（501—531）主持编选的《文选》，是一组五言古诗，作者不详，一般认为产生于东汉末年。这组古诗语言朴素自然，描写生动真切，在五言诗的发展史上有重要地位。

导读赏析

《涉江采芙蓉》是被南朝萧统编在《昭明文选》里《古诗十九首》中的一首五言古体诗，描写的是游子思乡、怀念妻子的伤感情绪。作者大约是东汉末年仕途失意的中下层知识分子。本诗优美隽永，哀婉动人，其手法多借鉴《诗经》《楚辞》，借物咏怀，以物寄情；遣词造句能化旧出新，构成独特的意境；节奏回环复沓，具有民歌风格。

短歌行

◎曹　操

课内背诵

对酒当歌，人生几何！
譬如朝露，去日苦多。
慨当以慷，忧思难忘。
何以解忧？唯有杜康。
青青子衿，悠悠我心。
但为君故，沉吟至今。
呦呦鹿鸣，食野之苹。
我有嘉宾，鼓瑟吹笙。

明明如月，何时可掇？
忧从中来，不可断绝。
越陌度阡，枉用相存。
契阔谈䜩，心念旧恩。
月明星稀，乌鹊南飞。
绕树三匝，何枝可依？
山不厌高，海不厌深。
周公吐哺，天下归心。

佳作推荐

唯才是举《短歌行》，孟德高唱求贤令。酒不解愁何解愁，横槊赋诗尽归心。

作家作品介绍

曹操（155—220），字孟德，沛国谯县（今安徽亳州）人，东汉末政治家、军事家、诗人。著有《孙子略解》《兵书接要》，诗歌《蒿里行》《观沧海》《龟虽寿》等。与其子曹丕、曹植合称“三曹”。建安诗人开创的一代诗风，被称为“建安风骨”。

导读赏析

《短歌行》通过宴会的歌唱，以沉雄跌宕的笔调抒写了诗人求贤若渴的情思和统一天下的雄心壮志；全诗内容深厚，庄重典雅，感情充沛，准确而巧妙地运用了比兴手法，寓理于情，以情感人。

归园田居（其一）

◎陶渊明

课内背诵

佳作推荐

若是官场能有为，诗人怎会田园归。不得自由生如死，复返自然最可贵。

作家作品介绍

陶渊明（约365—427），一名潜，字元亮，浔阳柴桑（今江西九江）人，东晋诗人。陶渊明开创了“田园诗”一体，为古典诗歌开辟了一个新的境界。

少无适俗韵，性本爱丘山。
误落尘网中，一去三十年。
羁鸟恋旧林，池鱼思故渊。
开荒南野际，守拙归园田。
方宅十余亩，草屋八九间。
榆柳荫后檐，桃李罗堂前。
暧暧远人村，依依墟里烟。
狗吠深巷中，鸡鸣桑树颠。
户庭无尘杂，虚室有余闲。
久在樊笼里，复得返自然。

导读赏析

《归园田居》（其一）是东晋文学家陶渊明的组诗首篇。从对官场生活的强烈厌倦，写到田园风光的美好动人，农村生活的舒心愉快，流露了一种如释重负的心情，表达了对自然和自由的热爱。诗歌内蕴醇厚，情感真挚。

兰亭集序

◎王羲之

课内背诵

佳作推荐

奇人奇篇奇书法，写生写死写兰亭。饮酒赋诗修禊事，仰天俯地通古今。

作家作品介绍

王羲之（303—361），字逸少，祖籍琅玡临沂（今山东临沂），后迁居会稽山阴（今浙江绍兴）。善书法，有“书圣”之称。官至右军将军，会稽内史，故后世称为“王右军”。东晋穆帝永和九年(353)，王羲之和当时的名士谢安、孙绰等四十一人，于三月三日在会稽山阴的兰亭集会。他们曲水流觞，饮酒赋诗，各抒怀抱，最后由王羲之作序一篇，总述其事，是为《兰亭集序》。

永和九年，岁在癸丑，暮春之初，会于会稽山阴之兰亭，修禊事也。群贤毕至，少长咸集。此地有崇山峻岭，茂林修竹，又有清流激湍，映带左右，引以为流觞曲水，列坐其次。虽无丝竹管弦之盛，一觞一咏，亦足以畅叙幽情。

是日也，天朗气清，惠风和畅。仰观宇宙之大，俯察品类之盛，所以游目骋怀，足以极视听之娱，信可乐也。

夫人之相与，俯仰一世。或取诸怀抱，悟言一室之内；或因寄所托，放浪形骸之外。虽趣舍万殊，静躁不同，当其欣于所遇，暂得于己，快然自足，不知老之将至；及其所之既倦，情随事迁，感慨系之矣。向之所欣，俯仰之间，已为陈迹，犹不能不以之兴怀，况修短随化，终期于尽！古人云：“死生亦大矣。”岂不痛哉！

每览昔人兴感之由，若合一契，未尝不临文嗟悼，不能喻之于怀。固知一死生为虚诞，齐彭殇为妄作。后之视今，亦犹今之视昔，悲夫！故列叙时人，录其所述。虽世殊事异，所以兴怀，其致一也。后之览者，亦将有感于斯文。

导读赏析

本文以饱含感情的笔触，记叙了兰亭周围的山水佳胜和宴会的盛况，抒发了对世事变幻、死生无常的感慨。文章反映了一般封建士大夫的人生观；但作者在慨叹“修短随化，终期于尽”时，没有走向消极无为，而是在一定程度上批判了当时盛行的“一死生”“齐彭殇”的老庄虚无主义哲学观点，于悲伤感慨中透露出对现实生活的流连珍惜。文章所表达的思想内容，涉及儒、道、玄、佛四家。了解四家的思想，对理解这篇序文是不可或缺的。儒家主张积极入世，反对消极出世，论生不论死；道家主张养怡生年，顺应自然，清静无为，力求“守生”；玄学清谈哲理，不务实际，一切达观，消极玩世；佛教宣扬一切幻灭，長生長死，主张“无生”。王羲之对“一死生”“齐彭殇”等的态度在序文都有较为鲜明的表露。

文章写得清新简朴，韵味悠长，具有独特的风格。篇首的叙事绘声绘色，情景交融，充满诗情画意。下文引出感慨和议论，低回曲折，寄托深远，表达得显而不露，深而不晦。文笔流畅，洒脱，运用了较多的骈句，却并不拘谨板滞。在雕辞琢句，追求骈俪文风的魏晋时代，《兰亭集序》却以清新自然的风格独行于世，行文自然质朴，不加雕琢。全文叙议有机结合，情景水乳交融，吐露胸怀率真自然，令人耳目一新。用笔激而不浮，悲而能壮。文章结构严谨，衔接合理，语言洒脱流畅，朴素简洁，如“崇山峻岭”“茂林修竹”“清流激湍”“天朗气清”“惠风和畅”“游目骋怀”“世殊事异”“不知老之将至”等，犹如信手拈来，令人倍感亲切。让人读来如在目前，如临其景。

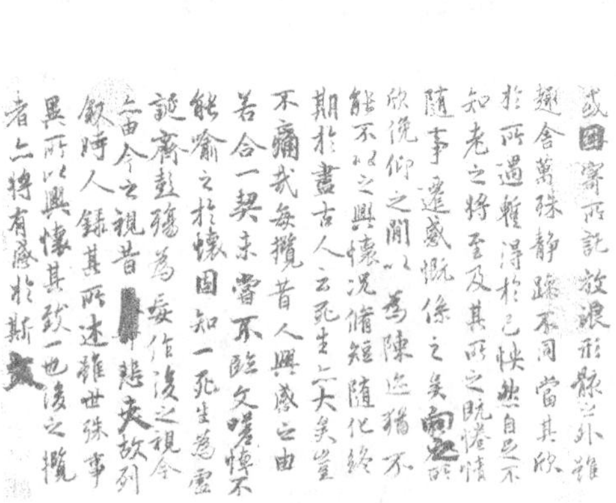

前赤壁赋

◎苏　轼

课内背诵

佳作推荐

山水之乐暂超脱，变与未变皆自若。主客问答话悲喜，清风明月共享过。

作家作品介绍

苏轼（1037—1101），字子瞻，自号东坡居士，四川眉山人，宋代文学家。官至翰林侍读学士，礼部尚书。书、文、诗、词、画，俱成大家。他和他的父亲苏洵、弟弟苏辙均以诗文著称于世，世称“三苏”。本文作于苏轼被贬黄州（今湖北黄冈）泛舟赤壁之时。

壬戌之秋，七月既望，苏子与客泛舟游于赤壁之下。清风徐来，水波不兴。举酒属客，诵明月之诗，歌窈窕之章。少焉，月出于东山之上，徘徊于斗牛之间。白露横江，水光接天。纵一苇之所如，凌万顷之茫然。浩浩乎如冯虚御风，而不知其所止；飘飘乎如遗世独立，羽化而登仙。

于是饮酒乐甚，扣舷而歌之。歌曰：“桂棹兮兰桨，击空明兮溯流光。渺渺兮予怀，望美人兮天一方。”客有吹洞箫者，倚歌而和之。其声呜呜然，如怨如慕，如泣如诉，余音袅袅，不绝如缕。舞幽壑之潜蛟，泣孤舟之嫠妇。

苏子愀然，正襟危坐而问客曰：“何为其然也？”客曰：“‘月明星稀，乌鹊南飞’，此非曹孟德之诗乎？西望夏口，东望武昌，山川相缪，郁乎苍苍，此非孟德之困于周郎者乎？方其破荆州，下江陵，顺流而东也，舳舻千里，旌旗蔽空，酾酒临江，横槊赋诗，固一世之雄也，而今安在哉？况吾与子渔樵于江渚之上，侣鱼虾而友麋鹿，驾一叶之扁舟，举匏樽以相属。寄蜉蝣于天地，渺沧海之一粟。哀吾生之须臾，羡长江之无穷。挟飞仙以遨游，抱明月而长终。知不可乎骤得，托遗响于悲风。”

苏子曰：“客亦知夫水与月乎？逝者如

斯，而未尝往也；盈虚者如彼，而卒莫消长也。盖将自其变者而观之，则天地曾不能以一瞬；自其不变者而观之，则物与我皆无尽也，而又何羡乎！且夫天地之间，物各有主，苟非吾之所有，虽一毫而莫取。惟江上之清风，与山间之明月，耳得之而为声，目遇之而成色，取之无禁，用之不竭，是造物者之无尽藏也，而吾与子之所共适。”

客喜而笑，洗盏更酌。肴核既尽，杯盘狼籍。相与枕藉乎舟中，不知东方之既白。

导读赏析

《前赤壁赋》是文赋中之佳作。通过月夜泛舟、饮酒赋诗引出主客问答的描写，既借客之口抒写吊古伤今之情，也借答表达苏子矢志不移之情怀，全赋情韵深致、理意透辟。

全赋五段，第一段写夜游赤壁的情景，第二段写苏轼饮酒放歌的欢乐和客人悲凉的箫声，第三段写客人对人生短促无常的感叹，第四段是苏轼针对客之人生无常的感慨陈述自己的见解，以宽解对方，第五段写客听了苏轼一番谈话后，转悲为喜，开怀畅饮，照应开头。整篇“情、景、理”自然融合，水乳交融。散韵结合，参差疏落中又有整饬之致。

游褒禅山记（节选）

◎王安石

课内背诵

佳作推荐

名为记游实讲理，一往无前尽意志。古今多有谬传事，慎取之前须深思。

作家作品介绍

王安石（1021—1086），字介甫，号半山，江西临川（今江西抚州）人。北宋政治家、文学家、思想家，唐宋八大家之一。褒禅山，旧名华山，在安徽含山东北。宋仁宗至和元年（1054）四月王安石从舒州（今安徽潜山）通判任上辞职，在回家探亲途中游览了此山，同年七月以追记形式写下此文。

于是余有叹焉。古人之观于天地、山川、草木、虫鱼、鸟兽，往往有得，以其求思之深而无不在也。夫夷以近，则游者众；险以远，则至者少。而世之奇伟、瑰怪、非常之观，常在于险远，而人之所罕至焉，故非有志者不能至也。有志矣，不随以止也，然力不足者，亦不能至也。有志与力，而又不随以怠，至于幽暗昏惑而无物以相之，亦不能至也。然力足以至焉，于人为可讥，而在己为有悔；尽吾志也而不能至者，可以无悔矣，其孰能讥之乎？此余之所得也。

导读赏析

这是一篇因事明理的独特游记。王安石34岁时，从舒州通判任上辞职，在回家路上游览了褒禅山，三个月后以追忆形式写下《游褒禅山记》。文章记叙实为议论张本，议论因事产生的观点，此后“世之奇伟、瑰怪、非常之观，常在于险远”等遂成为世人常用的名言。

绿

◎朱自清

对接诵读

佳作推荐

隽永梅雨潭，鲜活一景点。心中充满绿，情感变温婉。

导读赏析

这是朱自清一篇韵味隽永、情境鲜活的千字短文。全文第一部分点明题旨，引出全文；第二部分写梅雨瀑的景色；第三部分着重写梅雨潭潭水的绿；第四部分再赞梅雨潭的绿。前后呼应，深化主题。作者采用物我交融的写法，运用比喻、夸张、比拟等修辞，使文章具有动态美、绘画美、音乐美、动态美，读来让人感觉美不胜收。

我第二次到仙岩的时候，我惊诧于梅雨潭的绿了。

梅雨潭是一个瀑布潭。仙岩有三个瀑布，梅雨瀑最低。走到山边，便听见花花花花的声音；抬起头，镶在两条湿湿的黑边儿里的，一带白而发亮的水便呈现于眼前了。我们先到梅雨亭。梅雨亭正对着那条瀑布；坐在亭边，不必仰头，便可见它的全体了。亭下深深的便是梅雨潭。这个亭踞在突出的一角的岩石上，上下都空空儿的；仿佛一只苍鹰展着翼翅浮在天宇中一般。三面都是山，像半个环儿拥着；人如在井底了。这是一个秋季的薄阴的天气。微微的云在我们顶上流着；岩面与草丛都从润湿中透出几分油油的绿意。而瀑布也似乎分外的响了。那瀑布从上面冲下，仿佛已被扯成大小的几绺；不复是一幅整齐而平滑的布。岩上有许多棱角；瀑流经过时，作急剧的撞击，便飞花碎玉般乱溅着了。那溅着的水花，晶莹而多芒；远望去，像一朵朵小小的白梅，微雨似的纷纷落着。据说，这就是梅雨潭之所以得名了。但我觉得像杨花，格外确切些。轻风起来时，点点随风飘散，那更是杨花了。——这时偶然有几点送入我们温暖的怀里，便倏的钻了进去，再也寻它不着。

梅雨潭闪闪的绿色招引着我们；我们开始追捉她那离合的神光了。揪着草，攀着乱石，小心探身下去，又鞠躬过了一个石穹门，便到了汪汪一碧的潭边了。瀑布在襟袖之间；但我的心中已没有瀑布了。我的心随潭水的绿而摇荡。那醉人的绿呀！仿佛一张极大极大的荷叶铺着，满是奇异的绿呀。我想张开两臂抱住她；但这是怎样一个妄想呀。——站在水边，望到那面，居然觉着有些远呢！这平铺着，厚积着的绿，着实可爱。她松松的皱缬着，像少妇拖着的裙幅；她轻轻的摆弄着，像跳动的初恋的处女的心；她滑滑的明亮着，像涂了"明油"一般，有鸡蛋清那样软，那样嫩，令人想着所曾触过的最嫩的皮肤；她又不杂些儿尘滓，宛然一块温润的碧玉，只清清的一色——但你却看不透她！我曾见过北京什刹海拂地的绿杨，脱不了鹅黄的底子，似乎太淡了。我又曾见过杭州虎跑寺旁高峻而深密的"绿壁"，丛叠着无穷的碧草与绿叶的，那又似乎太浓了。其余呢，西湖的波太明了，秦淮河的也太暗了。可爱的，我将什么来比拟你呢？我怎么比拟得出呢？大约潭是很深的、故能蕴蓄着这样奇异的绿；仿佛蔚蓝的天融了一块在里面似的，这才这般的鲜润呀。——那醉人的绿呀！我若能裁你以为带，我将赠给那轻盈的舞女；她必能临风飘举了。我若能挹你以为眼，我将赠给那善歌的盲妹；她必明眸善睐了。我舍不得你；我怎舍得你呢？我用手拍着你，抚摩着你，如同一个十二三岁的小姑娘。我又掬你入口，便是吻着她了。我送你一个名字，我从此叫你"女儿绿"，好么？

我第二次到仙岩的时候，我不禁惊诧于梅雨潭的绿了。

2月8日，温州作。

关　雎

◎《诗经·周南》

对接诵读

佳作推荐

甭看诗短小，地位真特殊。常读意常新，岂止“正夫妇”。

导读赏析

《关雎》是中国文学史的开篇之作，是中国爱情诗之祖。

《关雎》是《诗经》首篇，篇名是《诗经》习惯的“首句命题”。这首诗内容单纯，写一个“君子”对“淑女”的追求，但不是实写，而是虚拟。大量使用比兴手法和“重章叠唱”的结构技巧，文字多富有表现力。“求之不得，寤寐思服。悠哉悠哉，辗转反侧”使诗歌顿起波澜，曲直生致。“窈窕淑女，君子好逑”成为千古佳句。

关关雎鸠，在河之洲。
窈窕淑女，君子好逑。
参差荇菜，左右流之。
窈窕淑女，寤寐求之。
求之不得，寤寐思服。
悠哉悠哉，辗转反侧。
参差荇菜，左右采之。
窈窕淑女，琴瑟友之。
参差荇菜，左右芼之。
窈窕淑女，钟鼓乐之。

译　文

雎鸠关关在歌唱，在那河中沙洲上。
文静美好的少女，小伙殷切地追求。
长长短短鲜荇菜，顺流两边去捞取。
文静美好的少女，朝朝暮暮想追求。
追求没能如心愿，日夜心头在挂牵。
长夜漫漫不到头，翻来覆去难成眠。
长长短短鲜荇菜，两手左右去采摘。
文静美好的少女，弹琴鼓瑟表爱慕。
长长短短鲜荇菜，两边仔细来挑选。
文静美好的少女，钟声换来她笑颜。

蒹 葭

◎《诗经·秦风》

对接诵读

蒹葭苍苍，白露为霜。所谓伊人，在水一方。溯洄从之，道阻且长。溯游从之，宛在水中央。

蒹葭萋萋，白露未晞。所谓伊人，在水之湄。溯洄从之，道阻且跻。溯游从之，宛在水中坻。

蒹葭采采，白露未已。所谓伊人，在水之涘。溯洄从之，道阻且右。溯游从之，宛在水中沚。

佳作推荐

人生有渴慕，隔岸最高处。上下求索过，才把追寻悟。

导读赏析

《蒹葭》是《诗经》中最优秀的篇章之一。关于此诗内容，主要有"刺襄公"说、"招贤"说、"爱情"说。全诗三章重叠，各章分为四个层次：首二句以蒹葭起兴，展现一幅河上秋色图，渲染气氛和烘托心境；三、四句展示中心意象：抒情主人公在河畔徜徉，凝望追寻河对岸的"伊人"；后四句是并列两个层次，分别是对在水一方、可望难即境界的两种不同情景的描述。全诗重章叠句、反复吟咏、一唱三叹，诗意不断推进。本诗以水、芦苇、霜、露等意象营造了一种朦胧、清新又神秘的意境，使《蒹葭》产生丰富的美感。

译　文

大片的芦苇青苍苍，清晨的露水变成霜。我所怀念的心上人啊，就站在对岸河边上。逆流而上去追寻她(他)，追随她(他)的道路险阻又漫长。顺流而下寻寻觅觅，她(他)仿佛在河水中央。

芦苇凄清一大片，清晨露水尚未晒干。我那魂牵梦绕的人啊，她(他)就在河水对岸。逆流而上去追寻她(他)，那道路坎坷又艰难。顺流而下寻寻觅觅，她(他)仿佛在水中小洲上。

河畔芦苇繁茂连绵，清晨露滴尚未被蒸发完毕。我那苦苦追求的人啊，她(他)就在河岸一边。逆流而上去追寻她(他)，那道路弯曲又艰险。顺流而下寻寻觅觅，她(他)仿佛在水中的沙滩上。

桃 夭

◎《诗经·周南》

对接诵读

桃之夭夭[①]，灼灼[②]其华。
之子于归[③]，宜[④]其室家。

桃之夭夭，有蕡[⑤]其实。
之子于归，宜其家室。

桃之夭夭，其叶蓁蓁[⑥]。
之子于归，宜其家人。

佳作推荐

貌美少女似桃花，喜气洋洋嫁夫家。宜室宜家宜家人，原来美德最无价。

导读赏析

《桃夭》可以说是《诗经》中最喜庆美好的一首诗。全诗分为三章：第一章以鲜艳的桃花比喻新娘的年轻娇媚，第二章则是表示对婚后的祝愿，第三章以桃叶的茂盛祝愿新娘家庭的兴旺发达。每章都先以桃起兴，继以花、果、叶作比喻，极为美好，极有层次，自然浑成，融为一体。语言极为优美，极为精练。

注 释

①夭夭：茂盛的样子。

②灼灼：花朵色彩鲜艳如火，明亮鲜艳的样子。

③于归：姑娘出嫁。古代把丈夫家看作女子的归宿，故称“归”。

④宜：和顺、亲善。

⑤蕡(fén)：草木结实很多的样子。此处指桃实肥厚硕大的样子。

⑥蓁蓁(zhēnzhēn)：草木繁密的样子，这里形容桃叶茂盛。

译　文

桃花怒放千万朵，色彩鲜艳红似火。
这位姑娘要出嫁，喜气洋洋归夫家。

桃花怒放千万朵，果实累累大又多。
这位姑娘要出嫁，早生贵子后嗣旺。

桃花怒放千万朵，绿叶茂盛永不落。
这位姑娘要出嫁，齐心协手家和睦。

端　午

◎文　秀

对接诵读

节分端午自谁言，
万古传闻为屈原。
堪笑楚江空渺渺，
不能洗得直臣冤。

佳作推荐

端午节日为屈原，尚且难洗直臣冤。遭难受罪苍生苦，谁为“窦娥”立碑传。

导读赏析

文秀是唐代诗僧，《端午》这首绝句角度独特，立意新颖。它提出了一个令人深思的问题：尽管后人百般歌颂、祭祀，像屈原沉江这样的悲剧毕竟发生了，如此冤屈是不能简单地洗刷干净的。这首诗言近意远，言简意深，很有力量。

译　文

端午节日从何而来，
前人传说是为了楚国大夫屈原。
可笑汨罗空自浩浩荡荡，
竟不能洗去忠直之士的冤屈。

涉江（节选）

◎屈　原

对接诵读

佳作推荐

理想败现实，希望败失望。涉江远离乡，不变唯志向。

导读赏析

《涉江》为顷襄王时期，屈原远放江南时，为记叙征程和抒写怨愤而作。本篇记述了他渡过大江，溯沅水而上达溆浦一带，幽然独处于深山的旅程，也穿插了在行程中及到达目的地后的所思所感，反映了当时楚国政治的腐败，表现了他热爱祖国的深厚感情和坚持正义、刚正不屈的精神。诗中叙述流放的情景，揭露楚国朝政的黑暗，多用现实主义的手法，写对理想的憧憬，多用浪漫主义手法。全诗节奏鲜明富有变化，音调铿锵，句式错落，加强了诗篇的语言美和音乐美，更好地表现了诗人的丰富感情，为深刻的主题服务。诗中所表现的进取精神，给人们以向上的力量，反复吟咏，在艺术上将获得美的享受。

余幼好此奇服兮，年既老而不衰。带长铗之陆离兮，冠切云之崔嵬[1]。被明月兮[2]，佩宝璐[3]。世溷浊[4]而莫余知兮，吾方高驰而不顾[5]。驾青虬兮，骖白螭。吾与重华游兮，瑶之圃。登昆仑兮食玉英。与天地兮同寿，与日月兮齐光，哀南夷之莫吾知兮，旦余济乎江湘。

乘鄂渚而反顾兮，欸秋冬之绪风。步余马兮山皋，邸余车兮方林。乘舲船余上沅兮，齐吴榜以击汰。船容与[6]而不进兮，淹回水而凝滞[7]。朝发枉陼兮，夕宿辰阳。苟余心其端直兮，虽僻远之何伤？

入溆浦余儃佪[8]兮，迷不知吾所如。深林杳以冥冥兮，乃猨狖之所居。山峻高以蔽日兮，下幽晦以多雨。霰雪纷其无垠兮，云霏霏而承宇[9]。哀吾生之无乐兮，幽独处乎山中。吾不能变心而从俗兮，固将愁苦而终穷。

接舆髡首兮，桑扈臝行。忠不必用兮，贤不必以。伍子逢殃兮，比干菹醢[10]。与前世而皆然兮，吾又何怨乎今之人？余将董道而不豫兮，固将重昏而终身。

乱曰：鸾鸟凤皇，日以远兮。燕雀乌鹊，巢堂坛兮。露申辛夷，死林薄兮。腥臊并御[11]，芳不得薄兮[12]。阴阳易位，时不当兮。怀信侘傺[13]，忽[14]乎吾将行兮。

注　释

①长铗(jiá)：长剑。铗，剑柄，代指剑。陆离：闪光的样子，形容其所佩宝剑之长。切云：冠名，取高触云霄之意。崔嵬(cuīwéi)：形容高的样子。

②被(pī)：同“披”。明月：一种夜间能发光的宝珠。

③璐(lù)：美玉。

④溷(hùn)浊：混乱，污浊。

⑤高驰：高高飞驰，意为远远地离开。顾：回头看。

⑥容与：船行迟缓貌。

⑦淹：停留。回水：回旋的水流。凝滞：停留不进。

⑧儃佪(chánhuái)：徘徊不前。

⑨霏霏：这里形容云气很盛的样子。承宇：指山中云气旺盛而与屋檐相承接。宇，屋檐。

⑩比干：殷纣王的叔伯父。菹醢(zǔhǎi)：肉酱，这里指剁成肉酱。

⑪腥臊：臭恶的东西，喻谗佞小人。御：用。

⑫芳：芳香的东西，喻贤人。薄(bó)：靠近。

⑬怀信：怀抱忠信。侘傺(chàchì)：惆怅失意的样子。

⑭忽：飘忽，形容心里无着落的样子。

译　文

我自幼就喜欢这奇伟的服饰啊，年纪老了爱好仍然没有减退。腰间挂着长长的宝剑啊，头上戴着高高的切云冠。身上披挂着珍珠啊，佩戴着美玉。世道混浊没有人了解我啊，我却高视阔步，置之不理。坐上驾着青龙两边配有白龙的车子啊。我要同重华一道去游仙宫。登上昆仑山啊品尝那玉一般的花朵。我要与天地啊同寿，我要和日月啊同样光明，可悲啊，楚国没人了解我，明早我就要渡过湘水，去到江南。

在鄂渚登岸，回头遥望国都，对着秋冬的寒风叹息。让我的马慢慢地走上山冈，让我的车停靠在大片林边。坐着船沿着沅水向上游前进啊，船夫们一齐摇桨划船。船缓慢地不肯行进啊，老是停留在回旋的水流里。清早我从枉陼起程啊，晚上才歇宿在辰阳。只要我的心正直啊，就是被放逐到偏僻遥远的地方，又有什么可伤感的？

进入溆浦我又迟疑起来啊，心里迷惑着不知我该去何处。树林幽深而阴暗啊，这是猴子居住的地方。山岭高大遮住了太阳啊，山下阴沉沉的并且多雨。雪花纷纷飘落一望无际啊，浓云密布好像压着屋檐。可叹我的生活毫无愉快啊，寂寞孤独地住在山里。我不能改变志向去顺从世俗啊，当然难免愁苦终身不得志。

接舆剪去头发啊，桑扈裸体走路。忠臣不一定被任用啊，贤者不一定被推荐。伍子胥遭到灾祸啊，比干被剁成肉泥。整个前代都是这样啊，我又何必怨恨当今的君王？我将正道而行毫不犹豫啊，本就准备在重重昏暗中度过一生。

乱辞称：鸾鸟凤凰，一天天远去啊。燕雀乌鹊，却在厅堂和庭院里做窝啊。露申辛夷，死在草木丛生的地方啊。腥臊恶臭都能得到君王的取用啊，芳香的花草却无法靠近他的身边。黑夜白昼变了位置，我生不逢时啊。满怀着忠信，我却失意彷徨啊。

迢迢牵牛星

◎《古诗十九首》

对接诵读

迢迢牵牛星，皎皎河汉女。
纤纤擢素手，札札弄机杼。
终日不成章，泣涕零如雨。
河汉清且浅，相去复几许？
盈盈一水间，脉脉不得语。

佳作推荐

牛郎织女难相会，岂因王母划金钗。只为人间多离苦，泪水汇出银河来。

导读赏析

这首诗表面描写天上一对夫妇牛郎和织女，视点却落在现实，以第三者的角度观察他们夫妇的分离之苦。开头两句分别从两处落笔，言牵牛曰“迢迢”，状织女曰“皎皎”，“迢迢”“皎皎”互文见义。中四句专就织女这一方面来写，最后四句是诗人的慨叹。这首诗抓住银河、机杼和牛、女与神话相关的物象，借写织女有情思亲、无心织布、隔河落泪、对水兴叹的心态，来比喻人间离妇对辞亲去远的丈夫的相思之情。诗想象丰富，感情缠绵，用语婉丽，境界奇特，是相思怀远诗中的新格高调。又多用叠字，增强了诗的节奏美。

译　文

看那遥远的牵牛星，明亮的织女星。

（织女）伸出细长而白皙的手，摆弄着织机（织着布），发出札札的织布声。

一整天也没织成一段布，哭泣的泪水如同下雨般零落。

这银河看起来又清又浅，两岸相隔又有多远呢？

虽然只隔一条清澈的河流，但他们只能含情凝视，却无法用语言交谈。

观沧海

◎曹　操

对接诵读

佳作推荐

海洋有形有性格，诗人有志有雄心。苍凉慷慨居高远，尽将情理融壮锦。

导读赏析

《观沧海》是曹操准确生动描绘出海洋形象的一首古体诗，也是中国古代为数不多描写大海形象的绝妙诗篇。全诗借景抒情，情景交融。不仅表现大海，也赋予它性格而表现了诗人自己。末尾高潮，感情非常奔放，思想却很含蓄。全诗基调苍凉慷慨，是“建安风骨”的代表作。

东临碣石，以观沧海。
水何澹澹，山岛竦峙。
树木丛生，百草丰茂。
秋风萧瑟，洪波涌起。
日月之行，若出其中；
星汉灿烂，若出其里。
幸甚至哉，歌以咏志。

译　文

东行登上碣石山，来观赏大海。

海水多么宽阔浩荡，碣石山高高耸立在海边。

碣石山上树木丛生，各种草长得很繁茂。

秋风飒飒，海上涌起巨大的波涛。

日月的运行，好像是从这浩渺的大海中升起又沉落。

迢迢银河光辉灿烂，好像是从这浩渺的大海中放射出光彩。

真是幸运极了，用歌唱来表达自己的思想感情吧。

龟虽寿

◎曹　操

对接诵读

神龟虽寿，犹有竟时；
腾蛇乘雾，终为土灰。
老骥伏枥，志在千里；
烈士暮年，壮心不已。
盈缩之期，不但在天；
养怡之福，可得永年。
幸甚至哉，歌以咏志。

佳作推荐

真切体验悟哲理，壮志凌云生诗情。格调高昂慨而慷，挑战天命有信心。

导读赏析

富于哲理的诗，阐发了诗人的人生态度：要珍惜光阴，不断进取，建功立业。全诗兴会淋漓，有着一种真挚而浓烈的感情力量；哲理与诗情又通过形象化的手法表现出来，因而述理、明志、抒情在具体的艺术形象中实现了完美的结合。诗中所体现的乐观向上的精神，历久而弥新。

译　文

神龟的寿命虽然十分长久，但也还有生命终了的时候；

腾蛇尽管能乘雾飞行，终究也会死亡化为土灰。

年老的千里马伏在马棚里，它的雄心壮志仍然是一日驰骋千里；

有远大志向的人士到了晚年，奋发思进的雄心不会止息。

人的寿命长短，不只是由上天所决定的；

只要自己保养得好，也可以益寿延年。

真是幸运极了，用歌唱来表达自己的思想感情吧。

饮酒（其五）

◎陶渊明

对接诵读

结庐在人境，而无车马喧。
问君何能尔？心远地自偏。
采菊东篱下，悠然见南山。
山气日夕佳，飞鸟相与还。
此中有真意，欲辨已忘言。

佳作推荐

人于世上活，生命价值高。若无人格在，名位皆可抛。

译　文

居住在人世间，却没有车马的喧嚣。

问我为何能如此？只要心志高远，自然就会觉得所处地方僻静了。

在东篱之下采摘菊花，悠然间，那远处的南山映入眼帘。

山中的气息与傍晚的景色十分好，有飞鸟，结着伴儿归来。

这里面蕴含着人生的真正意义，想要辨识，却不知怎样表达。

导读赏析

这首诗是陶诗艺术风格的一个典范代表。意境可分为两层，前四句为一层，写诗人摆脱世俗烦恼后的感受。后六句为一层，写南山美好晚景和从中获得的无限乐趣，表现诗人热爱田园生活的真情和高洁人格。作者把哲理寄寓在形象之中，诗句流畅，语气自然，情貌亲切。名句有“采菊东篱下，悠然见南山”“此中有真意，欲辨已忘言”。大自然的美景使人领悟人生的意趣。

归园田居（其三）

◎陶渊明

对接诵读

种豆南山下，草盛豆苗稀。
晨兴理荒秽，带月荷锄归。
道狭草木长，夕露沾我衣。
衣沾不足惜，但使愿无违。

佳作推荐

选择心灵路，甘受皮肉苦。若无苛政逼，躬耕也幸福。

导读赏析

本篇写诗人的劳动生活情况和隐居田园的决心。“种豆南山下，草盛豆苗稀”，起句平实自如，如叙家常；“晨兴理荒秽，带月荷锄归”，写辛苦劳动，已是诗人最大的乐趣。“道狭草木长，夕露沾我衣。衣沾不足惜，但使愿无违”，写环境而生发议论。“愿无违”里的“愿”蕴含了诗人弃官归田以洁身自好的愿望，也更能突出当时社会官场的腐败与黑暗。这首诗用语十分平白自然，意境醇美，体现了陶诗平淡醇美的艺术特色。

译　文

南山坡下有我的豆地，
杂草丛生，豆苗长得很稀。
清晨我下地松土除草，
星月下我扛着锄头回家歇息。
草木覆盖了狭窄的归路，
夜露打湿了我的粗布上衣。
衣服湿了又有什么可惜，
只求我那心愿至死不移。

东床快婿

◎《世说新语》

对接诵读

佳作推荐

郗鉴选婿改家风，羲之尽显名士派。若非率性真才子，岂得佳话传开来。

导读赏析

这是《世说新语》里为人称道的一个名篇。东床坦腹和东床快婿的典故即来于此。作者将该篇归入《雅量》有一定道理，王羲之面对择婿，“坦腹东床”尽显魏晋风流。文章叙事浅近，波澜多姿，读来津津有味。

注　释

①郗太傅：郗鉴，字道徽，东晋重臣。

②与：通“予”，给予。

③可嘉：值得夸奖，值得赞许。

④矜持：指拘谨，做出端庄严肃的样子。

郗太傅[1]在京口，遣门生与[2]王丞相书，求女婿。丞相语郗信：“君往东厢，任意选之。”门生归，白郗曰：“王家诸郎，亦皆可嘉[3]，闻来觅婿，咸自矜持[4]。唯有一郎在东床上坦腹卧，如不闻。”郗公云：“正此好！”访之，乃是逸少，因嫁女与焉。

译　文

郗太傅在京口，派一个门客拿着自己给王丞相的亲笔书信，想在王家子侄中找一位女婿。王丞相对这个门客说：“你到东厢房去，任意挑选一位。”门客回去报告郗太傅说：“王家诸位郎君，都值得称道，听说我为您选女婿，各自都显得很拘谨，只有一位郎君，露出腹部躺在东床上，好像没听说有这回事似的。”郗太傅说：“恰恰是这一位好！”再去打听，原来是王羲之，郗太傅于是将女儿嫁给了他。

赤壁歌送别

◎李　白

对接诵读

佳作推荐

赤壁之战转头空，李白笔下烈焰浓。长江滚滚增豪情，神交异代众英雄。

作家作品介绍

李白（701—762），字太白，号青莲居士，唐代诗人，出生于西域，幼时随父迁居锦州昌隆（今四川江油）。诗前半咏史，概言赤壁战势，用语慷慨雄壮，亦见李白胸襟抱负；后半送别融于感怀，亦在突出咏史。题为“送别”，而诗中无一笔描写送别时间、地点的自然特色，也未涉及难舍之情，只是使送别成了引发诗兴的一个动机，冲破了一般送别诗的框架，表现出天才诗人的独创精神。

君去沧江望澄碧，鲸鲵唐突留余迹。
一一书来报故人，我欲因之壮心魄。

译　文

犹如二龙争战以决雌雄，
赤壁一战，曹操的楼船被一扫而空。
烈火熊熊焰烟冲天，照耀云海，
周瑜曾于此地大破曹操。
君去大江观看青碧澄明的江水，
看到了那场大战留下的残酷遗迹。
请您将实地的观感一一写信给我，
使我看过信后也大快一下壮心。

赤　壁

◎杜　牧

对接诵读

佳作推荐

东吴决意不苟且，齐心抗敌结联盟。运筹帷幄出妙计，岂是东风情义浓。

导读赏析

诗篇开头借一件古物兴起对前朝人、事、物的慨叹。“折戟沉沙铁未销，自将磨洗认前朝”，这两句描写看似平淡实为不平，暗含岁月流逝而物是人非之感，为后文抒怀作铺垫。“东风不与周郎便，铜雀春深锁二乔”涉及著名的赤壁之战。作者逆向思维大胆假设，把硝烟弥漫的战争胜负写得如此蕴藉，实在令人佩服。诗歌用唐人常用的以假作真的虚托手法和以小见大手法，既生动形象，又含蓄蕴藉，富有情致。

折戟沉沙铁未销，自将磨洗认前朝。
东风不与周郎便，铜雀春深锁二乔。

译　文

折断的铁戟沉埋黄沙还没有销掉，
拿起来一番磨洗仍可辨认出前朝。
如果东风没有帮助年少的周瑜，
铜雀台春宫深处就会关着二乔。

登飞来峰

◎王安石

对接诵读

佳作推荐

人生多“浮云”，容易遮望眼。如何可不畏，登高能望远。

导读赏析

这是一首别具一格的登高诗。第一句诗人用“千寻”夸张峰上古塔之高，写出自己立足点之高。第二句，巧妙虚写在高塔上看到的旭日东升的辉煌景象，表现了诗人朝气蓬勃、胸怀改革大志、对前途充满信心，成为全诗感情基调。后两句承接前两句写景议论抒情，使诗歌既生动形象又富于深刻哲理。古人常有浮云蔽日、邪臣蔽贤的忧虑，而诗人加上“不畏”二字，表现诗人在政治上高瞻远瞩，不畏奸邪的勇气和决心。

飞来山上千寻塔，闻说鸡鸣见日升。
不畏浮云遮望眼，自缘身在最高层。

译　文

飞来峰上的应天塔高入云端，

听说在上面可听见天鸡破晓，看见太阳初升。

我不害怕飘浮的云把眼遮住，

当然是因为我身处最高处。

梅 花

◎王安石

对接诵读

墙角数枝梅,凌寒独自开。
遥知不是雪,为有暗香来。

译 文

那墙角的几枝梅花,
冒着严寒独自盛开。
为什么远望就知道洁白的梅花不是雪呢?
因为梅花隐隐传来阵阵的香气。

佳作推荐

可赞敢“凌寒”,可佩“独自开”,可知“不是雪”,可盼“暗香来”。

导读赏析

这首诗通过写梅花,在严寒中怒放、洁白无瑕,赞美了梅花高贵的品德和顽强的生命力。以“墙角”点出环境,极其鲜明,极具意境。“数枝”与“墙角”搭配自然,显出梅的清瘦姿态。“凌寒”更是渲染一种特别气氛,“独自开”的梅卓然独“横”形象便飘然而至。“遥知不是雪”,雪花与梅花——自然界的一对“黄金搭档”,相映生辉,“为有暗香来”,梅之精神被表达得淋漓尽致。

桨声灯影里的秦淮河

◎朱自清

拓展阅读

佳作推荐

夏夜泛舟秦淮河，桨声灯影温柔乡。何事“纠纷”转惆怅，梦回现实可断肠。

导读赏析

本文记叙夏夜泛舟秦淮河的见闻感受，以细腻的笔触描绘船只、绿水、灯光、月光、歌声等景物，明丽中不见雕琢，淡雅而不俗气，将自然景色、历史影像、真实情感融和起来。朱自清散文缜密、细致，作者在声光色彩的协奏中，敏锐地捕捉到了秦淮河不同时地、不同情境中的绰约风姿，引发人思古之幽情，展现了一幅令人缅怀的桨声灯影里的秦淮河影。

一九二三年八月的一晚，我和平伯同游秦淮河；平伯是初泛，我是重来了。我们雇了一只“七板子”，在夕阳已去，皎月方来的时候，便下了船。于是桨声汩——汩，我们开始领略那晃荡着蔷薇色的历史的秦淮河的滋味了。

秦淮河里的船，比北京万生园，颐和园的船好，比西湖的船好，比扬州瘦西湖的船也好。这几处的船不是觉着笨，就是觉着简陋，局促；都不能引起乘客们的情韵，如秦淮河的船一样。秦淮河的船约略可分为两种：一是大船；一是小船，就是所谓“七板子”。大船舱口阔大，可容二三十人。里面陈设着字画和光洁的红木家具，桌上一律嵌着冰凉的大理石面。窗格雕镂颇细，使人起柔腻之感。窗格里映着红色蓝色的玻璃；玻璃上有精致的花纹，也颇悦人目。“七板子”规模虽不及大船，但那淡蓝色的栏干，空敞的舱，也足系人情思。而最出色处却在它的舱前。舱前是甲板上的一部，上面有弧形的顶，两边用疏疏的栏干支着。里面通常放着两张藤的躺椅。躺下，可以谈天，可以望远，可以顾盼两岸的河房。大船上也有这个，但在小船上更觉清隽罢了。舱前的顶下，一律悬着灯彩；灯的多少，明暗，彩苏的精粗，艳晦，是不一的，但好歹总还你一个灯彩。这灯彩实在是最能钩人的东西。夜幕垂垂地下来时，大小船上都点起灯火。从两重玻璃里映出那辐射着的黄黄的散光，反晕出一片朦胧的烟霭；透过这烟霭，在黯黯的水波里，又逗起缕缕的明漪。在这薄霭和微漪里，听着那悠然的间歇的桨声，谁能不被引入他的美梦去呢？只愁梦太多了，这些大小船儿如何载得起呀？我们这时模模糊糊的谈着明末的秦淮河的艳迹，如《桃花扇》及《板桥杂记》里所载的。我们真神往了。我们仿佛亲见那时华灯映水，画舫凌波的光景了。于是我们的船便成了历史的重载了。我们终于恍然秦淮河的船所以雅丽过于他处，而又有奇异的吸引力的，实在是许多历史的影像使然了。

秦淮河的水是碧阴阴的；看起来厚而不腻，或者是六朝金粉所凝么？我们初上船的时候，天色还未断黑，那漾漾的柔波是这样的恬静，委婉，使我们一面有水阔天空之想，一面又憧憬着纸醉金迷之境了。等到灯火明时，阴阴的变为沉沉了：黯淡的水光像梦一般；那偶然闪烁着的光芒，就是梦的眼睛了。我们坐在舱前，因了那隆起的顶棚，仿佛总是昂着首向前走着似的；于是飘飘然如御风而行的我们，看着那些自在的湾泊着的船，船里走马灯般的人物，便像是下界一般，迢迢的远了，又像在雾里看花，尽朦朦胧胧的。这时我们已过了利涉桥，望见东关头了。沿路听见断续的歌声：有从沿河的妓楼飘来的，有从河上船里度来的。我们明知那些歌声，只是些因袭的言词，从生涩的歌喉里机械的发出来的；但它们经了夏夜的微风的吹漾和水波的摇拂，袅娜着到我们耳边的时候，已经不单是她们的歌声，而混着微风和河水的密语了。于是我们不得不被牵惹着，震撼着，相与浮沉于这歌声里了。从东关头转湾，不久就到大中桥。大中桥共有三个桥拱，都很阔大，俨然是三座门儿；使我们觉得我们的船和船里的我们，在桥下过去时，真是太无颜色了。桥砖是深褐色，表明它的历史的长久；但都完好无缺，令人太息于古昔工程的坚美。桥上两旁都是木壁的房子，中间应该有街路？这些房子都破旧了，多年烟熏的迹，遮没了当年的美丽。我想象秦淮河的极盛时，在这样宏阔的桥上，特地盖了房子，必然是髹漆得富富丽丽的；晚间必然是灯火通明的。现在却只剩下一片黑沉沉！但是桥上造着房子，毕竟使我们多少可以想见往日的繁华；这也慰情聊胜无了。过了大中桥，便到了灯月交辉，笙歌彻夜的秦淮河；这才是秦淮河的真面目哩。

大中桥外，顿然空阔，和桥内两岸排着密密的人家的大异了。一眼望去，疏疏的林，淡淡的月，衬着蓝蔚的天，颇像荒江野渡光景；那边呢，郁丛丛的，阴森森的，又似乎藏着无边的黑暗：令人几乎不信那是繁华的秦淮河了。但是河中眩晕着的灯光，纵横着的画舫，悠扬着的笛韵，夹着那吱吱的胡琴声，终于使我们认识绿如茵陈酒的秦淮水了。此地天裸露着的多些，故觉夜来的独迟些；从清清的水影里，我们感到的只是薄薄的夜——这正是秦淮河的夜。大中桥外，本来还有一座复成桥，是船夫口中的我们的游踪尽处，或也是秦淮河繁华的尽处了。我的脚曾踏过复成桥的脊，在十三四岁的时候。但是两次游秦淮河，却都不曾见着复成桥的面；明知总在前途的，却常觉得有些虚无缥缈似的。我想，不见倒也好。这时正是盛夏。我们下船后，借着新生的晚凉和河上的微风，暑气已渐渐消散；到了此地，豁然开朗，身子顿然轻了——习习的清风荏苒在面上，手上，衣上，这便又感到了一缕新凉了。南京的日光，大概没有杭州猛烈；西湖的夏夜老是热蓬蓬的，水像沸着一般，秦淮河的水却尽是这样冷冷地绿着。任你人影的憧憧，歌声的扰扰，总像隔着一层薄薄的绿纱面幂似的；它尽是这样静静的，冷冷的绿着。我们出了大中桥，走不上半里路，船夫便将船划到一旁，停了浆由它宕着。他以为那里正是繁华的极点，再过去就是荒凉了；所以让我们多多赏鉴一会儿。他自己却静静的蹲着。他是看惯这光景的了，大约只是一个无可无不可。这无可无不可，无论是升的沉的，总之，都比我们高了。

那时河里闹热极了；船大半泊着，小半在水上穿梭似的来往。停泊着的都在近市的那一边，我们的船自然也夹在其中。因为这边略略的挤，便觉得那边十分的疏了。在每一只船从那边过去时，我们能画出它的轻轻的影和曲曲的波，在我们的心上；这显着是空，且显着是静了。那时处处都是歌声和凄厉的胡琴声，圆润的喉咙，确乎是很少的。但那生涩的，尖脆的调子能使人有少年的，粗率不拘的感觉，也正可快我们的意。况且多少隔开些儿听着，因为想象与渴慕的做美，总觉更有滋味；而竞发的喧嚣，抑扬的不齐，远近的杂沓，和乐器的嘈嘈切切，合成另一意味的谐音，也使我们无所适从，如随着大风而走，这实在因为我们的心枯涩久了，变为脆弱；故偶然润泽一下，便疯狂似的不能自主了。但秦淮河确也腻人。即如船里的人面，无论是和我们一堆儿泊着的，无论是从我们眼前过去的，总是模模糊糊的，甚至渺渺茫茫的；任你张圆了眼睛，揩净了眦垢，也是枉然。这真够人想呢。在我们停泊的地方，灯光原是纷然的；不过这些灯光都是黄而有晕的。黄已经不能明了，再加上了晕，便更不成了。灯愈多，晕就愈甚；在繁星般的黄的交错里，秦淮河仿佛笼上了一团光雾。光芒与雾气腾腾的晕着，什么都只剩了轮廓了；所以人面的详细的曲线，便消失于我们的眼底了。但灯光究竟夺不了那边的月色；灯光是浑的，月色是清的。在浑沌的灯光里，渗入一派清辉，却真是奇迹！那晚月儿已瘦削了两三分。她晚妆才罢，盈盈的上了柳梢头。天是蓝得可爱，仿佛一汪水似的；月儿便更出落得精神了。岸上原有三株两株的垂杨树，淡淡的影子，在水里摇曳着。它们那柔细的枝条浴着月光，就像一支支美人的臂膊，交互的缠着，挽着；又像是月儿披着的发。而月儿偶尔也从它们的交叉处偷偷窥看我们，大有小姑娘怕羞的样子。岸上另有几株不知名的老树，光光的立着；在月光里照起来，却又俨然是精神矍铄的老人。远处——快到天际线了，才有一两片白云，亮得现出异彩，像美丽的贝壳一般。白云下便是黑黑的一带轮廓；是一条随意画的不规则的曲线。这一段光景，和河中的风味大异了。但灯与月竟能并存着，交融着，使月成了缠绵的月，灯射着渺渺的灵辉；这正是天之所以厚秦淮河，也正是天之所以厚我们了。

这时却遇着了难解的纠纷。秦淮河上原有一种歌妓，是以歌为业的。从前都在茶舫上，唱些大曲之类。每日午后一时起；什么时候止，却忘记了。晚上照样也有一回，也在黄晕的灯光里。我从前过南京时；曾随着朋友去听过两次。因为茶舫里的人脸太多了，觉得不大适意，终于听不出所以然。前年听说歌妓被取缔了，不知怎的，颇涉想了几次——却想不出什么。这次到南京，先到茶舫上去看看，觉得颇是寂寥，令我无端的怅怅了。不料她们却仍在秦淮河里挣扎着，不料她们竟会纠缠到我们，我于是很张皇了，她们也乘着"七板子"，她们总是坐在舱前的。舱前点着石油汽灯，光亮眩人眼目：坐在下面的，自然是纤毫毕见了——引诱客人们的力量，也便在此了。舱里躲着乐工等人，映着汽灯的余辉蠕动着；他们是永远不被注意的。每船的歌妓大约都是二人；天色一黑，她们的船就在大中桥外往来不息的兜生意。无论行着的船，泊着的船，都是要来兜揽的。这都是我后来推想出来的。那晚不知怎样，忽然轮着我们的船了。我们的船好好的停着，一只歌舫划向我们来了；渐渐和我们的船并着了。铄铄的灯光逼得我们皱起了眉头；我们的风尘色全给它托出来了，这使我踧踖不安了。那时一个伙计跨过船来，拿着摊开的歌折，就近塞向我的手里，说，"点几出吧！"他跨过来的时候，我们船上似乎有许多眼光跟着。同时相近的别的船上也似乎有许多眼睛炯炯的向我们船上看着。我真窘了！我也装出大方的样子，向歌妓们瞥了一眼，但究竟是不成的！我勉强将那歌折翻了一翻，却不曾看清了几个字；便赶紧递还那伙计，一面不好意思地说，"不要。我们……不要。"他便塞给平伯，平伯掉转头去，摇手说，"不要。"那人还腻着不走。平伯又回过脸来，摇着头道，"不要！"于是那人重到我处。我窘着再拒绝了他。他这才有所不屑似的走了。我的心立刻放下，如释了重负一般。我们就开始自白了。

我说我受了道德律的压迫，拒绝了她们；心里似乎很抱歉的。这所谓抱歉，一面对于她们。一面对于我自己。她们于我们虽然没有很奢的希望；但总有些希望的。我们拒绝了她们，无论理由如何充足，却使她们的希望受了伤；这总有几分不做美了。这是我觉得很怅怅的。至于我自己，更有一种不足之感。我这时被四面的歌声诱惑了，降服了；但是远远的，远远的歌声总仿佛隔着重衣搔痒似的，越搔越搔不着痒处。我于是憧憬着贴耳的妙音了。在歌舫划来时，我的憧憬，变为盼望；我固执的盼望着，有如饥渴。虽然从浅薄的经验里，也能够推知，那贴耳的歌声，将剥去了一切的美妙；但一个平常的人象我的，谁愿凭了理性之力去丑化未来呢？我宁愿自己骗着了。不过我的社会感性是很敏锐的；我的思力能拆穿道德律的西洋镜，而我的感情却终于被它压服着。我于是有所顾忌了，尤其是在众目昭彰的时候。道德律的力，本来是民众赋予的；在民众的面前，自然更显出它的威严了。我这时一面盼望，一面却感到了两重的禁制：一，在通俗的意义上，接近妓者总算一种不正当的行为；二，妓是一种不健全的职业，我们对于她们，应有哀矜勿喜之心，不应赏玩的去听她们的歌。在众目睽睽之下，这两种思想在我心里最为旺盛。她们暂时压倒了我的听歌的盼望，这便成就了我的灰色的拒绝。那时的心实在异常状态中，觉得颇是昏乱。歌舫去了，暂时宁静之后，我的思绪又如潮涌了。两个相反的意思在我心头往复：卖歌和卖淫不同，听歌和狎妓不同，又干道德甚事？——但是，但是，她们既被逼的以歌为业，她们的歌必无艺术味的；况她们的身世，我们究竟该同情的。所以拒绝倒也是正办。但这些意思终于不曾撇开我的听歌的盼望。它力量异常坚强；它总想将别的思绪踏在脚下。从这重重的争斗里，我感到了浓厚的不足之感。这不足之感使我的心盘旋不安，起坐都不安宁了。唉！我承认我是一个自私的人！平伯呢，却与我不同。他引周启明先生的诗，“因为我有妻子，所以我爱一切的女人；因为我有子女，所以我爱一切的孩子。”他的意思可以见了。他因为推及的同情，爱着那些歌妓，并且尊重着她们，所以拒绝了她们。在这种情形下，他自然以为听歌是对于她们的一种侮辱。但他也是想听歌的，虽然不和我一样。所以在他的心中，当然也有一番小小的争斗；争斗的结果，是同情胜了。至于道德律，在他是没有什么的；因为他很有蔑视一切的倾向，民众的力量在他是不大觉着的。这时他的心意的活动比较简单，又比较松弱，故事后还怡然自若；我却不能了。这里平伯又比我高了。

在我们谈话中间，又来了两只歌舫。伙计照前一样的请我们点戏，我们照前一样的拒绝了。我受了三次窘，心里的不安更甚了。清艳的夜景也为之减色。船夫大约因为要赶第二趟生意，催着我们回去；我们无可无不可的答应了。我们渐渐和那些晕黄的灯光远了，只有些月色冷清清的随着我们的归舟。我们的船竟没个伴儿，秦淮河的夜正长哩！到大中桥近处，才遇着一只来船。这是一只载妓的板船，黑漆漆的没有一点光。船头上坐着一个妓女；暗里看出，白地小花的衫子，黑的下衣。她手里拉着胡琴，口里唱着青衫的调子。她唱得响亮而圆转；当她的船箭一般驶过去时，余音还袅袅的在我们耳际，使我们倾听而向往。想不到在弩末的游踪里，还能领略到这样的清歌！这时船过大中桥了，森森的水影，如黑暗张着巨口，要将我们的船吞了下去。我们回顾那渺渺的黄光，不胜依恋之情；我们感到了寂寞了！这一段地方夜色甚浓，又有两头的灯火招邀着；桥外的灯火不用说了，过了桥另有东关头疏疏的灯火。我们忽然仰头看见依人的素月，不觉深悔归来之早了！走过东关头，有一两只大船湾泊着，又有几只船向我们来着。嚣嚣的一阵歌声人语，仿佛笑我们无伴的孤舟哩。东关头转湾，河上的夜色更浓了；临水的妓楼上，时时从帘缝里射出一线一线的灯光；仿佛黑暗从酣睡里眨了一眨眼。我们默然的对着，静听那汩——汩的桨声，几乎要入睡了；朦胧里却温寻着适才的繁华的余味。我那不安的心在静里愈显活跃了！这时我们都有了不足之感，而我的更其浓厚。我们却又不愿回去，于是只能由懊悔而怅惘了。船里便满载着怅惘了。直到利涉桥下，微微嘈杂的人声，才使我豁然一惊；那光景却又不同。右岸的河房里，都大开了窗户，里面亮着晃晃的电灯，电灯的光射到水上，蜿蜒曲折，闪闪不息，正如跳舞着的仙女的臂膊。我们的船已在她的臂膊里了；如睡在摇篮里一样，倦了的我们便又入梦了。那电灯下的人物，只觉得像蚂蚁一般，更不去萦念。这是最后的梦；可惜的是最短的梦！黑暗重复落在我们面前，我们看见傍岸的空船上一星两星的，枯燥无力又摇摇不定的灯光。我们的梦醒了，我们知道就要上岸了；我们心里充满了幻灭的情思。

一九二三年十月十一日作完，于温州。

硕　鼠

◎《诗经·魏风》

拓展阅读

佳作推荐

民生多疾苦，只为多硕鼠。不要只逃避，抗争建乐土。

导读赏析

诗歌主旨古今看法分歧不大的，《硕鼠》要算一个例证。古人多认为"刺重敛"，今人多认为是反对剥削，向往乐土的。全诗纯用比体，以硕鼠喻剥削者，寓意较直。全诗三章，意思相同，以"硕鼠硕鼠"开头，直呼奴隶主剥削阶级为贪婪可憎的害虫，先是呼告请求，继则斥责揭露，充满了无可奈何的怨恨；后又向往乐土，想去过一种无忧无虑的生活，于无可奈何中增添了希望。

硕鼠硕鼠[①]，无食我黍[②]。三岁贯女[③]，莫我肯顾。逝将去女[④]，适彼乐土。乐土乐土，爰得我所[⑤]？

硕鼠硕鼠，无食我麦。三岁贯女，莫我肯德[⑥]。逝将去女，适彼乐国[⑦]。乐国乐国，爰得我直[⑧]！

硕鼠硕鼠，无食我苗。三岁贯女，莫我肯劳[⑨]。逝将去女，适彼乐郊。乐郊乐郊，谁之永号[⑩]！

注　释

①硕鼠：蝼蛄，据《神农本草经》等书记载，蝼蛄一名"硕鼠"。一说田鼠。

②无：勿，不要。黍：黍子，也叫黄米，谷类，是重要粮食作物之一，这里指米黍的苗。

③三岁：多年。三，非实数。贯：借作"宦"，侍奉。此句即多年为臣之意。

④逝：通"誓"。去：离开。女：同"汝"。

⑤爰：乃，于是一说"在彼处"。所：处所。

⑥德：加恩，施惠。

⑦国：域，即地方。

⑧直：通“职”，职位。王引之《经义述闻》说：“当读为职，职亦所也。”一说同“值”。

⑨劳：慰劳。

⑩之：其，表示诘问语气。号：呼喊。

译　文

蝼蛄呀蝼蛄，不要再吃我的禾黍。
多年辛勤伺候你，你却对我不照顾。
发誓定要摆脱你，去那乐土有幸福。
那乐土啊乐土，才是我的立身之处！

蝼蛄呀蝼蛄，不要再啃我的麦株。
多年辛勤伺候你，你却对我不优待。
发誓定要摆脱你，去那乐国有仁爱。
那乐国啊乐国，有适合我的职务！

蝼蛄呀蝼蛄，不要再吃我的禾苗。
多年辛勤伺候你，你却对我不慰劳。
发誓定要摆脱你，去那乐郊有欢笑。
那乐郊啊乐郊，谁还悲叹长呼号！

木 瓜

◎《诗经·卫风》

拓展阅读

佳作推荐

人赠我木瓜，我赠人珠宝。珍重他人心，情义更崇高。

导读赏析

本诗是通过赠答表达深厚情意的诗作，是现今传诵最广的《诗经》名篇之一。本诗章句结构，很有特色，而且保存了非常珍贵的民俗信息。

注 释

①木瓜：一种落叶灌木的果实，色黄而香，可食用。

②琼琚（jū）：美玉，下“琼玖”“琼瑶”同。

③匪：非。

④木桃：楂子，一说木桃、木李皆“文避不成辞而相从者”。

⑤木李：榠楂，又名木梨。

投我以木瓜①，报之以琼琚②。
匪③报也，永以为好也。

投我以木桃④，报之以琼瑶。
匪报也，永以为好也。

投我以木李⑤，报之以琼玖。
匪报也，永以为好也。

译 文

你将木瓜投赠我，我拿琼琚作回报。
不是为了答谢你，珍重情意永相好。

你将木桃投赠我，我拿琼瑶作回报。
不是为了答谢你，珍重情意永相好。

你将木李投赠我，我拿琼玖作回报。
不是为了答谢你，珍重情意永相好。

国　殇

◎屈　原

拓展阅读

佳作推荐

生在和平不容易，多因将士化英灵。强国强军人自强，浩然正气荡寰清。

导读赏析

《九歌·国殇》是战国时期楚国伟大诗人屈原的作品，是追悼楚国阵亡士卒的挽诗。此诗歌颂了楚国将士的英雄气概和爱国精神，对雪洗国耻寄予热望，抒发了作者热爱祖国的高尚感情。全诗情感真挚炽烈，节奏鲜明急促，抒写开张扬厉，传达出一种凛然悲壮、亢直阳刚之美。

操吴戈兮被犀甲[1]，车错毂兮短兵接[2]。旌蔽日兮敌若云[3]，矢交坠兮士争先[4]。凌余阵兮躐余行，左骖殪兮右刃伤。霾两轮兮絷四马[5]，援玉枹兮击鸣鼓[6]。天时坠兮威灵怒，严杀尽兮弃原野。

出不入兮往不反[7]，平原忽[8]兮路超远。带长剑兮挟秦弓[9]，首身离兮心不惩[10]。诚既勇兮又以武，终刚强兮不可凌。身既死兮神以灵[11]，子魂魄兮为鬼雄[12]。

注　释

①操：拿着。被：通“披”。犀甲：犀牛皮制作的铠甲。

②车错毂（gǔ）：指两国双方激烈交战，兵率来往交错。毂，车轮中心插轴的地方。短兵：指刀剑一类的短兵器。

③旌（jīng）蔽日兮敌若云：旌旗遮蔽了太阳，敌兵好像云一样聚集在一起。旌，用羽毛装饰的旗子。

④矢交坠兮士争先：是说双方激战，流箭交错，纷纷坠落，战士却奋勇争先杀敌。矢，箭。

⑤霾(mái)两轮兮絷(zhí)四马:意思是把(战车)两轮埋在土中,马头上的缰绳也不解开,要同敌人血战到底。霾,遮掩,掩埋。絷,拴住马足。

⑥援玉枹(fú)兮击鸣鼓:主帅鸣击战鼓以振作士气。援,拿着。枹,鼓槌。

⑦出不入兮往不反:是说战士出征,抱着义无反顾的必死决心。

⑧忽:恍惚不明的样子。

⑨挟(xié):夹持。秦弓:秦地所产良弓。

⑩不惩(chéng):不畏惧。

⑪神以灵:指精神永存。

⑫子:指殇者。鬼雄:鬼中雄杰,用以称誉为国捐躯者。

译　文

手拿吴戈啊身穿犀皮甲,战车交错啊刀剑相砍杀。旗帜蔽日啊敌人多如云,飞箭交坠啊士卒勇争先。犯我阵地啊冲乱我队伍,左骖死去啊右骖被刀伤。埋住两轮啊绊住四匹马,手拿玉槌啊敲打响战鼓。天昏地暗啊威严神灵怒,残酷杀尽啊尸首弃原野。

出征不回啊往前不复返,平原迷漫啊路途很遥远。佩带长剑啊挟着强弓弩,身首异处啊壮心不改变。实在勇敢啊富有战斗力,始终刚强啊没人能侵犯。身已死亡啊精神永不死,你们魂魄啊为鬼中英雄。

青青河畔草

◎《古诗十九首》

拓展阅读

青青河畔草，郁郁园中柳。
盈盈楼上女，皎皎当窗牖。
娥娥红粉妆，纤纤出素手。
昔为倡家女，今为荡子妇。
荡子行不归，空床难独守。

佳作推荐

少妇妙龄极致美，青草碧柳何生悲。原来宦海多无奈，纵使苦恋不得归。

译　文

河边的草地草儿青绿一片，
园中茂盛的柳树郁郁葱葱。
站在绣楼上的那位女子体态盈盈，
她靠着窗户容光照人好像皎皎的明月。
她打扮得红妆艳丽，容貌美丽，两颊飞红，
伸出手指纤细白嫩。
从前她曾经是个青楼女子，
如今她是浪子的妻子。
浪子在外总是不回来，
丢下她一个独守空房寂寞实在难忍。

导读赏析

《青青河畔草》是产生于汉代的一首文人五言诗，是《古诗十九首》之一。此诗运用了第三人称的写法，写思妇渴望夫妻相依相偎，过上举案齐眉的平凡生活，渴望爱情的甜蜜。此诗描写细腻，多用叠字，贴切生动，富有情韵，结构直中有婉，虚实相映。

蒿里行

◎曹　操

拓展阅读

佳作推荐

势利从来使人争，社会灾难原因明。不满现实自奋进，同情百姓有真心。

导读赏析

《蒿里行》是借乐府旧题写时事，无情地揭露和鞭挞汉末军阀祸国殃民的现实，对因战乱而陷于水深火热之中的苦难人民表示了无比的悲愤和同情。全诗风格质朴，沉郁悲壮，集典故、事例、描述于一身，简洁明了的白描手法，无意于词句的雕琢粉饰，而以明快有力的语言直抒胸臆，读来简直肝肠欲裂，悲痛万分。

关东有义士，兴兵讨群凶。
初期会盟津，乃心在咸阳。
军合力不齐，踌躇而雁行。
势利使人争，嗣还自相戕。
淮南弟称号，刻玺于北方。
铠甲生虮虱，万姓以死亡。
白骨露于野，千里无鸡鸣。
生民百遗一，念之断人肠。

译　文

关东仗义之士，起兵讨伐凶残的人。

最初各路将领订盟，同心讨伐长安董卓。

讨伐董卓的各路军队汇合以后，因为各有自己的打算，互相观望，谁也不肯率先前进。

权势、利益引起了诸路军的争夺，随后各路军队之间就自相残杀起来。

袁绍的堂弟袁术在淮南称帝号，袁绍谋立傀儡皇帝在北方刻了皇帝印玺。

士兵长期脱不下战衣，铠甲上生满了虮虱，众多的百姓也因连年战乱而大批死亡。

尸骨暴露于野地里无人收埋，千里之间没有人烟，听不到鸡鸣。

一百个老百姓当中只不过剩下一个还活着，想到这里令人极度哀伤。

归园田居（其六）

◎陶渊明

拓展阅读

种苗在东皋，苗生满阡陌。
虽有荷锄倦，浊酒聊自适。
日暮巾柴车，路暗光已夕。
归人望烟火，稚子候檐隙。
问君亦何为，百年会有役。
但愿桑麻成，蚕月得纺绩。
素心正如此，开径望三益。

译　文

在东边高地上种植禾苗，
禾苗生长茂盛遍布田野。
虽然劳作辛苦有些疲倦，
但家酿浊酒还蛮可解乏。
傍晚时分驾着车子回来，
山路也渐渐地变得幽暗。
望着前村已是袅袅炊烟，
孩子们在家门等我回家。
要问我这样做是为什么？
人的一生总要从事劳作。
我只希望桑麻农事兴旺，
蚕事之月纺绩事务顺遂。
我不求闻达心愿就这样，
望结交志趣相投的朋友。

佳作推荐

农家生活顺自然，诗人归田得心安。
素心不改麻苗好，灵魂强大使人赞。

导读赏析

这首诗生动地描写了诗人辞官归隐后的乡居乐趣和愉悦感受，表现出诗人脱离世俗的轻松，躬耕田园的喜悦，同时又隐含了对污浊官场的厌恶之感，表明作者不愿同流合污，为保持独立的人格和高尚的情操而甘受田间生活的艰辛。全诗质朴自然，于平淡中见深意、情趣。一说此诗为江淹杂拟，非陶渊明所作。

题《羲之观鹅图》

◎岳　正

拓展阅读

佳作推荐

饶有风趣一画图，右军痴望大白鹅。须知风流俊杰者，童心勃发难阻遏。

作家作品简介

岳正（1418—1472），字季方，号蒙泉，明代顺天府漷县（今北京通州区）人。工书画，尤擅画葡萄，有《深衣注疏》等。

《晋书·王羲之传》记载，王羲之生性爱鹅，喂鹅、赏鹅是他人生中的一大乐趣，通过观察鹅的动作姿态，从中悟出书法的妙处。本诗概述了王羲之的生平，充分再现了他的仪态潇洒、超凡脱俗，以及羲之观鹅的高雅情趣。

洛阳天子身衣青，典午横被清谈倾。
群公各拉新亭泪，诸王独擅江东名。
王家子弟谁如玉，郎君解坦东床腹。
内史由来是散阶，右军未必非雌伏。
鞠花嗅罢倚高秋，眼中怀祖齐蜉蝣。
痴儿翻据台司榻，羽觞漫作兰亭游。
填膺豪气弸莫遏，时于行草露棱角。
能雄百代翰墨场，龙跳天门虎卧阁。
白鹅修颈西复东，潇洒颇与吾意同。
风情一点当时目，至今传写画图中。

译　文

晋愍帝投降汉赵，不得不忍受青衣行酒的侮辱，西晋由于士大夫清谈误国而颠覆。

东晋建立后，流亡江南的达官贵人新亭对泣，感伤于国土沦亡，这时候琅琊王氏在江东权倾一时。

王氏家族中的子弟谁最出色？就是那坦腹东床的王羲之。

王羲之当过会稽内史、右军将军的官，都是闲职。

他喜欢在深秋之时，采菊嗅香，性情清高自负，在他眼中王述这样的人如同蜉蝣一般不值一提。

痴儿王述反而做到了尚书令，位居三公，而王羲之却志在山水，在兰亭曲水流觞，饮酒取乐。

王羲之胸中豪气充沛，时时在他的行草之中露出棱角。

他的书法成就之高，千秋百代称雄，他的笔势纵逸，如龙跳天门，虎卧凤阙。

白鹅长长的脖子摆动，那种曼妙俊逸的姿态和王羲之书法中的意韵颇有相通之处。

这样一番情韵当时落在王羲之的眼里，而今流传在这幅画中。

后赤壁赋

◎苏　轼

拓展阅读

佳作推荐

有客有鱼妻有酒，有风有月夜有游。道士作揖问游乐，仙鹤入梦做逗留。

导读赏析

《后赤壁赋》,是苏轼在被贬谪黄州,冬游赤壁后所作的一篇散文,是《前赤壁赋》的续篇,也可以说是姐妹篇。全文以叙事写景为主,沿用了赋体主客问答、抑客伸主的传统格局,抒发了自己的人生哲学,同时也描写了赤壁冬夜凄清孤寂的景象,流露出作者内心的矛盾和苦闷之情。

是岁[1]十月之望,步自雪堂,将归于临皋。二客从予,过黄泥之坂。霜露既降,木叶尽脱,人影在地,仰见明月,顾而乐之,行歌相答。已而叹曰:“有客无酒,有酒无肴。月白风清,如此良夜何!”客曰:“今者薄暮[2],举网得鱼,巨口细鳞,状如松江之鲈。顾[3]安所得酒乎?”归而谋诸妇。妇曰:“我有斗酒,藏之久矣,以待子不时之需。”

于是携酒与鱼,复游于赤壁之下。江流有声,断岸千尺。山高月小,水落石出。曾日月之几何,而江山不可复识矣!予乃摄衣[4]而上,履巉岩[5],披蒙茸[6],踞虎豹,登虬龙[7],攀栖鹘之危巢[8],俯冯夷之幽宫[9]。盖二客不能从焉。划然长啸[10],草木震动,山鸣谷应,风起水涌。予亦悄然[11]而悲,肃然[12]而恐,凛乎[13]其不可留也。反而登舟,放乎中流,听其所止而休焉[14]。时夜将半,四顾寂寥。适有孤鹤,横江东来。翅如车轮,玄裳缟衣,戛然长鸣,掠予舟而西也。

须臾客去,予亦就睡。梦一道士,羽衣蹁跹[15],过临皋之下,揖予[16]而言曰:“赤壁之游乐乎?”问其姓名,俛而不答[17]。“呜呼噫嘻!我知之矣!畴昔之夜[18],飞鸣而过我[19]者,非子也耶?”道士顾笑,予亦惊寤。开户视之,不见其处。

注　释

①是岁：指作《前赤壁赋》的这一年。

②薄暮：傍晚。薄，迫近。

③顾：但是。

④摄衣：撩起衣服。

⑤履巉(chán)岩：登上险峻的山崖。履，践，踏。巉岩，险峻的山石。

⑥披蒙茸：分开乱草。蒙茸，杂乱的丛草。

⑦虬(qiú)龙：传说中生有角的龙。

⑧鹘(hú)：一种猛禽。危巢：高高的鸟巢。

⑨俯冯(píng)夷之幽宫：低头看水神冯夷的深宫。冯夷，传说中的水神。幽，深。“攀栖鹘之危巢，俯冯夷之幽宫”，这两句是说，上登山的极高处，下临江的极深处。

⑩划然长啸：高声长啸。“划”有“裂”的意思，这里形容长啸的声音。

⑪悄然：静默的样子。

⑫肃然：因恐惧而收敛的样子。

⑬凛乎：害怕的样子。

⑭听其所止而休焉：任凭那船停止在什么地方就在什么地方休息。

⑮羽衣蹁跹：穿着羽衣(道士穿的用鸟羽制成的衣服)，轻快地走着。

⑯揖予：向我拱手施礼。

⑰俛：同“俯”。

⑱畴昔之夜：昨天晚上。语出《礼记·檀弓上》：“予畴昔之夜。”畴，语首助词，没有实在的意思。昔，昨。

⑲过我：从我这里经过。

译　文

这一年十月十五日，我从雪堂出发，准备回到臬亭去。有两位客人跟随着我，一起走过黄泥坂。这时霜露已经降下，叶全都脱落。我们的身影倒映在地上，抬头望见明月高悬。主客相顾而笑，一面走一面唱，相互酬答。过了一会儿，我叹息着说：“有客人却没有酒，有酒却没有菜。月色皎洁，清风吹拂，这样美好的夜晚，我们怎么度过呢？”一位客人说：“今天傍晚，我撒网捕到了鱼，大嘴巴，细鳞片，形状就像吴淞江的鲈鱼。不过，到哪里去弄到酒呢？”我回家和妻子商量，妻子说：“我有一斗酒，保藏了很久，以备您临时的需要。”

就这样，我们携带着酒和鱼，再次到赤壁的下面游览。长江的流水发出声响，陡峭的江岸高峻直耸；山势很高，月亮显得小了，水位降低，礁石露了出来。才相隔多少日子，上次游览所见的江景山色再也认不出来了！我就撩起衣襟上岸，踏着险峻的山岩，拨开纷乱的野草；蹲在虎豹形状的怪石上，又不时拉住形如虬龙的树枝，手扳着健鹘雄鹰栖宿的高巢，下望水神冯夷的深宫。两位客人都不能跟着我到这个极高处。我高声长啸，草木被震动，高山与我共鸣，深谷响起了回声，大风刮起，波浪汹涌。我也觉得忧愁悲哀，感到恐惧而静默屏息，觉得这里令人畏惧，不可久留。回到船上，把船划到江心，任凭它漂流到哪里就在那里停泊。这时快到后半夜，我们举目四顾，觉得冷清寂寞得很。正好有一只鹤，横穿江面从东边飞来，翅膀像车轮一样大小，尾部的黑羽如同黑裙子，身上的白羽如同洁白的衣衫，它戛戛地拉长声音叫着，掠过我们的船向西飞去。

过了会儿，客人离开了，我也回家睡觉。梦见一位道士，穿着羽毛编织成的衣裳，轻快地走来，走过临皋亭的下面，向我拱手作揖说："赤壁的游览快乐吗？"我问他的姓名，他低头不回答。"噢！哎呀！我知道你的底细了！昨天夜晚，长叫一声，飞过我们船边的，不就是你吗？"道士回头笑了起来，我也忽然惊醒。开门一看，已经看不到他到什么地方去了。

桂枝香·金陵怀古

◎王安石

拓展阅读

佳作推荐

壮丽山河历兴亡，常人只是空悲伤。诗人吊古思时事，欲救大宋免衰亡。

导读赏析

此词抒发金陵怀古人之情，词中流露出王安石失意无聊之时颐情自然风光的情怀。全词开门见山，写词人南朝古都金陵胜地，于一个深秋的傍晚，临江览胜，凭高吊古。他虽以登高望远为主题，却是以故国晚秋为眼目。以下两句，借六朝谢家名句“解道‘澄江净如练’，令人长忆谢玄晖”之意，点化如同己出。然后专写江色，词人之意以风物为导引，而以人事为着落。一个“背”字，一个“矗”字，用得极妙，把江边景致写得栩栩如生，似有生命其中。下阕另换一幅笔墨，感叹六朝皆以荒淫而相继亡覆的史实。写的是悲恨荣辱，空贻后人凭吊之资；往事无痕，唯见秋草凄碧，触目惊心而已。尾句饶有余不尽之情致，而嗟叹之意，千古弥永。

登临送目，正故国晚秋，天气初肃。千里澄江似练，翠峰如簇。归帆去棹残阳里，背西风、酒旗斜矗。彩舟云淡，星河鹭起，画图难足。

念往昔，繁华竞逐。叹门外楼头，悲恨相续。千古凭高，对此谩嗟荣辱。六朝旧事随流水，但寒烟、衰草凝绿。至今商女，时时犹唱，《后庭》遗曲。

译　文

登上高楼凭栏极目，金陵的景象正是一派晚秋，天气刚刚有些萧索。千里奔流的长江澄澈得好像一条白色丝绸，青翠的山峰俊伟峭拔犹如一束束的箭镞。江上的小船张满了帆在夕阳里穿梭，斜插的酒迎着西风猎猎作响。彩色缤纷的画船出没在淡淡云烟中，江中洲上的白鹭飞起，这清丽的景色就是最美的图画也难把它画足。

回想往昔，南朝统治者们追逐奢华淫逸的生活，感叹“门外韩擒虎，楼头张丽华”的亡国悲恨接连相续。千古以来凭栏遥望怀古，空自嗟叹历史的兴衰荣辱。六朝旧事已随流水消逝，只有那郊外的寒冷烟雾和衰萎的野草还凝聚着一片苍绿。时至今日的商女，还不知亡国的悲恨，时时吟唱着《玉树后庭花》的亡国之音。

CHAPTER 3

经典诗文背诵导读

XIN BIAN

高中必修三

莲花诗韵香清远　校园文华气正刚

请珍惜每秒每分

TIME LOST CAN NOT BE RECALLED

岁月不请自来,青春不告而别

课内背诵	对接诵读	拓展阅读
西江月二首	红楼梦·自题一绝 抛红豆	枉凝眉
蜀道难	行路难(其一) 月下独酌	登金陵凤凰台
秋兴八首(其一)	梦李白(其二) 茅屋为秋风所破歌	秋兴八首(其六)
咏怀古迹(其三)	蜀相	咏怀古迹(其一)
登高	望岳	寄李十二白二十韵
琵琶行　并序	钱塘湖春行	卖炭翁
锦瑟	无题·相见时难别亦难	无题·昨夜星辰昨夜风
马嵬(其二)	马嵬(其一)	嫦娥
寡人之于国也	鱼我所欲也 生于忧患,死于安乐	齐桓晋文之事(节选)
劝学(节选一)	劝学 偶成	劝学(节选二)
过秦论(上)	贾生 咏贾谊	过秦论(中)
师说	马说 调张籍	进学解

西江月二首

◎曹雪芹

课内背诵

佳作推荐

《红楼梦》判词或勾勒，或暗示，或张目，与文珠联璧合，总能叫人拍手叫绝。借黛玉眼，借卫士口，宝玉别样登场。

作家作品简介

曹雪芹（1715—1763），满族正白旗人，名霑，字梦阮，号雪芹、芹圃、芹溪，清代小说家。他出身于一个“百年望族”的贵族世家，在康熙朝，曹家曾煊赫一时；雍正初年，家道开始衰落渐趋于艰困，家庭由盛转衰使曹雪芹饱尝了人生的辛酸。他历经十年创作长篇小说《红楼梦》，先后增删五次，但未成书而卒。

《红楼梦》是我国古代小说的巅峰之作。小说以贾宝玉、林黛玉的爱情悲剧为线索，描写了贾家为代表的四大家族的兴衰史，反映了封建社会晚期广阔的社会现实。

一

无故寻愁觅恨，有时似傻如狂。
纵然生得好皮囊，腹内原来草莽。

潦倒不通世务，愚顽怕读文章。
行为偏僻性乖张，那管世人诽谤！

二

富贵不知乐业，贫穷难耐凄凉。
可怜辜负好韶光，于国于家无望。

天下无能第一，古今不肖无双。
寄言纨袴与膏粱：莫效此儿形状！

导读赏析

西江月二首词，以封建卫道士口吻，用寓褒于贬的手法，刻写贾宝玉行为偏僻、腹内草莽、潦倒愚顽、无能不肖的叛逆性格。判词极恰，匠心独具。

蜀道难

◎李白

课内背诵

佳作推荐

夸张人行星际间，想象五丁力摧山，警告非亲莫守蜀，直劝朋友早家还。

导读赏析

全诗以“蜀道之难，难于上青天”为纲，贯串全篇，一唱三叹，运用神话传说、夸张、想象、环境烘托及细节描写等多种手法极写蜀道高峻路险难行，易守难攻，劝告朋友早还家，同时给统治者以警示。诗歌气势雄浑高昂，如行云流水，一泻千里；又长短杂句，参差错落，不拘一格，充分体现了李白浪漫主义诗歌风格。

噫吁嚱，危乎高哉！蜀道之难，难于上青天！蚕丛及鱼凫，开国何茫然！尔来四万八千岁，不与秦塞通人烟。西当太白有鸟道，可以横绝峨眉巅。地崩山摧壮士死，然后天梯石栈相钩连。上有六龙回日之高标，下有冲波逆折之回川。黄鹤之飞尚不得过，猿猱欲度愁攀援。青泥何盘盘，百步九折萦岩峦。扪参历井仰胁息，以手抚膺坐长叹。

问君西游何时还？畏途巉岩不可攀。但见悲鸟号古木，雄飞雌从绕林间。又闻子规啼夜月，愁空山。蜀道之难，难于上青天，使人听此凋朱颜！连峰去天不盈尺，枯松倒挂倚绝壁。飞湍瀑流争喧豗，砯崖转石万壑雷。其险也如此，嗟尔远道之人胡为乎来哉！

剑阁峥嵘而崔嵬，一夫当关，万夫莫开。所守或匪亲，化为狼与豺。朝避猛虎，夕避长蛇，磨牙吮血，杀人如麻。锦城虽云乐，不如早还家。蜀道之难，难于上青天，侧身西望长咨嗟！

秋兴八首（其一）

◎杜　甫

课内背诵

玉露凋伤枫树林，巫山巫峡气萧森。
江间波浪兼天涌，塞上风云接地阴。
丛菊两开他日泪，孤舟一系故园心。
寒衣处处催刀尺，白帝城高急暮砧。

佳作推荐

羁留他乡，感悟寒秋，心系故园，情景力作。

作家作品简介

杜甫（712—770），字子美，自号少陵野老，唐代诗人。他做过工部外郎，因此人们又称他为杜工部。他被后世尊称为“诗圣”，他的诗因能全面反映当时的政治军事、社会情况，故世称“诗史”。杜甫与李白合称“李杜”，为了与另两位诗人李商隐和杜牧（合称“小李杜”）区别，杜甫与李白又合称“大李杜”。

导读赏析

本诗是即景感兴之作，诗人漂泊途中，面对凋伤萧森寒秋之景，胸中涌起如兼天波浪汹涌之愁情，移情于景，菊含泪，舟系心，久居不得归的思乡浓情跃然纸上，尾联“急暮砧”声更像是重锤声声敲打在游子的心上。全诗章法谨严，开合自如，语言洗练，情景交融，选取典型意象将羁旅思家之情渲染到了极致。

咏怀古迹（其三）

◎杜　甫

课内背诵

群山万壑赴荆门，生长明妃尚有村。
一去紫台连朔漠，独留青冢向黄昏。
画图省识春风面，环珮空归夜月魂。
千载琵琶作胡语，分明怨恨曲中论。

佳作推荐

咏昭君旧事，感作者心怀，明怨恨题旨。

导读赏析

本诗先以“群山万壑”的气势有力烘托昭君形象，见钟灵毓秀而出佳人，衬出人物不平凡。再概写她悲剧的一生，远嫁大漠，青冢独留。接述悲剧所由，魂归故里，前后张力，深化家国情怀。篇末借琵琶曲哀怨点明“怨恨”的主题。借古抒怀，以昭君怨寄托作者身世家国之情。形象鲜明，思想丰厚，含蓄蕴藉。

登 高

◎杜 甫

课内背诵

风急天高猿啸哀，渚清沙白鸟飞回。
无边落木萧萧下，不尽长江滚滚来。
万里悲秋常作客，百年多病独登台。
艰难苦恨繁霜鬓，潦倒新停浊酒杯。

佳作推荐

创新悲秋意象，集合百感晚年，萧萧岂止落木，霜鬓染白艰难。

导读赏析

本诗前两联集形、声、色、态于一体，着力渲染江秋悲凉的氛围，用传神写意之笔描画秋色之清冷和长江的气势，落叶江水纵横交织，意境广阔，令人生发时光易逝、壮志难酬的感伤。后两联由景入情，写悲秋之感、羁旅之痛、多病之苦、潦倒之哀，百感交汇，难以排解。曲折深沉，沉郁顿挫，不愧“古今七言律诗之冠”的美誉。

琵琶行　并序

◎白居易

课内背诵

佳作推荐

长篇叙事诗《琵琶行》与《长恨歌》为姊妹篇，是白居易感伤诗代表作。诗人被贬江州，江边送别，相遇琵琶女，闻其曲，叹其事，顿觉“同是天涯沦落人”，遂翻作《琵琶行》。

作家作品简介

白居易（772—846），字乐天，号香山居士，又号醉吟先生。祖籍太原（今属山西），居于下邽（今陕西渭南），生于河南新郑（今属河南）。他是唐代伟大的现实主义诗人，与元稹共同倡导新乐府运动，并称“元白”，与刘禹锡并称“刘白”。

元和十年，予左迁九江郡司马。明年秋，送客湓浦口，闻舟中夜弹琵琶者，听其音，铮铮然有京都声。问其人，本长安倡女，尝学琵琶于穆、曹二善才，年长色衰，委身为贾人妇。遂令酒，使快弹数曲。曲罢悯然，自叙少小时欢乐事，今漂沦憔悴，转徙于江湖间。予出官二年，恬然自安，感斯人言，是夕始觉有迁谪意。因为长句，歌以赠之，凡六百一十六言，命曰《琵琶行》。

浔阳江头夜送客，枫叶荻花秋瑟瑟。主人下马客在船，举酒欲饮无管弦。醉不成欢惨将别，别时茫茫江浸月。

忽闻水上琵琶声，主人忘归客不发。寻声暗问弹者谁，琵琶声停欲语迟。移船相近邀相见，添酒回灯重开宴。千呼万唤始出来，犹抱琵琶半遮面。转轴拨弦三两声，未成曲调先有情。弦弦掩抑声声思，似诉平生不得志。低眉信手续续弹，说尽心中无限事。轻拢慢捻抹复挑，初为《霓裳》后《六幺》。大弦嘈嘈如急雨，小弦切切如私语。嘈嘈切切错杂弹，大珠小珠落玉盘。间关莺语花底滑，幽咽泉流冰下难。冰泉冷涩弦凝绝，凝绝不通声暂歇。别有幽愁暗恨生，此时无声胜有声。银瓶乍破水浆迸，铁骑突出刀枪鸣。曲终收拨当心画，四弦一声如裂帛。东船西舫悄无言，唯见江心秋月白。

沉吟放拨插弦中，整顿衣裳起敛容。自言本是京城女，家在虾蟆陵下住。十三学得琵琶成，名属教坊第一部。曲罢曾教善才服，妆成每被秋娘妒。五陵年少争缠头，一曲红绡不知数。钿头银篦击节碎，血色罗裙翻酒污。今年欢笑复明年，秋月春风等闲度。弟走从军阿姨死，暮去朝来颜色故。门前冷落鞍马稀，老大嫁作商人妇。商人重利轻别离，前月浮梁买茶去。去来江口守空船，绕船月明江水寒。夜深忽梦少年事，梦啼妆泪红阑干。

我闻琵琶已叹息，又闻此语重唧唧。同是天涯沦落人，相逢何必曾相识！我从去年辞帝京，谪居卧病浔阳城。浔阳地僻无音乐，终岁不闻丝竹声。住近湓江地低湿，黄芦苦竹绕宅生。其间旦暮闻何物？杜鹃啼血猿哀鸣。春江花朝秋月夜，往往取酒还独倾。岂无山歌与村笛，呕哑嘲哳难为听。今夜闻君琵琶语，如听仙乐耳暂明。莫辞更坐弹一曲，为君翻作《琵琶行》。

感我此言良久立，却坐促弦弦转急。凄凄不似向前声，满座重闻皆掩泣。座中泣下谁最多？江州司马青衫湿。

导读赏析

本诗由江边送客、聆听琵琶、自述身世、共鸣相怜、重闻琵琶五幅画面组成，巧妙安排明暗双线索，以琵琶女身世为明线，以诗人感受为暗线，汇合在“同是天涯沦落人，相逢何必曾相识”上，虚实相生，叙事层层铺染，结构谨严中见错落，推动情节发展，升华诗歌主题。对音乐的描写更为出色，比喻精当，描摹细腻，联想独特，通感美妙，千变万化，正侧结合，写尽了乐曲的艺术魅力，给人以美的享受。语言明白清丽，婉转通畅。

锦 瑟

◎李商隐

课内背诵

锦瑟无端五十弦，一弦一柱思华年。
庄生晓梦迷蝴蝶，望帝春心托杜鹃。
沧海月明珠有泪，蓝田日暖玉生烟。
此情可待成追忆？只是当时已惘然。

佳作推荐

悼亡诗？爱情诗？感伤诗？众说纷纭。词丽精工，婉曲风格，宏阔背景，曼妙诗境，叹为观止。

作家作品介绍

李商隐(约813—约858)，字义山，号玉溪生，又号樊南生。怀州河内(今河南沁阳)人。唐代诗人，是晚唐诗坛之巨擘，其诗构思新奇，风格秾丽，尤以爱情诗缠绵悱恻，为人传诵。与杜牧合称“小李杜”，与温庭筠合称“温李”。

导读赏析

诗贵含蓄，本诗诗意朦胧，模糊多指，耐人寻味。用四个典故、五个比喻暗示象征自己的往事和心事，庄生晓梦的迷离，望帝春心的伤感，沧海珠泪的凄然，日暖玉烟的惆怅，给人极大的想象空间，不同人不同的感悟，不同人生不同体验，感伤共有，多层共鸣。王士禛说：“一篇《锦瑟》解人难。”这首诗是李商隐极负盛名的一首诗，也是最难熏解的一首诗，成为诗家之谜。

马嵬（其二）

◎李商隐

课内背诵

海外徒闻更九州，他生未卜此生休。
空闻虎旅传宵柝，无复鸡人报晓筹。
此日六军同驻马，当时七夕笑牵牛。
如何四纪为天子，不及卢家有莫愁。

佳作推荐

以诗写史，借古讽今；倒叙章法，曲折顿挫；句句对比，讽意至深。马嵬兵变，警示后人：荒淫致乱！

导读赏析

诗歌以古鉴今，借写马嵬兵变玄宗赐死贵妃的历史故事，借荒淫致乱历史教训讽刺现实。本诗采用倒装结构，先写玄宗招魂荒唐之举，再述兵变经过，章法独特，尺幅波澜，曲折幽深。处处对比，讽意至深。命意冷峻，笔触直露，是咏史题材诗的上乘之作。

寡人之于国也

◎《孟子》

课内背诵

作家作品介绍

孟子（约前372—前289），名轲，字子舆，邹（今山东邹城东南）人，是孔子之孙孔伋的再传弟子。战国时期的思想家，儒家学派代表人物之一，与孔子合称"孔孟"。

导读赏析

《孟子》是语录体散文，本文记载了孟子和梁惠王一次对话，围绕"民不加多"的问题，孟子巧妙地以"五十步笑百步"为喻，引君入彀，先破后立，阐述自己仁政思想：重视民生，顺应农时，以民为本，进而加强伦理道德教育，从物质层面上升到精神层面，文章步步推进，多用排比，气势充沛，具有雄辩的气势。

梁惠王曰："寡人之于国也，尽心焉耳矣。河内凶，则移其民于河东，移其粟于河内；河东凶亦然。察邻国之政，无如寡人之用心者。邻国之民不加少，寡人之民不加多，何也？"

孟子对曰："王好战，请以战喻。填然鼓之，兵刃既接，弃甲曳兵而走。或百步而后止，或五十步而后止。以五十步笑百步，则何如？"

曰："不可，直不百步耳，是亦走也。"

曰："王如知此，则无望民之多于邻国也。

"不违农时，谷不可胜食也；数罟不入洿池，鱼鳖不可胜食也；斧斤以时入山林，材木不可胜用也。谷与鱼鳖不可胜食，材木不可胜用，是使民养生丧死无憾也。养生丧死无憾，王道之始也。

"五亩之宅，树之以桑，五十者可以衣帛矣；鸡豚狗彘之畜，无失其时，七十者可以食肉矣；百亩之田，勿夺其时，数口之家可以无饥矣；谨庠序之教，申之以孝悌之义，颁白者不负戴于道路矣。七十者衣帛食肉，黎民不饥不寒，然而不王者，未之有也。

"狗彘食人食而不知检，涂有饿莩而不知发，人死，则曰：'非我也，岁也。'是何异于刺人而杀之曰：‘非我也，兵也’？王无罪岁，斯天下之民至焉。”

译　文

梁惠王说：“我对国家的治理，算是尽心竭力了。河内遇到灾荒，就把那里的灾民移往黄河以东，把河东的粮食运到河内。当河东发生灾荒的时候也是如此。看看邻国的君主主办政事，没有像我这样尽心尽力的。可是，邻国的百姓并不见减少，而我的百姓并不见增多，这是什么原因呢？”

孟子回答道：“大王您喜欢打仗，就让我用打仗来打比方吧。战鼓咚咚敲响，兵刃相接，战败的士兵抛弃铠甲拖着武器逃跑，有的跑了上百步才停下，有的跑了五十步就停了脚。跑了五十步的人因此就去讥笑跑了一百步的人，您觉得行不行呢？”

梁惠王说：“不行。他只不过没有逃跑到一百步罢了，同样也是逃跑。”

孟子说：“大王您既然懂得这个道理，就不必去期望您的国家的百姓比邻国多了。

“只要不耽误农业生产的季节，那粮食就吃不完；密孔的渔网不入池塘，那鱼鳖水产就吃不完；砍伐林木有定时，那木材便用不尽。粮食和鱼类吃不完，木材用不尽，百姓对生养死葬没有什么不满意的了。百姓生养死葬没有什么不满，这正是王道的开始。

“在五亩大的住宅田中，种上桑树，上了五十岁的人就可以穿着丝绸了；鸡鸭猪狗不失时节地繁殖饲养，上了七十岁的人就可以经常吃到肉食了；百亩的田地，不误农时得到耕种，数口之家就不会闹灾荒了。认真地兴办学校的教育，把孝悌的道理反复讲给百姓听，须发花白的老人们就不会在路上背着或顶着东南了。年满七十岁的人能穿上丝绸、吃上肉，老百姓不缺衣少食，做到了这些而不称王于天下的是决不会有的。

“现在，猪狗吃的是人吃的食物却不知道设法制止，路上出现饿死的人却不知道赈济饥民，人死了反而说：‘与我无关，是年成不好的缘故。’这和把人杀了反而说‘与我无干，是武器杀的’又有什么不同呢？大王您要能够不归罪于年成不好，这样，普天下的百姓便会涌向您这儿来了。”

劝学（节选一）

◎《荀子》

课内背诵

佳作推荐

荀子，战国末期儒家代表人物，与孟子主张性本善不同，主张性恶说，强调后天学习改变。

作家作品简介

荀子（约前313—前238），名况，字卿，又称“孙卿”。战国末期赵国猗氏（今山西安泽）人，思想家，儒家代表人物之一，与其弟子撰成《荀子》一书。

君子曰：学不可以已。

青，取之于蓝，而青于蓝；冰，水为之，而寒于水。木直中绳，輮以为轮，其曲中规。虽有槁暴，不复挺者，輮使之然也。故木受绳则直，金就砺则利，君子博学而日参省乎己，则知明而行无过矣。

吾尝终日而思矣，不如须臾之所学也；吾尝跂而望矣，不如登高之博见也。登高而招，臂非加长也，而见者远；顺风而呼，声非加疾也，而闻者彰。假舆马者，非利足也，而致千里；假舟楫者，非能水也，而绝江河。君子生非异也，善假于物也。

积土成山，风雨兴焉；积水成渊，蛟龙生焉；积善成德，而神明自得，圣心备焉。故不积跬步，无以至千里；不积小流，无以成江海。骐骥一跃，不能十步；驽马十驾，功在不舍。锲而舍之，朽木不折；锲而不舍，金石可镂。蚓无爪牙之利，筋骨之强，上食埃土，下饮黄泉，用心一也。蟹六跪而二螯，非蛇鳝之穴无可寄托者，用心躁也。

导读赏析

荀子学问博大精深，他力主学习，倡导通

过学习改变先天之“恶”，提高自己。本文着重论述了学习的意义、作用、方法和态度，提出了“青，取之于蓝，而青于蓝”的见解，强调“学不可以已”，要积累，要坚持，要专一，具有朴素的唯物主义思想。多用排比、比喻论证观点，旁征博引，娓娓说理，比喻使道理深入浅出，排比增强说理气势，却毫无罗列堆砌之感。大家文笔，简练绵密，为后世宗法。

译　文

古代贤人说：学习不可以停止。

靛青是从蓝草里提取的，可是比蓝草的颜色更深；冰是水凝结而成的，却比水还要寒冷。木材直得符合拉直的墨线，用煣的工艺把它制成车轮，（那么）木材的弯度（就）合乎圆的标准了。即使又被风吹日晒而干枯了，（木材）也不会再挺直，是因为经过加工使它成为这样的。所以木材用墨线量过（再经辅具加工）就能取直，刀剑在磨刀石上磨过就能变得锋利，君子广博地学习并且每天检验反省自己，那么（他）就会智慧明达 而且行为没有过失了。

我曾经整天思索，（却）不如片刻学到的知识多；我曾经踮起脚远望，（却）不如登到高处看得广阔。登到高处招手，胳膊没有加长，可是别人在远处也能看见；顺着风呼叫，声音没有变得洪亮，可是听的人（在远处也能）听得很清楚。借助车马的人，并不是脚走得快，却可以达到千里之外；借助舟船的人，并不善于游泳，却可以横渡江河。君子的资质秉性跟一般人没有不同，（只是君子）善于借助外物罢了。

堆积土石成了高山，风雨从这里兴起；汇积水流成为深渊，蛟龙从这儿产生；积累善行养成高尚的道德，精神得到提升，圣人的精神境界由此具备。所以不积累一步半步的行程，就没有办法达到千里之远；不积累细小的流水，就没有办法汇成江河大海。骏马一跨跃，也不足十步远；劣马连走十天，它的成功在于不停止。（如果）刻几下就停下来了，（那么）腐朽的木头也刻不断。（如果）不停地刻下去，（那么）金石也能刻透。蚯蚓没有锐利的爪子和牙齿和强健的筋骨，却能向上吃到泥土，向下喝到地下的泉水，（这是由于）它用心专一。螃蟹有六条腿，两个蟹钳，（但是）没有蛇、鳝的洞穴就无处藏身，（这是）它用心浮躁（的缘故）。

过秦论（上）

◎贾　谊

课内背诵

佳作推荐

贾谊，才倾庙堂，因众人妒忌被贬长沙主太傅，后改任梁怀王太傅，怀王坠马而死，贾谊亦抑郁早亡。著名文学家，开政论文之先河，写《过秦论》上、中、下三篇，此为上篇。结论：秦亡“仁义不施而攻守之势异也”，以为统治者诫。

作家作品简介

贾谊（前200—前168），世称贾太傅、贾长沙、贾生，西汉洛阳（今河南洛阳）人，文学家。

秦孝公据崤函之固，拥雍州之地，君臣固守以窥周室，有席卷天下，包举宇内，囊括四海之意，并吞八荒之心。当是时也，商君佐之，内立法度，务耕织，修守战之具，外连衡而斗诸侯。于是秦人拱手而取西河之外。

孝公既没，惠文、武、昭襄蒙故业，因遗策，南取汉中，西举巴、蜀，东割膏腴之地，北收要害之郡。诸侯恐惧，会盟而谋弱秦，不爱珍器重宝肥饶之地，以致天下之士，合从缔交，相与为一。当此之时，齐有孟尝，赵有平原，楚有春申，魏有信陵。此四君者，皆明智而忠信，宽厚而爱人，尊贤而重士，约从离衡，兼韩、魏、燕、楚、齐、赵、宋、卫、中山之众。于是六国之士，有宁越、徐尚、苏秦、杜赫之属为之谋，齐明、周最、陈轸、召滑、楼缓、翟景、苏厉、乐毅之徒通其意，吴起、孙膑、带佗、倪良、王廖、田忌、廉颇、赵奢之伦制其兵。尝以十倍之地，百万之众，叩关而攻秦。秦人开关延敌，九国之师，逡巡而不敢进。秦无亡矢遗镞之费，而天下诸侯已困矣。于是从散约败，争割地而赂秦。秦有余力而制其弊，追亡逐北，伏尸百万，流血漂橹；因利乘便，宰割天下，分裂山河。强国请服，弱国入朝。延及孝文王、庄襄王，享国之日浅，国家无事。

及至始皇，奋六世之余烈，振长策而御宇内，吞二周而亡诸侯，履至尊而制六合，执敲扑而鞭笞天下，威振四海。南取百越之地，以为桂林、象郡；百越之君，俯首系颈，委命下吏。乃使蒙恬北筑长城而守藩篱，却匈奴七百余里；胡人不敢南下而牧马，士不敢弯弓而报怨。于是废先王之道，焚百家之言，以愚黔首；隳名城，杀豪杰；收天下之兵，聚之咸阳，销锋镝，铸以为金人十二，以弱天下之民。然后践华为城，因河为池，据亿丈之城，临不测之渊，以为固。良将劲弩守要害之处，信臣精卒陈利兵而谁何。天下已定，始皇之心，自以为关中之固，金城千里，子孙帝王万世之业也。

始皇既没，余威震于殊俗。然陈涉瓮牖绳枢之子，氓隶之人，而迁徙之徒也；才能不及中人，非有仲尼、墨翟之贤，陶朱、猗顿之富；蹑足行伍之间，而倔起阡陌之中，率疲弊之卒，将数百之众，转而攻秦；斩木为兵，揭竿为旗，天下云集响应，赢粮而景从。山东豪俊遂并起而亡秦族矣。

且夫天下非小弱也，雍州之地，崤函之固，自若也。陈涉之位，非尊于齐、楚、燕、赵、韩、魏、宋、卫、中山之君也；锄櫌棘矜，非铦于钩戟长铩也；谪戍之众，非抗于九国之师也；深谋远虑，行军用兵之道，非及向时之士也。然而成败异变，功业相反，何也？试使山东之国与陈涉度长絜大，比权量力，则不可同年而语矣。然秦以区区之地，致万乘之势，序八州而朝同列，百有余年矣；然后以六合为家，崤函为宫；一夫作难而七庙隳，身死人手，为天下笑者，何也？仁义不施而攻守之势异也。

导读赏析

本文是政论文史论体的开山之作，着重论述秦王朝兴亡立废的过程，揭露始皇暴政，得出了“仁义不施而攻守之势异也”的结论。作者借古讽今，目的在于劝告当时统治者以史为镜，实施宽民政策。文章先叙述事实，秦朝兴盛势不可挡，其中暴政之举埋下伏笔。接着笔势陡转，陈涉起义弱者亡强，“成败异变，功业相反”引人深思，实力对比，兴亡变迁，令人唏嘘，在此基础上归结全文，水到渠成。围绕攻、守、兴、亡，反复铺陈，笔墨纵横，酣畅淋漓，文采斐然，匠心独运，旷世经典，久诵不衰。

译　文

秦孝公占据着崤山和函谷关的险固地势，拥有雍州的土地，君臣牢固地守卫着暗中窥伺周王室，（秦孝公）有统一天下的雄心。正当这时，商鞅辅佐他，对内建立法规制度，从事耕作纺织，修造防守和进攻的器械；对外实行连横策略，使诸侯自相争斗。因此，秦人轻而易举地夺取了黄河以西的土地。

秦孝公死了以后，惠文王、武王、昭襄王承继先前的基业，沿袭前代的策略，向南夺取汉中，向西攻取巴、蜀，向东割据肥沃的地区，向北占领非常重要的地区。诸侯恐慌害怕，集会结盟，商议削弱秦国，不吝惜奇珍贵重的器物和肥沃富饶的土地，用来招纳天下的优秀人才，采用合纵的策略缔结盟约，互相援助，成为一体。在这个时候，齐国有孟尝君，赵国有平原君，楚国有春申君，魏国有信陵君。这四位封君，都见识英明有智谋，心地诚而讲信义，待人宽宏厚道而爱惜人民，尊重贤才而重用士人，以合纵之约击破秦的连横之策，联合韩、魏、燕、楚、齐、赵、宋、卫、中山的部队。在这时，六国的士人，有宁越、徐尚、苏秦、杜赫等人为他们出谋划策，齐明、周最、陈轸、召滑、楼缓、翟景、苏厉、乐毅等人为他们互通信息，吴起、孙膑、带佗、倪良、王廖、田忌、廉颇、赵奢等人统率他们的军队。他们曾经用十倍于秦的土地，上百万的军队，进攻函谷关来攻打秦国。秦人打开函谷关口迎战敌人，九国的军队有所顾虑徘徊不敢入关。秦人没有一兵一卒的耗费，然而天下的诸侯就已窘迫不堪了。于是，合约分散，盟约解除，各诸侯国争着割地来贿赂秦国。秦有剩余的力量趁他们困乏而制服他们，追赶逃走的败兵，百万败兵横尸道路，流淌的血液可以漂浮盾牌。秦国凭借这有利的形势，割取天下的土地，重新划分山河的区域。强国主动表示臣服，弱国入秦朝拜。延续到秦孝文王、庄襄王，在位的时间不长，秦国并没有什么大事发生。

到始皇的时候，发展六世遗留下来的功业，以武力来统治各国，将西周、东周和各诸侯国统统消灭，登上皇帝的宝座来统治天下，用严酷的刑罚来奴役天下的百姓，威风震慑四海。秦始皇向南攻取百越的土地，把它划为桂林郡和象郡，百越的君主低着头，颈上捆着绳子（愿意服从投降），把性命交给司法官吏。秦始皇于是又命令蒙恬在北方修筑长城，守卫边境，使匈奴退却七百多里；胡人不敢向下到南边来放牧，勇士不敢拉弓射箭来报仇。秦始皇接着就废除古代帝王的治世之道，焚烧诸子百家的著作，来使百姓愚蠢；毁坏高大的城墙，杀掉英雄豪杰；收缴天下的兵器，集中在咸阳，销毁兵刃和箭头，冶炼它们铸造十二个铜人，以便削弱百姓的反抗力量。据守华山为常都东城，以黄河作为常都的护城河，自以为固若金汤。优良的将领手执强弩，守卫着要害的地方，可靠的官员和精锐的士卒，拿着锋利的兵器，盘问过往行人。天下已经安定，始皇心里自己认为这关中的险固地势、方圆千里的坚固的城防，是子子孙孙称帝称王直至万代的基业。

始皇去世之后，他的余威（依然）震慑着边远地区。可是，陈涉不过是个破瓮做窗户、草绳系户枢的贫家子弟，是农夫、奴隶一类的人，被征发守边的卒子；才能不如普通人，并没有孔丘、墨翟那样的贤德，也不像陶朱、猗顿那样富有。(他)跻身于戍卒的队伍中，从田野间突然奋起发难，率领着疲惫无力的士兵，指挥着几百人的队伍，掉转头来进攻秦国，砍下树木作武器，举起竹竿当旗帜，天下豪杰像云一样聚集，回声似的应和他，许多人都背着粮食，如影随形地跟着。崤山以东的英雄豪杰于是一齐起事，灭亡了秦朝。

秦朝天下并没有缩小削弱，雍州的肥沃土地，崤山和函谷关的险固关隘，和以前一样。陈涉的地位，没有比齐、楚、燕、赵、韩、魏、宋、卫、中山的国君更加尊贵；锄头木棍也不比钩戟长矛更锋利；那迁谪戍边的士兵也不能和九国部队抗衡；深谋远虑，行军用兵的方法，也比不上先前九国的武将谋臣。然而结果却发生变化，功业完全相反，为什么呢？假使拿东方诸侯国跟陈涉比一比长短大小，量一量权势力量，那是不能相提并论了。然而秦凭借着它的小小的地方，发展到兵车万乘的国势，招致八州来归，使六国诸侯都来朝见，已经一百多年了；这之后把天下作为家业，用崤山、函谷关作为自己的内宫；陈涉一人起义国家就灭亡了，秦王子婴死在别人(项羽)手里，被天下人耻笑，这是为什么呢？就因为不施行仁政而使攻守的形势发生了变化啊。

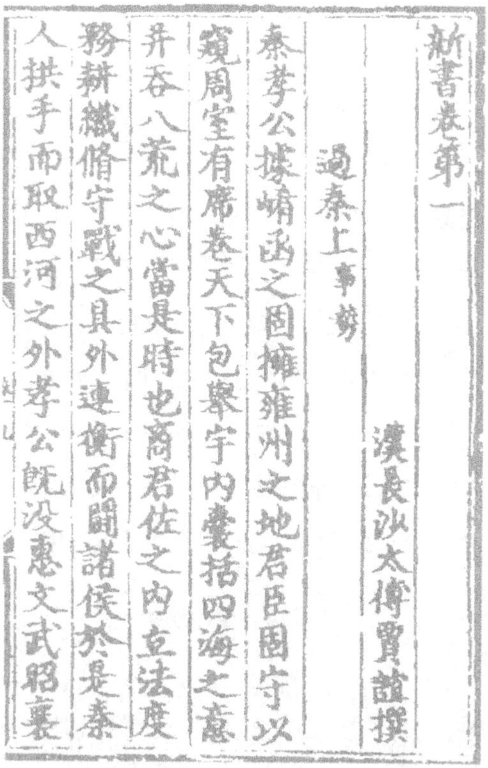
新書卷第一
漢長沙太傅賈誼撰
過秦上 事勢
秦孝公據崤函之固擁雍州之地君臣固守以窺周室有席卷天下包舉宇内囊括四海之意并吞八荒之心當是時也商君佐之内立法度務耕織脩守戰之具外連衡而鬬諸侯於是秦人拱手而取西河之外孝公既没惠文武昭襄

师　说

◎韩　愈

课内背诵

佳作推荐

“文起八代之衰”，倡导“古文运动”，文坛泰斗振臂一呼，树起一面从师的旗帜。

作家作品简介

韩愈（768—824），字退之，唐代文学家、哲学家、思想家，河阳（今河南孟州）人，祖籍昌黎（今辽宁义县），世称“韩昌黎”，又称“韩吏部”“韩文公”。苏轼称他“文起八代之衰”，明人列他为“唐宋八大家”之首。与柳宗元并称“韩柳”，有“文章巨公”和“百代文宗”之名。有《昌黎先生集》四十卷及《外集》。

古之学者必有师。师者，所以传道受业解惑也。人非生而知之者，孰能无惑？惑而不从师，其为惑也，终不解矣。生乎吾前，其闻道也固先乎吾，吾从而师之；生乎吾后，其闻道也亦先乎吾，吾从而师之。吾师道也，夫庸知其年之先后生于吾乎？是故无贵无贱，无长无少，道之所存，师之所存也。

嗟乎！师道之不传也久矣！欲人之无惑也难矣！古之圣人，其出人也远矣，犹且从师而问焉；今之众人，其下圣人也亦远矣，而耻学于师。是故圣益圣，愚益愚。圣人之所以为圣，愚人之所以为愚，其皆出于此乎？爱其子，择师而教之；于其身也，则耻师焉，惑矣。彼童子之师，授之书而习其句读者，非吾所谓传其道解其惑者也。句读之不知，惑之不解，或师焉，或不焉，小学而大遗，吾未见其明也。巫医乐师百工之人，不耻相师。士大夫之族，曰师曰弟子云者，则群聚而笑之。问之，则曰：“彼与彼年相若也，道相似也，位卑则足羞，官盛则近谀。”呜呼！师道之不复，可知矣。巫医乐师百工之人，君子不齿，今其智乃反不能及，其可怪也欤！

圣人无常师。孔子师郯子、苌弘、师襄、老聃。郯子之徒，其贤不及孔子。孔子曰：三人行，则必有我师。是故弟子不必不如师，师不必贤于弟子，闻道有先后，术业有专攻，如是而已。

李氏子蟠，年十七，好古文，六艺经传皆通习之，不拘于时，学于余。余嘉其能行古道，作《师说》以贻之。

导读赏析

在唐代，受过去门阀制度及六朝以来形式主义文风的影响，士大夫们耻学于师，出现了“哗笑之，以为狂人”之举，面对严峻现实，韩愈以非凡勇气和斗争精神，举起“古文运动”的大旗，倡导“惟陈言之务去”。《师说》强调从师的必要性和原则，批判当时社会上“耻学于师”的陋习，无情扫荡流俗，旗帜鲜明。文章言之有物，定义精准，层层衔接，论证严密。奖掖后学，尊师重道，纵贯千年，韩愈功不可没。

译　文

古代求学的人一定有老师。老师，是用来传授道理、教授学业、解答疑难问题的人。人不是生下来就懂得道理的，谁能没有疑惑？（有了）疑惑，如果不跟从老师（学习），那些成为疑惑的问题，就最终不能理解了。生在我前面，他懂得道理本来就早于我，我（应该）跟从（他）把他当作老师；生在我后面，（如果）他懂得道理也早于我，我（也应该）跟从（他）把他当作老师。我（是向他）学习道理啊，哪管他的生年比我早还是比我晚呢？因此，无论地位高低贵贱，无论年纪大小，道理存在的地方，就是老师存在的地方。

唉，（古代）从师（学习）的风尚不流传已经很久了，想要人没有疑惑难啊！古代的圣人，他们超出一般人很远，尚且跟从老师而请教；现在的一般人，他们（的才智）低于圣人很远，却以向老师学习为耻。因此圣人就更加圣明，愚人就更加愚昧。圣人之所以能成为圣人，愚人之所以会成为愚人，大概都出于这吧？（人们）爱他们的孩子，就选择老师来教他，（但是）对于他自己呢，却以跟从老师（学习）为可耻，真是糊涂啊！那些孩子们的老师，是教他们读书，（帮助他们）学习文章断句的，不是我所说的能传授那些道理，解答那些疑难问题的。（一方面）不通晓文章断句，（另一方面）不能解决疑惑，不知句读的要向老师学习，有疑惑解不开的却不向老师学习；小的方面倒要学习，大的方面（却）放弃了，我没看出那种人是明智的。巫医乐师和各种工匠这些人，不以互相学习为耻。士大夫这类人，（听到）称“老师”称“弟子”的，就成群聚在一起讥笑人家。问他们（为什么讥笑），就说：“他和他年龄差不多，道德学问也差不多，(以)地位低(的人为师)，就觉得羞耻，(以)官职高(的人为师)，就近乎谄媚了。”唉！(古代那种)跟从老师学习的风尚不能恢复，(从这些话里就)可以明白了。巫医乐师和各种工匠这些人，君子们不屑与之同列，现在他们的见识竟反而赶不上(这些人)，真是令人奇怪啊！

圣人没有固定的老师。孔子曾以郯子、苌弘、师襄、老聃为师。郯子这些人，他们的贤能都比不上孔子。孔子说：“几个人一起走，(其中)一定有(可以当)我的老师(的人)。”因此学生不一定不如老师，老师不一定比学生贤能，掌握真理有早有晚，学问技艺各有专长，如此罢了。

李家的孩子叫蟠的，年龄十七，喜欢古文，六经的经文和传文都普遍地学习了，不受时俗的拘束，向我学习。我赞许他能够遵行古人(从师)之道，写这篇《师说》送给他。

红楼梦·自题一绝

◎曹雪芹

对接诵读

满纸荒唐言，一把辛酸泪！
都云作者痴，谁解其中味？

佳作推荐

披阅十载，增删五次，掬人生之辛酸，凌古典之顶峰。

导读赏析

“痴”有时就是执着，十年执着，《石头记》成；“辛酸”是人生的慨叹，记述命运多舛。历来苦难磨砺人生，忧愤为文，遂有《离骚》《史记》《红楼梦》……开篇掬泪，在这里，作者诉说他难以直言而又深惧不能被理解的衷曲。

抛红豆

◎无名氏

对接诵读

滴不尽相思血泪抛红豆，
开不完春柳春花满画楼；
睡不稳纱窗风雨黄昏后，
忘不了新愁与旧愁。
咽不下玉粒金莼噎满喉，
照不见菱花镜里形容瘦。
展不开的眉头，捱不明的更漏——呀！
恰便似遮不住的青山隐隐，
流不断的绿水悠悠。

佳作推荐

红豆寄相思，画楼人空瘦，多少新旧愁，风雨黄昏后。

导读赏析

这是《红楼梦》中贾宝玉所唱“女儿”酒令中的曲子，为清代无名氏所作。“红豆”即相思豆，王维《红豆》诗有“愿君多采撷，此物最相思”之句，诗中常用以代指相思，此处借指血泪。首句“滴不尽相思血泪抛红豆”，点出全曲的爱情主题。以下用一连串排比句表现热恋中的青年人为爱情而苦恼的情景。整首歌曲抒情、婉转，所言所诉，饱含痛苦与伤感。

行路难（其一）

◎李　白

对接诵读

佳作推荐

人生多歧路，心亦常茫然，唯有乘长风，可破万里浪。

导读赏析

“行路难”为乐府古题，多咏叹世路艰难及离别伤悲的内容。此诗抒写了诗人人生道路上的迷茫、苦闷的心态及对人生理想追求的精神，在悲愤中不乏豪迈气概，在失意中仍怀有希望。诗以“行路难”比喻世道险阻，抒写了诗人在政治道路上遭遇艰难时，产生的不可抑制的激愤情绪；但他并未因此而放弃远大的政治理想，仍盼着总有一天会施展自己的抱负，表现了他对人生前途乐观豪迈的气概，充满了浪漫主义的情调。全诗感情跌宕起伏，感人至深。

金樽清酒斗十千，玉盘珍羞直万钱。
停杯投箸不能食，拔剑四顾心茫然。
欲渡黄河冰塞川，将登太行雪满山。
闲来垂钓碧溪上，忽复乘舟梦日边。
行路难！行路难！多歧路，今安在？
长风破浪会有时，直挂云帆济沧海。

译　文

金杯中的美酒一斗价十千，
玉盘里的菜肴珍贵值万钱。
但心情愁烦使得我放下杯筷，不愿进餐，
拔出宝剑环顾四周，心里一片茫然。
想渡过黄河，坚冰堵塞大川，
想登太行山，大雪遍布高山。
遥想当年，姜太公磻溪垂钓，得遇文王，
伊尹乘舟梦日，受聘在商汤身边。
人生的道路何等艰难！何等艰难！
歧路纷杂，真正的大道究竟在哪边？
坚信乘风破浪的时机定会到来，
到那时，将扬起征帆远渡碧海青天。

月下独酌

◎李　白

对接诵读

佳作推荐

诗人、明月、影子，相伴邀饮，写别样的孤独，显旷达的心胸。

导读赏析

本诗写诗人在月夜花下独酌而无人亲近的冷落情景。由孤独到不孤独，由不孤独到孤独，再由孤独到不孤独。前四句写花、酒、人、月影，举杯邀月，幻出月、影、人三者；然而月不解饮，影徒随身，仍归孤独。接四句，从月影上发议论，点出“行乐及春”的题旨。最后六句，写诗人执意与月光和身影永结无情之游，并相约在邈远的天上仙境重见。全诗表现了诗人怀才不遇的寂寞和孤傲，也表现了他放浪形骸、狂荡不羁的性格。邀月对影，千古绝句，自得其乐，也含孤独凄凉。曲折变化，想象丰富。

花间一壶酒，独酌无相亲。
举杯邀明月，对影成三人。
月既不解饮，影徒随我身。
暂伴月将影，行乐须及春①。
我歌月徘徊，我舞影零乱。
醒时同交欢，醉后各分散。
永结无情游②，相期邈云汉③。

注　释

①及春：趁着美好的春光。

②无情游：忘情游，摆脱世俗，不计得失利害的交往。

③相期邈（miǎo）云汉：约定在天上相会。期，约会。邈，高远。云汉，天河，泛指天空。

译　文

我在花丛中安排下一壶好酒，
自斟自饮身边没有一个知音。
举起酒杯邀请明月同我作伴，
对着自己的影子就等于三个人。

月亮本来不会饮酒，
影子也不过枉然跟随在身后身前，
且暂时伴同着月亮和影子，
及时行乐，趁着这美好的春天。
我唱起歌月亮在高空徘徊不定，
我跳着舞影子也忽后忽前。
清醒时我们还共同欢乐，
酒醉后也只有各自分散，
但愿能永远忘情地遨游，
相约重逢在缥缈的云间。

梦李白（其二）

◎杜　甫

对接诵读

浮云终日行，游子久不至。
三夜频梦君，情亲见君意。
告归常局促，苦道来不易。
江湖多风波，舟楫恐失坠。
出门搔白首，若负平生志。
冠盖[1]满京华，斯人独憔悴[2]。
孰云网恢恢，将老身反累。
千秋万岁名，寂寞身后事。

佳作推荐

诗仙诗圣曾相逢，别后和诗寄知情，惺惺相惜人憔悴，高山流水千秋名。

导读赏析

这是一首记梦诗。杜甫远在北方只知李白流放，不知已被赦还，忧思拳拳，久而成梦，因梦得诗。诗分别按梦前、梦中、梦后叙写梦中所见李白的形象，抒写对故人悲惨遭遇的同情。全诗发自肺腑，文字至诚至真，哀感动人，真是“千古交情，惟此为至”。

注　释

①冠盖：指代达官。

②斯人：此人，指李白。

译　文

天上浮云日日飘来飘去，
远游的故人却久去不归。
夜晚我屡屡梦中见到你，
可知你对我的深情厚谊。
分别是你总是神色匆匆，
总说能来相见多么不易。
江湖上航行多险风恶浪，
担心你的船被掀翻沉没。
出门时搔着满头的白发，
悔恨辜负自己平生之志。
高车丽服显贵塞满京城，
才华盖世你却容颜憔悴。
谁能说天理公道无欺人，
迟暮之年却无辜受牵累。
即使有流芳千秋的美名，
难以补偿遭受的冷落悲戚。

茅屋为秋风所破歌

◎杜 甫

对接诵读

佳作推荐

屋漏又连秋雨，家贫偏逢乱世，安得人间广厦，大庇天下寒士。忧国忧民篇，大赞!

导读赏析

这是杜甫旅居成都草堂创作的歌行体古诗。叙述作者的茅屋被秋风所破以致全家遭雨淋的痛苦经历，抒发了自己内心的感慨，体现了诗人忧国忧民的崇高思想境界，是杜诗代表作。分四段，第一段写面对狂风破屋的焦虑；第二段写面对群童抱茅的无奈；第三段写遭受夜雨的痛苦；第四段写期盼广厦，将苦难加以升华。前三段是写实式的叙事，诉述自家之苦，情绪含蓄压抑，为下文抒情层层铺叙；后一段是理想的升华，直抒炽热的忧民之情，情绪激越轩昂，抑扬曲折，个人际遇与家国情怀结合，完美地体现了杜诗“沉郁顿挫”的风格。

八月秋高风怒号，卷我屋上三重茅。茅飞渡江洒江郊，高者挂罥长林梢，下者飘转沉塘坳。

南村群童欺我老无力，忍能对面为盗贼。公然抱茅入竹去，唇焦口燥呼不得，归来倚杖自叹息。

俄顷风定云墨色，秋天漠漠向昏黑。布衾多年冷似铁，娇儿恶卧踏里裂。床头屋漏无干处，雨脚如麻未断绝。自经丧乱少睡眠，长夜沾湿何由彻！

安得广厦千万间，大庇天下寒士俱欢颜！风雨不动安如山。呜呼！何时眼前突兀见此屋，吾庐独破受冻死亦足！

译 文

八月里秋深，狂风怒号，狂风卷走了我屋顶上好几层茅草。茅草乱飞，渡过浣花溪，散落在对岸江边。飞得高的茅草缠绕在高高的树梢上，飞得低的飘飘洒洒沉落到池塘和洼地里。

南村的一群儿童欺负我年老没力气，竟忍心这样当面做“贼”抢东西，毫无顾忌地抱着茅草跑进竹林去了，我呼喊到嘴唇干燥也喝止不住，回来后拄着拐杖，独自叹息。

一会儿风停了，天空中乌云像墨一样黑，深秋天空阴沉迷蒙渐渐黑下来了。布被盖了多年，又冷又硬，像铁板似的，孩子睡觉姿势不好，把被里蹬破了。一下雨屋顶漏水，屋内没有一点儿干燥的地方，房顶的雨水像下垂的麻线一样不停地往下漏。自从安史之乱之后，我睡眠的时间很少，长夜漫漫，屋漏床湿，如何挨到天亮！

如何能得到千万间宽敞高大的房子，普遍地庇覆天下间贫寒的读书人，让他们都能开颜欢笑！房子在风雨中也不为所动，安稳得像是山一样。唉！什么时候眼前出现这样宽敞的房屋，到那时即使我的茅屋被秋风所吹破，我自己受冻而死也心甘情愿！

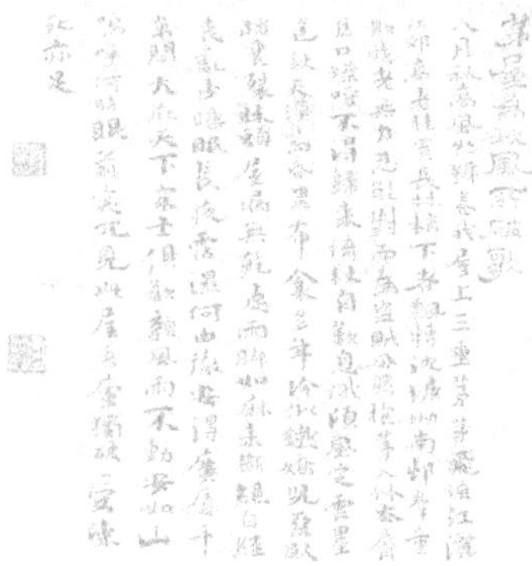

蜀 相

◎杜 甫

对接诵读

丞相祠堂何处寻？锦官城外柏森森。
映阶碧草自春色，隔叶黄鹂空好音。
三顾频烦天下计，两朝开济老臣心。
出师未捷身先死，长使英雄泪满襟。

佳作推荐

诗人刘禹锡说：“片言可以明百意，坐驰可以役万里，工于诗者能之。”《蜀相》一诗囊括历史，融通古今，语言凝练而内涵丰富。用此语来评说《蜀相》，当之无愧。

导读赏析

杜甫初至成都探访诸葛武侯祠，写下了这首感人肺腑的七律。抒发了诗人对诸葛亮才智品德的崇敬和功业未遂的感慨。首联交代祠堂所在；颔联写环境，乐景衬哀伤；颈联高度概括了诸葛亮的一生；尾联写诸葛亮赍志以殁，令英雄黯然泪下。诗设问自答，情景交融，叙议结合，起承转合，炼字琢句，堪称绝唱。

译 文

丞相祠堂到哪里去找寻？
锦官城外的翠柏早已葱郁成林。
祠宇中只有空寂一片，
芳草枉自带着春色绿映阶前，
黄鹂也不管人事的浮沉代谢，
在密叶间鸣声婉转。
当年先主刘备三顾茅庐，
曾向丞相征询安邦定国的大计。
丞相他匡佐两朝君主，
开创蜀汉的基业，扶持艰危的社稷，
尽了老臣报国的耿耿忠心，
可叹平定中原的大业未竟，
诸葛丞相先已死去，
使古今英雄无限感慨，泪湿衣襟。

望　岳

◎杜　甫

对接诵读

佳作推荐

无限风光在险峰，五岳美景各不同，
望远需添脚下力，志高才能凌绝顶。

导读赏析

本诗以饱满的热情形象地描绘了泰山雄伟壮观的气势，抒发了作者青年时期的豪情和远大抱负。前六句实写所望泰山之景，由远及近，由动而静写山之高，景之美。最后两句想象中的登山之情，表现了作者登临的决心和豪迈的壮志。全篇紧抓“望”字写景，写景中又处处烘托着一个“高”字。从而把泰山的万千景色、高大的气势渲染得极致，令人如亲临其境。

岱宗夫如何？齐鲁青未了。
造化钟神秀，阴阳割昏晓。
荡胸生层云，决眦入归鸟。
会当凌绝顶，一览众山小。

译　文

东岳泰山，美景如何？
走出齐鲁，山色仍然历历在目。
神奇自然，会聚千种美景，
山南山北，分出晓和昏。
云气吞吐，荡涤胸中沟壑，
翩翩归鸟，睁大眼睛远望。
定要登上泰山顶峰，
俯瞰群山豪情满怀。

钱塘湖春行

◎白居易

对接诵读

孤山寺北贾亭西，水面初平云脚低。
几处早莺争暖树，谁家新燕啄春泥。
乱花渐欲迷人眼，浅草才能没马蹄。
最爱湖东行不足，绿杨阴里白沙堤。

佳作推荐

白居易被贬杭州，筑白堤，留西湖一景，吟此诗，为闲适诗代表。律诗写得如此明白流畅，无雕琢之痕，唯香山居士。

导读赏析

这是题写西湖风景的诗，如精短游记，从孤山、贾亭开始，到湖东、白堤止，一路上，湖青山绿，美如天堂，莺歌燕舞，鸟语花香，最后意犹未尽地沿着白沙堤，在杨柳的绿荫底下，一步三回头，恋恋不舍地离去。面前铺展开一幅宁静的水墨西湖图。这是一首从心底不由自主地流泻出的饱含着自然融合之趣的优美诗。“情致曲尽，入人肝脾”，语言流畅，生动自然，格律严谨，独具匠心。

译　文

行至孤山寺北，贾公亭西，暂且歇脚，

举目远眺，但见春水初涨，白云低垂，秀色无边。

几只黄莺，争先飞往向阳树木，

谁家燕子，为筑新巢衔来春泥。

鲜花缤纷，几乎迷人眼神，

野草青青，刚刚遮没马蹄。

湖东景色，令人流连忘返，

最为可爱的，还是那绿杨掩映的白沙堤。

无题·相见时难别亦难

◎李商隐

对接诵读

相见时难别亦难，东风无力百花残。
春蚕到死丝方尽，蜡炬成灰泪始干。
晓镜但愁云鬓改，夜吟应觉月光寒。
蓬山此去无多路，青鸟殷勤为探看。

佳作推荐

李商隐是我国古代诗歌朦胧美的开拓者，他的爱情诗浓丽凄艳，清词丽句，朦胧虚幻，给读者留下无尽的遐想空间。

导读赏析

这是一首咏叹忠贞爱情的诗篇。首联是写因极度相思而发出的深沉感叹，在聚散两依依中突出别离的苦痛。颔联以比喻的手法写出自己的痴情苦意以及九死而不悔的爱情追求。颈联从诗人体贴关切的角度推测想象对方的相思之苦。尾联想象以青鸟作为使者探看，是无望中的希望，前途依旧渺茫。诗境深微绵邈，极为丰富。

译　文

相聚多么不易，离别更是难舍难分，
暮春作别，恰似东风力尽百花凋残。
春蚕至死，它才把所有的丝儿吐尽，
红烛焚烧殆尽，满腔热泪方才干涸。
清晨对镜晓妆，唯恐如云双鬓改色，
夜晚对月自吟，该会觉得太过凄惨。
蓬莱仙境距离这里，没有多少路程，
殷勤的青鸟信使，多劳您为我探看。

马嵬（其一）

◎李商隐

对接诵读

佳作推荐

《马嵬二首》是李商隐创作的两首咏史诗，一为七绝，一为七律。都以李隆基、杨玉环的故事为抒情对象，咏叹马嵬事变，以达讽喻之意。

导读赏析

本诗是一首咏史诗，深刺唐玄宗昏庸腐败，不能及早觉悟，终于自及于祸。前两句先写安史之乱爆发，即白居易所写的“渔阳鼙鼓动地来”，唐王朝岌岌可危，杨玉环红粉坠地，香消玉殒，两“自”字凄然，宠之适以害之，语似直而曲。后两句由果溯因，贵妃倾国之貌招致安史之祸，唐玄宗若早知贵妃祸国，怎会仓皇出逃？“倾国”既有美色之意，又寓美人使国覆灭，语涉双关，令人深思。

冀马燕犀①动地来，自埋红粉自成灰。
君王若道能倾国，玉辇何由过马嵬②？

注　释

①冀马燕犀：冀地之战马，燕地之犀甲。这里指安史叛军。

②玉辇：天子所乘之车，以玉为饰。

译　文

风云突变，安禄山举旗造反，叛军震天动地地杀到长安，

无可奈何赐死宠爱的妃子，唐玄宗自己不久也抑郁死去。

如果说唐玄宗真认为杨贵妃具有倾覆邦国之能，

皇帝的玉辇为什么要仓皇地逃往马嵬？

鱼我所欲也

◎《孟子》

对接诵读

佳作推荐

孟子主张性善论，《鱼我所欲也》以性善论为依据，对人的生死观进行深入讨论，强调“正义”比“生命”更重要，主张舍生取义。同时认为“羞恶之心，人皆有之”，人应该保持善良的本性。孟子的这一思想，是中华民族传统道德的精华，影响深远。

导读赏析

这篇文章选自《孟子·告子上》，论述了孟子的一个重要主张：义重于生，当义和生不能两全时应该舍生取义。开头以形象的比喻自然地引出了“舍生取义”中心论点。然后从三个方面进行论证，步步深入，构成排比，还大量运用了对比手法，气势充沛，义正词严，充分表现了孟子雄辩的才华。

鱼，我所欲也；熊掌，亦我所欲也。二者不可得兼，舍鱼而取熊掌者也。生，亦我所欲也；义，亦我所欲也。二者不可得兼，舍生而取义者也。生亦我所欲，所欲有甚于生者，故不为苟得也；死亦我所恶，所恶有甚于死者，故患有所不辟也。如使人之所欲莫甚于生，则凡可以得生者何不用也？使人之所恶莫甚于死者，则凡可以辟患者何不为也？由是则生而有不用也，由是则可以辟患而有不为也。是故所欲有甚于生者，所恶有甚于死者。非独贤者有是心也，人皆有之，贤者能勿丧耳。

一箪食，一豆羹，得之则生，弗得则死。呼尔而与之，行道之人弗受；蹴尔而与之，乞人不屑也。万钟则不辩礼义而受之，万钟于我何加焉！为宫室之美，妻妾之奉，所识穷乏者得我与？乡为身死而不受，今为宫室之美为之；乡为身死而不受，今为妻妾之奉为之；乡为身死而不受，今为所识穷乏者得我而为之：是亦不可以已乎？此之谓失其本心。

译 文

鱼是我所想要的，熊掌也是我所想要的，如果这两种东西不能同时得到，那么我宁愿舍弃鱼而选取熊掌。生命是我所想要的，正义也是我所想要的，如果这两样东西不能同时得到，那么我宁愿牺牲生命而选取大义。生命是我所想要的，但我所想要的还有胜过生命的，所以我不做苟且偷生的事；死亡是我所厌恶的，但我所厌恶的还有超过死亡的事，所以有的灾祸我不躲避。如果人们所想要的东西没有比生命更重要的，那么凡是可以保全生命的方法，有什么不能用的呢？如果人们所厌恶的事情没有超过死亡的，那么凡是能够用来逃避灾祸的手段，有什么不能用的呢？采用某种手段就能够活命，可是有的人却不肯采用；采用某种办法就能够躲避灾祸，可是有的人也不肯采用。由此可见，他们所喜爱的有比生命更宝贵的东西（那就是“义”）；他们所厌恶的，有比死亡更严重的事（那就是“不义”）。不仅贤人有这种思想，人人都有，只不过是贤人能够不丢掉罢了。

一碗饭，一碗汤，得到就能活下去，得不到就会饿死。吆喝着给人吃，过路的饥民也不肯接受；用脚踢过了给人吃，乞丐也不愿意接受。（可是有的人）见了优厚俸禄却不辨是否合乎礼义就接受了。这样，优厚的俸禄对我有什么好处呢？是为了华丽的宫室、妻妾的侍奉和熟识的穷人感激我吗？从前（有人）为了（道义）（宁愿）死也不愿接受（别人的施舍），如今（有人）却为了华美的宫室而接受了；从前（有人）为了（道义）（宁愿）死也不愿接受（别人的施舍），如今（有人）却为了得到妻妾的侍奉而接受了；从前（有人）为了（道义）（宁愿）死也不愿接受（别人的施舍），如今（有人）却为了让所认识穷困贫乏的人感激他们的恩德而接受了：这种（行为）难道还不该停止吗？这就叫作丧失了人的天性。

生于忧患，死于安乐

◎《孟子》

对接诵读

佳作推荐

逸豫可以亡身，智勇多困于所溺。人要树立忧患意识，所谓生于忧患。苦难是所大学，所谓逆境造就人才。先哲的经典论述振聋发聩。

导读赏析

这是一篇雄辩有力的说理散文。作者先列举六位经过贫困、挫折的磨炼而终于担当大任的人的事例，证明忧患可以激励人奋发有为，磨难可以促使人有新成就。接着，作者从一个人的发展和一个国家的兴亡两个不同的角度进一步论证忧患则生、安乐则亡的道理。最后水到渠成，得出“生于忧患，而死于安乐”的结论。全文采用列举历史事例和讲道理相结合的写法，逐层推论，使文章紧凑，论证缜密；此外，文章多用排比句和对仗句，既使文章错落有致，又造成一种势不可挡的气势，有力地增强了论辩的说服力。

舜发于畎亩之中，傅说举于版筑之间，胶鬲举于鱼盐之中，管夷吾举于士，孙叔敖举于海，百里奚举于市，故天将降大任于是人也，必先苦其心志，劳其筋骨，饿其体肤，空乏其身，行拂乱其所为，所以动心忍性，曾益其所不能。

人恒过然后能改；困于心衡于虑而后作，征于色发于声而后喻。入则无法家拂士，出则无敌国外患者，国恒亡，然后知生于忧患而死于安乐也。

译　文

舜从田野耕作之中被任用，傅说从筑墙的劳作之中被任用，胶鬲从贩鱼卖盐中被任用，管夷吾被从狱官手里救出来并受到任用，孙叔敖从海滨隐居的地方被任用，百里奚被从奴隶市场里赎买回来并被任用，所以上天要把重任降临给某个人，一定先要使他心意苦恼，使他筋骨劳累，使他忍饥挨饿，使他受尽贫困之苦，使他所做的事情颠倒错乱，这样来使他的内心受到震撼，使他性情坚韧起来，增加他过去所不具备的能力。

一个人，常常犯错误，这样以后才能改正；内心困惑，思虑阻塞，然后才会有所作为；看到一个人憔悴枯槁的脸色，听到一个人吟咏叹息的声音，然后人们才了解他。（如果）一个国家，在国内没有坚守法度的大臣和足以辅佐君王的贤士，在国外没有足以抗衡的国家、外在的忧患，这样的国家就常常会走向灭亡，这样以后才知道忧虑祸患能使人（或国家）生存发展，而安逸享乐会使人（或国家）走向灭亡的道理了。

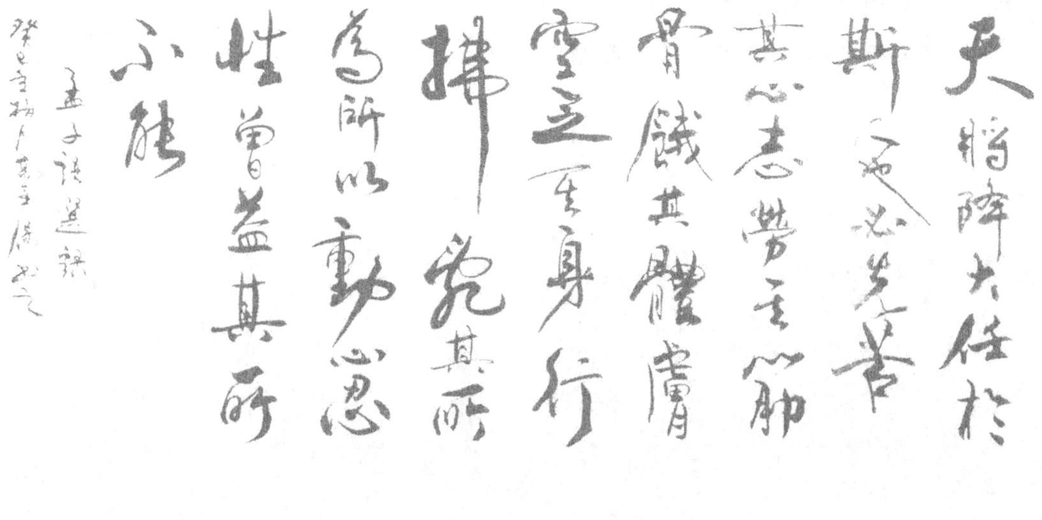

劝　学

◎颜真卿

对接诵读

佳作推荐

早醒的鸟有虫吃，志远的人读书早。书法大家，殷切劝学。

作家作品简介

颜真卿（709—785），字清臣，号应方，京兆万年（今陕西西安）人，祖籍琅琊临沂（今山东临沂），唐代书法家，与欧阳询、柳公权、赵孟頫合称为“楷书四大家”。他的楷书结体方密，世称“颜体”，与柳公权的书法并称为“颜筋柳骨”。

三更灯火五更鸡，正是男儿读书时。
黑发不知勤学早，白首方悔读书迟。

译　文

每个点上灯火的深夜，每个鸡鸣的清晨，
正是男孩子们读书的最好时间。
倘若少年时只知玩乐不知要早些勤学，
到老的时候才知道后悔却为时已晚。

偶　成

◎朱　熹

对接诵读

少年易老学难成，一寸光阴不可轻。
未觉池塘春草梦，阶前梧叶已秋声。

佳作推荐

一寸光阴一寸金，寸金难买寸光阴。珍惜时光，珍惜青春，刻苦治学，有所作为。

作家作品简介

朱熹（1130—1200），字元晦，一字仲晦，号晦庵，晚称晦翁，又称紫阳先生，徽州婺源（今江西婺源）人。南宋哲学家、理学家、教育家，世称朱子。

导读赏析

朱熹是继孔子、孟子之后中国最杰出的儒学大师，尊称朱子。本诗劝青年人要珍视光阴，努力向学。诗歌语言明白易懂，意象鲜明生动，把光阴易过，岁月易逝，用池塘春草梦未觉，阶前梧桐忽秋声来比喻，十分贴切，倍增劝勉的力量。含蓄蕴藉，令人玩味。

译　文

青春的日子十分容易逝去，学问上却很难获得成功，

所以每一寸光阴都要珍惜，不能轻易放过。

没等池塘生春草的美梦醒来，

台阶前的梧桐树叶就已经在秋风里沙沙作响了。

贾　生

◎李商隐

对接诵读

佳作推荐

李商隐少有才名，因牵连“牛李党争”，受双方排挤、打压，一生沉于下僚，才不得用，志不得伸。咏贾谊，叹自身。

导读赏析

这是一首托古讽时诗，意在借贾谊的遭遇，抒写诗人怀才不遇的感慨。诗选取汉文帝宣室召见贾谊，夜半倾谈的情节，写贾生才高，似颇得文帝赏识，欲抑先扬。“不问苍生问鬼神”叹惋文帝不能识贤任贤；同时暗讽晚唐皇帝服药求仙，荒于政事，不能任贤，不顾民生。诗寓慨于讽，讽刺效果颇好。

宣室求贤访逐臣，贾生才调更无伦。
可怜夜半虚前席，不问苍生问鬼神。

译　文

文帝求贤心切，对被贬臣子也咨询，
贾生他的才华，无人能够与之同林。
谈话谈到夜半，白白地将坐垫移近，
问了鬼神之事，却一句也不问黎民。

咏贾谊

◎毛泽东

对接诵读

少年倜傥廊庙才，壮志未酬事堪哀。
胸罗文章[1]兵百万，胆照华国树千台。
雄英无计倾圣主，高节终竟受疑猜。
千古同惜长沙傅，空白汨罗步尘埃[2]。

佳作推荐

从伟人评述的角度，认识贾谊——才空高，志难酬。

导读赏析

此诗为毛泽东读史之作。首联写贾谊少年才气，豪爽洒脱，是国家的栋梁之才，只可惜壮志未酬，“堪哀”为全诗定调。颔联称贾谊文采飞扬，有政治远见。颈联具体叙述贾谊“壮志未酬”的悲哀，揭示原因。尾联“千古同惜”哀其超凡的才华徒然空耗殆尽，与屈原类比，拓展题旨。诗人以政治家历史辩证的眼光对贾谊进行了全新评价，寄托了自己的人格理想和人生体验。

注　释

①胸罗文章：指贾谊胸有锦绣文章。

②空白汨罗步尘埃：意为贾谊步了屈原的后尘，都是因馋遭贬，壮志未酬。

译　文

贾谊年少有才，豪爽洒脱，是国家的栋梁之才，壮志难酬真是让人觉得悲哀。

胸中锦绣文章能敌百万雄兵，对国家忠心耿耿，曾建言建立众多的诸侯国以削弱它们的势力。

但是这样出类拔萃的人物不但没有让汉文帝钦佩，他的高洁大义反而受到猜忌。

千百年来人们在痛惜贾谊壮志未酬的时候，都只空说他步了屈原的后尘。

马　说

◎韩　愈

对接诵读

佳作推荐

金子露在太阳下，才能闪光；千里马遇到伯乐，才显价值。小故事，大道理。读懂《马说》，揭开谜底。

导读赏析

全文借物喻人，以伯乐比喻知人善任的贤君以千里马比喻未被发现的真正人才，阐述了封建社会中人才被埋没的原因，表达了作者怀才不遇，壮志难酬之情和对统治者埋没、摧残人才的愤懑和控诉。文章采用层层深入的结构方式。先从正面提出论点，然后笔锋一转，从反面展开议论。接着描绘千里马被埋没的具体情形，揭示千里马被埋没的根本原因，最后归结出“其真不知马也”，卒章显志。

世有伯乐，然后有千里马。千里马常有，而伯乐不常有。故虽有名马，祇辱于奴隶人之手，骈死于槽枥之间，不以千里称也。

马之千里者，一食或尽粟一石。食马者不知其能千里而食也。是马也，虽有千里之能，食不饱，力不足，才美不外见，且欲与常马等不可得，安求其能千里也？

策之不以其道，食之不能尽其材，鸣之而不能通其意，执策而临之，曰：“天下无马！”呜呼！其真无马邪？其真不知马也。

译　文

世上有了伯乐，然后才会有千里马。千里马经常有，可是伯乐却不会经常有。因此即使有千里马，也只能在仆役的手里受屈辱，和普通的马一同死在马厩里，不能以千里马著称。

一匹日行千里的马，一顿有时能吃一石食。喂马的人不知道它能日行千里而（像千里马那样）喂养它。这样的马，虽有日行千里的能力，却吃不饱，力气不足，内在的优良素质也就不能表现出来，想要和一般的马一样尚且办不到，又怎么能要求它日行千里呢？

鞭策它却不按照正确的方法，喂养它却不足以使它充分发挥自己的才能，听它嘶叫却不能通晓它的意思，却拿着鞭子对着它说：“天下没有好马。”唉！真的没有千里马吗？恐怕是他们真不识得千里马吧！

调张籍[①]

◎韩　愈

对接诵读

佳作推荐

心装圣贤不孟浪，口吐太阳不自量，
沧海一粟唯恭谨，见贤思齐是榜样。

导读赏析

此诗是给李白和杜甫历史定位的宣言。前六句作者对李杜诗文做出了极高的评价，并讥斥“群儿”谤伤前辈是多么无知可笑。中间二十二句力写对李杜的钦仰，赞美他们诗歌的高度成就。末十二句篇末点题，劝导老友张籍：不要老是钻在书堆中寻章摘句，忙碌经营，还是和诗人一起向李杜学习，在诗歌的广阔天地中高高飞翔。此诗力大思雄，纵横恣肆，颇有李白浪漫风格，其想象、夸张、比喻皆新奇有趣，又非常恰当，足见大家风范。

李杜文章在，光焰万丈长。
不知群儿愚[②]，那用故谤伤？
蚍蜉撼大树，可笑不自量。
伊我生其后，举颈遥相望[③]。
夜梦多见之，昼思反微茫。
徒观斧凿痕，不瞩治水航[④]。
想当施手[⑤]时，巨刃磨天扬。
垠崖划崩豁，乾坤摆雷硠[⑥]。
惟此两夫子，家居率荒凉。
帝欲长吟哦，故遣起且僵[⑦]。
翦翎送笼中，使看百鸟翔。
平生千万篇，金薤垂琳琅。
仙官敕六丁，雷电下取将。
流落人间者，太山一毫芒。
我愿生两翅，捕逐出八荒。
精诚忽交通，百怪入我肠。
刺手拔鲸牙，举瓢酌天浆。
腾身跨汗漫，不著织女襄。
顾语地上友，经营无太忙。
乞君飞霞佩，与我高颉颃[⑧]。

注　释

①调：调侃，调笑，戏谑。张籍（768—

830)，字文昌，唐代诗人。历官太常寺太祝、水部员外郎、终国子司业。

②群儿：指“谤伤”李白杜甫的那些文人。

③伊：发语词。举颈：伸长脖颈。遥相望：因为诗人生在李杜之后六十年，又很崇拜他们，所以说“遥相望”。

④斧凿痕：指斧凿砍削后留下的痕迹。瞩(zhǔ)：注视。这两句比喻“李杜文章”如同大禹治水疏通江河，后人虽能看到其成就，却无法目睹当时鬼斧神工的开辟情景了。

⑤施手：动工。

⑥垠(yín)崖：高大的山石。崩豁(huō)：崩坏裂开。雷硠(láng)：山石崩裂的声音。以上四句是说想象禹治水时劈山凿石、声震天宇的情景。

⑦帝：指天帝。起且僵：站起来又倒下。这两句说，天帝希望诗人不断吟咏，有意使他们经受波折和起伏。

⑧乞：此谓送给。颉颃：上下飞翔。上飞曰颉，下飞曰颃。

译　文

李白杜甫诗文并在，如万丈光芒照诗坛。

却不知文人多愚昧，怎能用陈旧的诋毁之辞去中伤？

就像蚂蚁想撼大树，可笑自身不估量。

虽然我生在李杜后，但常遥遥追思仰慕。

晚上也常梦见他们，醒来想着却又模糊。

李杜文章像大禹劈山治水一样不朽，但人们只能看见斧凿开山的痕迹，而不见治水的航路。

大禹挥动着巨斧劈山，被阻遏的洪水便倾泻出来，山崩地裂的巨响回荡天地间。

但这样的两位夫子，处境却都冷落困顿。

仿佛天帝要他们作诗有所成就，故意让他们经受波折起伏。

他们犹如被剪了羽毛囚禁笼中的鸟儿一样，只能痛苦地看着外边百鸟自由飞翔。

他们一生写了千万篇优美的诗歌，如金薤美玉一样美好贵重。

但其中多数好像被天上的仙官派遣神兵收取去了一样，流传在人间的只不过是泰山的毫末之微而已。

我恨不得生出两个翅膀，追求他们的境界，哪怕出于八方荒远之地。

我终于能与前辈诗人精诚感通，千奇百怪的诗境便进入心里。

反手拔出大海中长鲸的利齿，高举大瓢畅饮天宫中的仙酒。

忽然腾身而起，遨游于广漠无穷的天宇中，甚至连织女所制的天衣也不屑去穿。

我回头对地上的你说，不要老是钻到书堆中寻章摘句，忙碌经营。

希望你和我一起向李杜学习，在诗歌的广阔天地中高高飞翔。

枉凝眉

◎曹雪芹

拓展阅读

佳作推荐

奇书述奇缘，判词解疑团，水中空捞月，情断已惘然。一曲《枉凝眉》引出多少相思泪。

导读赏析

这是《红楼梦》书中第五回十四支曲中第三首曲子。其内容所指，历来争议不断，大众普遍理解为“写宝黛的爱情理想因变故而破灭，写林黛玉的泪尽而逝”。凝眉，即蹙颦、皱眉，曲名意为悲愁有何用，也即曲中所说的“枉自嗟呀”。

一个是阆苑①仙葩②，
一个是美玉无瑕③。
若说没奇缘，今生偏又遇着他；
若说有奇缘，如何心事终虚化④？
一个枉自嗟呀，一个空劳牵挂⑤。
一个是水中月，一个是镜中花。⑥
想眼中能有多少泪珠儿，
怎禁得秋流到冬尽，春流到夏！⑦

注　释

①阆(làng)苑：传说中神仙所住的地方。也称阆风苑、阆风之苑，传说中在昆仑山之巅，是西王母居住的地方。在诗词中常用来泛指神仙居住的地方，有时也代指帝王宫苑。

②仙葩：仙花。“阆苑仙葩”一般认为指林黛玉，她本是灵河岸上三生石畔的绛珠仙草。

③ 瑕：玉的疵斑。“美玉无瑕”指贾宝玉，他本是赤瑕宫的神瑛侍者。

④虚化：成空，化为乌有。戚序本误作“虚花”，变动词为名词；程式乙本改作“虚话”，变心事为明言；甲戌本经涂改；今从庚辰本。

⑤一个枉自嗟呀，一个空劳牵挂：一个独

自悲叹唏嘘而无能为力(一般认为指林黛玉),一个总是记挂着对方却也白费心思(一般认为指贾宝玉)。很显然这里说的就是正文以及脂批所提示的宝玉对黛玉诉肺腑等事。嗟呀,因悲伤而叹息。牵挂,在情况不明时对人的悬念。

⑥一个是水中月,一个是镜中花:水中月、镜中花,都是虚幻的景象。

⑦“想眼中”一句:曹雪芹八十回后原稿中有《证前缘》一回,写黛玉“泪尽夭亡”。

译　文

一个是灵河岸的仙花,

一个是美玉全无疵瑕。

如果说没有神奇缘分,这一生偏偏又见了他。

如果说真有神奇缘分,为什么心事都落了空呀?

一个徒劳地哭啊叹啊,一个白白地心中牵挂。

你想想眼睛里能有多少泪珠儿,

怎么经得起从秋流到冬底,又从春流到夏?

登金陵凤凰台①

◎李　白

拓展阅读

凤凰台上凤凰游，凤去台空江自流。
吴宫②花草埋幽径，晋代衣冠成古丘。
三山③半落青天外，二水中分白鹭洲。
总为浮云能蔽日④，长安不见使人愁。

佳作推荐

青山依旧在，几度夕阳红，鉴古可知今，登台思繁荣。

导读赏析

这是一首咏古迹的七言律诗，字里行间隐喻着伤时的感慨。开头两句由凤凰台的传说起笔，点明了凤去台空，六朝繁华不再；三、四句承写东吴、东晋的一代风流永逝；五、六句转写大自然的壮美；最后两句，面对唐都长安现实，自叹报国无门。

注　释

①凤凰台：在今江苏南京凤台山。

②吴宫：三国时孙吴曾于金陵建都筑宫。

③三山：指金陵西临长江的三座山峰。

④浮云能蔽日：比喻谗臣当道障蔽贤良。

译　文

凤凰台上曾经有凤凰来悠游，
凤去台空只有江水依旧东流。
吴宫鲜花芳草埋着荒凉小径，
晋代多少王族已成荒冢古丘。
三山云雾中隐现如落青天外，
江水被白鹭洲分成两条河流。
总有奸臣当道犹如浮云遮日，
望不见长安心中郁闷长怀愁。

秋兴八首（其六）

◎杜　甫

拓展阅读

瞿塘峡口曲江头[1]，万里风烟接素秋[2]。
花萼[3]夹城通御气，芙蓉小苑入边愁[4]。
珠帘绣柱围黄鹄[5]，锦缆牙樯[6]起白鸥。
回首可怜歌舞地[7]，秦中自古帝王州。

佳作推荐

羁旅之愁、劫乱之痛、中落之忧都寄托在诗人昔盛今衰的感慨中。借景抒情，借古抒怀，曲折深沉，沉郁苍凉。

导读赏析

从瞿塘峡口到曲江头，从目前的万里风烟，想到过去的歌舞繁华。诗人抒写对曲江的怀想，由景及情，情景交融。“万里风烟”写出了客蜀望京，抚今追昔，忧时感世的复杂感情。全诗寓兴亡盛衰之感，百年世事之悲，深沉含蓄，言简意赅。

注　释

①瞿塘峡：峡名，长江三峡之首，在夔州东。曲江：在长安（今陕西西安）东南，秦为宜春苑，汉为乐游原，有河水流曲，故称。

②万里风烟：指夔州与长安相隔万里之遥。素秋：按五行之说，秋属金尚白，故称素秋。

③花萼：即花萼相辉楼，在长安南内兴庆宫西南隅。

④芙蓉小苑：即芙蓉园，在曲江西南。入边愁：传来安禄山叛乱的消息引起忧愁。

⑤珠帘绣柱：形容曲江行宫别院的楼亭建筑极其富丽华美。黄鹄（hú）：鸟名，即天鹅。

⑥锦缆牙樯：指曲江中装饰华美的游船。

⑦歌舞地：指曲江池苑。

译　文

身居长江三峡之首的夔州，心里却系长安那曲江水畔。

看到瞿塘秋天的景象，就联想到曲江水畔的风光。

当年皇上曾由复道来往于兴庆宫和芙蓉园之间，在这芙蓉小院里得知安禄山叛乱的消息引起深重的忧愁。

黄天鹅围绕着那曲江行宫楼阁的珠帘绣柱翩翩起舞，江中装饰华美的游船惊起了白鹭。

回想起曲江由盛转衰令人叹息，那长安之地自古以来就是帝王居住的地方。

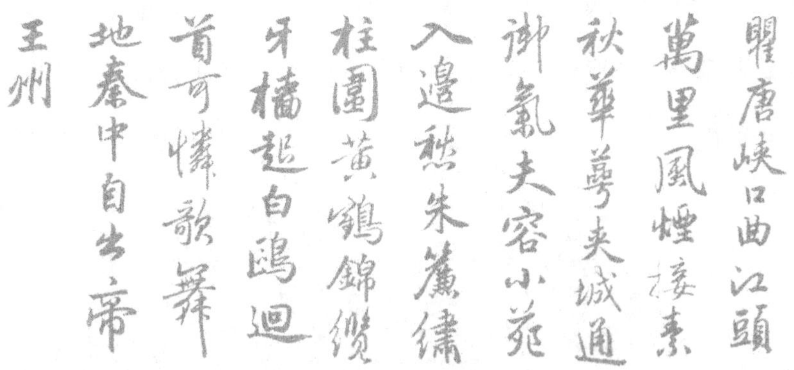

咏怀古迹（其一）

◎杜　甫

拓展阅读

支离东北风尘际①，飘泊西南天地间。
三峡楼台淹日月②，五溪衣服共云山③。
羯胡事主终无赖④，词客哀时且未还⑤。
庾信⑥平生最萧瑟，暮年诗赋动江关。

注　释

① 支离：流离。风尘：指安史之乱以来的兵荒马乱。

②楼台：泛指房屋。淹日月：滞留多日。

③五溪：指雄溪、樠溪、酉溪、沅溪、辰溪，在今鄂贵交界处。共云山：共同居处。

④羯(jié)胡：古代北方少数民族，这里指安禄山。

⑤词客：指庾信，也是诗人自谓。未还：未能还朝回乡。

⑥庾(yǔ)信(513—581)：南北朝诗人，字子山，新野(今河南新野)人，梁元帝时出使北周，被留不归，常怀乡国之思。

佳作推荐

诗境开阔，包容天地，共掩日月；人生萧瑟，哀终暮年，同病相怜。发古叹已！

导读赏析

从安史之乱着笔，写自己漂泊入蜀，居无定处。接写流落三峡、五溪，与夷人共处。再写安禄山狡猾反复，正如梁朝的侯景；自己漂泊异地，欲归不得，恰似当年的庾信。最后写庾信晚年《哀江南赋》极为凄凉悲壮，暗寓自己的乡国之思。全诗寓情于景，议论精当。

译　文

战乱时颠沛流离在东北方，
如今我又漂泊到西南地区。
滞留在三峡一带辗转多年，
和服饰不同的异族共生活。
可恨胡虏向来是不讲信义，
词人哀时伤世却有家难回。
庾信的一生最为坎坷悲凉，
他晚年的诗赋震动了江关。

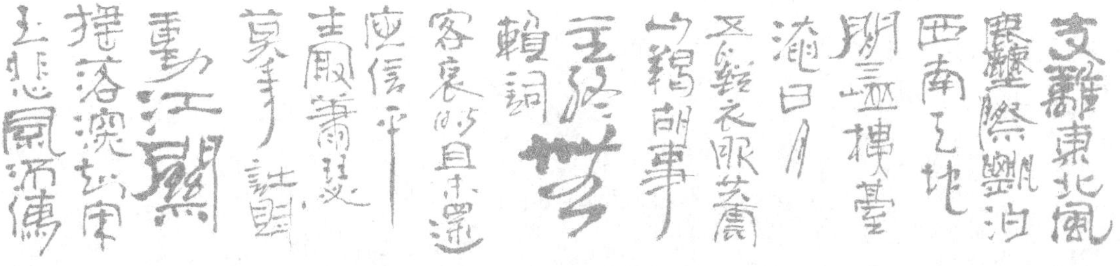

寄李十二白二十韵

◎杜　甫

拓展阅读

佳作推荐

以诗作传，备述生平。鸣不平冤，寄相知情。万丈光焰，岂止文章！

导读赏析

本诗通过对李白两入长安的描写，用极为洗练的语言勾勒出一个风流倜傥、飘逸豪放的诗人形象。借苏武终于归汉和夏黄公不事暴秦的故事，说明李白不会真心附逆；借穆生辞别楚王刘戊的故事，说明李白能够自重，永王也并未任用他。此诗旨在回顾李白一生荣辱和二人亲密友谊，对李白才华予以高度评价，对其蒙冤流放表示同情。对仗工整，辞藻富丽，剪裁得宜，用典精当。

昔年有狂客，号尔谪仙人[①]。
笔落惊风雨，诗成泣鬼神[②]。
声名从此大，汩没[③]一朝伸。
文采承殊渥[④]，流传必绝伦。
龙舟移棹晚[⑤]，兽锦夺袍新。
白日来深殿，青云满后尘。
乞归优诏许，遇我宿心亲。
未负幽栖志，兼全宠辱身。
剧谈怜野逸，嗜酒见天真。
醉舞梁园夜，行歌泗水春。
才高心不展，道屈善无邻。
处士祢衡俊，诸生原宪贫[⑥]。
稻粱求未足，薏苡谤何频[⑦]。
五岭炎蒸地，三危[⑧]放逐臣。
几年遭鹏鸟[⑨]，独泣向麒麟。
苏武元还汉，黄公岂事秦？
楚筵辞醴日，梁狱上书辰。
已用当时法，谁将此义陈？
老吟秋月下，病起暮江滨。
莫怪恩波隔，乘槎与问津[⑩]。

注 释

①狂客：指贺知章，因其自号“四知狂客”故称。谪仙：被贬谪的神仙，诗中专指李白。贺知章曾称道李白为“谪仙人”。

②诗成泣鬼神：唐孟棨《本事诗·高逸》记载，贺知章见李白《乌栖曲》，“叹赏苦吟曰：‘此诗可以泣鬼神矣。’”说明李白才华超绝。

③汩(gǔ)没：埋没。

④承殊渥：受到特别的恩惠。这里指唐玄宗召李白为供奉翰林。

⑤龙周移棹晚：指唐玄宗泛舟白莲池，兴致所至召李白前来作序，恰逢李白喝醉了酒，于是玄宗命高力士扶李白上船。

⑥处士称祢衡，诸生原宪贫：才能像祢衡一样好，家境像原宪一样贫困。祢衡(173—198)：东汉文人，少有才辩，因得罪曹操，始终未被任用。原宪(前515—?)：春秋时人，孔子弟子，一生贫困。

⑦薏苡谤何频：为何遭到无端的诽谤？马援征交趾载薏苡种还，有人诽谤说他带的全是明珠大贝。这里指当时一些人诬陷李白参与永王李璘谋反。

⑧三危：山名，在今甘肃敦煌县南，乃帝舜窜三苗之处，即李白被放逐之地。

⑨鵩(fú)鸟：猫头鹰一类的鸟，古代认为是不祥之鸟，诗中比喻奸佞的陷害。

⑩槎：代指木筏。

译 文

当年有位自号“四明狂客”的诗人贺知章，曾经称道李白为“谪仙人”。

李白落笔写诗文能够惊动风雨，诗成后鬼神为之哭泣。

从此李白的名声得到众人的称扬，之前被埋没的才华一时得以展现。

李白凭着文采得到特别的恩泽，被广泛流传的都是无与伦比的绝妙诗文。

龙舟为他迟些移动船桨，兽锦夺袍的佳话为他翻新。

玄宗常常召他入宫，文人们也纷纷追随他的后尘。

李白请求辞职还乡，玄宗加恩赐金放还，得以和我相遇，了却夙愿，彼此亲近。

李白没有背弃隐逸的志向，在宠辱之间保全了自身。

我们曾倾心畅谈，李白非常理解我的洒脱不羁，我也十分欣赏他的坦荡胸怀。

我们曾一起在梁园的夜晚饮酒起舞，春浓之时共同在泗水滨漫步歌吟。

才能卓越的人其心志不得舒展，理想得不到实现在世上曲高和寡。

李白虽然俊秀堪比东汉祢衡，但清贫一如诸生中的原宪。

口中食粮需求尚且不能满足，为何无端因“从璘”受到诽谤。

五岭是暑热熏蒸之地，三危山向来是官吏的流放之地。

这几年来李白遭受到奸逆的陷害，不得不哀叹世道衰败，志向难以伸展。

苏武最终返回汉廷，夏黄公怎么肯侍奉暴秦？

那个时期李白并未接受李璘的伪职，却身陷囹圄上书为自己辩诬。

当时已经按照法律将李白定罪流放，谁还能依照正义将他的冤屈向朝廷陈明？

他的冤屈无处昭雪，年华老去，在秋夜的月下歌吟，久病初起，在傍晚的江边漫步。

莫要怨怪君王的恩泽被阻，想要乘着木筏去问青天。

卖炭翁[1]

◎白居易

拓展阅读

佳作推荐

自古百姓常苦难，叹息民生最多艰。封建统治万恶源，无限同情有乐天。

作家作品简介

本诗是白居易作于元和四年的《新乐府》中的一首，全诗通过一个卖炭老翁的遭遇，揭露了唐代“宫市”对老百姓的掠夺行径，反映出诗人对劳动人民的深刻同情。这首诗在艺术上较多地体现了诗人新乐府诗歌的创作特色：叙事简洁，矛盾突出，形象鲜明，语言生动，层次清晰，结构完整。

卖炭翁，伐薪烧炭南山[2]中。满面尘灰烟火色，两鬓苍苍[3]十指黑。卖炭得钱何所营？身上衣裳口中食。可怜身上衣正单，心忧炭贱愿天寒。夜来城外一尺雪，晓驾炭车辗冰辙。牛困人饥日已高，市南门外泥中歇。翩翩两骑[4]来是谁？黄衣使者白衫儿。手把文书口称敕，回车叱牛牵向北。一车炭，千余斤，宫使驱将惜不得。半匹红绡一丈绫，系向牛头充炭直[5]。

导读赏析

此诗以个人事例来写社会普遍状况，描写了一个卖炭老翁谋生之艰难，通过卖炭翁的遭遇，揭露了“宫市”的腐败本质，流露出对下层劳动人民的同情。全诗描写具体生动，结尾戛然而止，含蓄有力，在事物细节的选择上和人物心理的刻画上有独到之处。

注　释

①原诗标题下有小序云：“苦宫市也。”宫

市，指唐代皇宫派遣宦官直接到市场上购买物品，宦官压低物价，强行购买，实际上是公开掠夺。到唐德宗时用太监专管其事，情形更加严重。

②南山：即终南山，在长安城南。

③苍苍：灰白色。

④翩翩：轻快洒脱的情状。这里形容得意忘形的样子。骑：骑马的人。

⑤系：绑扎，这里是挂的意思。直：通"值"，指价格。

译　文

有位卖炭的老翁，整年在南山里砍柴烧炭。他满脸灰尘，显出被烟熏火燎的颜色，两鬓头发灰白，十个手指也被炭烧得很黑。卖炭得到的钱用来干什么？买身上穿的衣裳和嘴里吃的食物。可怜他身上只穿着单薄的衣服，心里却担心炭卖不出去，还希望天更寒冷。夜里城外下了大雪，积雪足有一尺深，清晨，老翁驾着炭车碾轧冰冻的车轮印往集市上赶去。牛累了，人饿了，但太阳已经升得很高了，就在集市南门外泥泞中歇息。那得意忘形飘然而来的人是谁啊？是皇宫内的太监和太监的手下。太监手里拿着文书，嘴里却说是皇帝的命令，吆喝着牛朝皇宫拉去。一车的炭，一千多斤，老翁眼睁睁看着太监差役们就这样赶着走，百般不舍，但又无可奈何。那些人把半匹红纱和一丈绫，朝牛头上一挂，就充当炭的价钱了。

无题·昨夜星辰昨夜风

◎李商隐

拓展阅读

佳作推荐

情到深处诗自成，心有灵犀一点通。举手投足皆是景，无题刮来昨夜风。

导读赏析

本诗首联写昨夜欢聚，领联写今日相思，颈联写相遇的情意绵绵，尾联写别后离恨。全诗以心理活动为出发点，充分调动细腻而真切的感觉，将一段只可意会不可言传的情感，描绘得扑朔迷离而又入木三分。

昨夜星辰昨夜风，画楼西畔桂堂东。
身无彩凤双飞翼，心有灵犀一点通。
隔座送钩①春酒暖，分曹射覆蜡灯红②。
嗟余听鼓应官去，走马兰台类转蓬③。

注　释

①送钩：又称“藏钩”，古代的一种游戏。

②分曹：分队。射覆：古代游戏，在覆器下放着东西令人猜。“分曹射覆”未必是实指，只是借喻宴会时的热闹。

③兰台：汉代保存秘书图籍的官观，这里指秘书省，当时李商隐在京任秘书省正字。

译　文

依然是昨夜的星星，昨夜的好风，那是在画楼西畔，桂堂之东。

身上无彩凤的双翼，不能比翼齐飞，内心却如灵犀一样，感情息息相通。

互相猜钩嬉戏，隔座对饮春酒暖心，分组来行酒令，决一胜负烛光正红。

可五更鼓响催上朝点卯，策马赶到兰台，来去匆匆，此身像随风飘转的蓬蒿。

嫦娥

◎李商隐

拓展阅读

佳作推荐

写仙？写红颜？写己心？含蕴朦胧。悔不当初事，不如人间情。

导读赏析

本诗的前两句写女主人公室内外环境，透露出长夜不寐、孤寂清冷的情景。后两句是她对月中嫦娥孤独寂寞心境的设想，反映出她得不到爱情的幽怨。诗人将独特的现实人生感受，巧妙地融入所写的孤寂感以及由此引起的“悔偷灵药”式的情绪，情调伤感，意蕴深刻。

云母屏风烛影深，长河渐落晓星沉。
嫦娥应悔偷灵药①，碧海青天夜夜心。

注释

①灵药：指长生不死药。

译文

烛影深深映上云母屏风，银河渐渐西斜，晨星渐渐消失。

嫦娥一定在暗自悔恨，不该偷药奔月，从此幽居广寒，独自面对寂寥的碧海青天。

齐桓晋文之事（节选）

◎《孟子》

拓展阅读

佳作推荐

善借题发挥，倡仁政民先，长譬喻铺排，封最佳圣辩，非孟子莫属。

导读赏析

此文是对话体议论文，通过记述孟子曲折委婉地游说齐宣王放弃霸道、施行王道的经过，表现了其“保民而王”的王道思想和富民、教民的政治主张，充分展现了孟子善辩的性格和取譬设喻、层层深入的论辩技巧。

注　释

①胡龁(hé)：齐宣王的近臣。

②衅钟：古代新钟铸成，用牲畜的血涂在钟的缝隙中祭神求福，叫衅钟。衅，血祭。

③觳觫(húsù)：恐惧颤抖的样子。

齐宣王问曰：“齐桓、晋文之事，可得闻乎？”

孟子对曰：“仲尼之徒，无道桓、文之事者，是以后世无传焉，臣未之闻也。无以，则王乎？”

曰：“德何如，则可以王矣？”

曰：“保民而王，莫之能御也。”

曰：“若寡人者，可以保民乎哉？”

曰：“可。”

曰：“何由知吾可也？”

曰：“臣闻之胡龁[①]曰：王坐于堂上，有牵牛而过堂下者，王见之，曰：‘牛何之？’对曰：‘将以衅钟[②]。’王曰：‘舍之！吾不忍其觳觫[③]，若无罪而就死地。’对曰：‘然则废衅钟与？’曰：‘何可废也？以羊易之。’不识有诸？”

曰：“有之。”

曰：“是心足以王矣。百姓皆以王为爱也，臣固知王之不忍也。”

王曰：“然，诚有百姓者。齐国虽褊小，吾何爱一牛？即不忍其觳觫，若无罪而就死地，故以羊易之也。”

曰：“王无异于百姓之以王为爱也，以小易大，彼恶知之？王若隐其无罪而就死地，则牛羊何择焉？”

王笑曰：“是诚何心哉？我非爱其财而

易之以羊也。宜乎百姓之谓我爱也。”

曰：“无伤也。是乃仁术也，见牛未见羊也。君子之于禽兽也，见其生，不忍见其死；闻其声，不忍食其肉。是以君子远庖厨也。”

王说，曰：“《诗》云：‘他人有心，予忖度之。’夫子之谓也。夫我乃行之，反而求之，不得吾心。夫子言之，于我心有戚戚焉。此心之所以合于王者，何也？”

曰：“有复于王者，曰：‘吾力足以举百钧，而不足以举一羽；明足以察秋毫之末，而不见舆薪。’则王许之乎？”

曰：“否。”

“今恩足以及禽兽，而功不至于百姓者，独何与？然则一羽之不举，为不用力焉；舆薪之不见，为不用明焉；百姓之不见保，为不用恩焉。故王之不王，不为也，非不能也。”

曰：“不为者与不能者之形何以异？”

曰：“挟太山以超北海，语人曰：‘我不能。’是诚不能也。为长者折枝，语人曰：‘我不能。’是不为也，非不能也。故王之不王，非挟太山以超北海之类也；王之不王，是折枝之类也。老吾老以及人之老；幼吾幼以及人之幼，天下可运于掌。《诗》云：‘刑于寡妻，至于兄弟，以御于家邦。’言举斯心加诸彼而已。故推恩足以保四海，不推恩无以保妻子。古之人所以大过人者无他焉，善推其所为而已矣。今恩足以及禽兽，而功不至于百姓者，独何与？权，然后知轻重；度，然后知长短。物皆然，心为甚。王请度之。抑王兴甲兵、危士臣，构怨于诸侯，然后快于心与？”

译　文

齐宣王问（孟子）说：“齐桓公、晋文公（称霸）的事，（能讲给我）听听吗？”

孟子回答说：“孔子的弟子之中没有讲述齐桓公、晋文公的事情的人，因此后世失传了，我也没有听说过。（如果）不能不说，那就谈谈王道好吗？”

齐宣王说：“要有什么样的德行，才可以称王于天下呢？”

孟子说：“安抚人民才能称王，没有人可以抵御他。”

齐宣王说：“像我这样的，能安抚百姓吗？”

孟子说：“可以。”

齐宣王说：“从哪知道我可以呢？”

孟子说：“我听胡龁说：您坐在大殿上，有个人牵牛从殿下走过。您看见这人，问道：‘牛牵到哪里去？’那人回答：‘准备用它来祭钟。’您说：‘放了它！我不忍看它那恐惧战栗的样子，这样没有罪过却走向死地。’那人问道：‘那么，废弃祭钟的仪式吗？’你说：‘怎么可以废除呢？用羊来换它吧。’不知道有没有这件事？”

齐宣王说："有这事。"

孟子说："这样的心足以称王于天下。百姓都认为大王吝啬，我诚然知道您是于心不忍。"

齐宣王说："是的。的确有这样的百姓。齐国虽然土地狭小，我怎么至于吝啬一头牛？就是不忍看它那恐惧战栗的样子，这样无罪却走向死地，因此用羊去换它。"

孟子说："您不要对百姓认为您是吝啬而感到奇怪。以小换大，他们怎么知道您的想法呢？您如果痛惜它无罪却走向死地，那么牛和羊又有什么区别呢？"

齐宣王笑着说："这究竟是一种什么想法呢？我并不是吝啬钱财而以羊换掉牛的，（这么看来）老百姓说我吝啬是理所应当的了。"

孟子说："没有关系，这是体现了仁爱之道，因为您看到了牛而没看到羊。君子对于飞禽走兽，看见它们活着，便不忍心看它们死；听到它们哀鸣的声音，便不忍心吃它们的肉。因此君子远离厨房。"

齐宣王高兴了，说："《诗经》说：'别人有什么心思，我能揣测到。'说的就是先生您这样的人啊。我这样做了，反过来考虑为什么，却想不出。先生您说的这些，于我心真是有所触动啊。这种心和王道相合，为什么呢？"

孟子说："有人报告大王说：'我的力气足以举起三千斤，却不能够举起一根羽毛；我的眼力足以看清鸟兽秋天新生细毛的末梢，却看不到整车的柴草。'那么，大王您相信吗？"

齐宣王说："不相信。"

"如今您的恩德足以推及禽兽，而老百姓却得不到好处，却是为什么呢？这样看来，举不起一根羽毛，是不用力气的缘故；看不见整车柴草，是不用目力的缘故；老百姓没有受到安抚，是不肯施恩德的缘故。所以，大王您未以王道统一天下，是不肯干，而不是不能干。"

齐宣王说："不肯干与不能干的表现有什么区别呢？"

孟子说："挟着泰山去跳过渤海，告诉别人说：'我做不到。'这确实是做不到。为长辈按摩四肢，告诉别人说：'我做不到。'这是不肯做，而不是不能做。大王所以未能统一天下，不属于挟泰山去跳过渤海这一类的事，属于为长辈按摩四肢这一类的事。尊敬自己家的老人，进而推广到尊敬别人家的老人；爱护自己的孩子，进而推广到爱护别人家的孩子。要统一天下如同在手掌上转动东西那么容易了。《诗经》说：'先给自己的妻子做好榜样，然后推广到兄弟，进而推广到整个国家。'说的就是把这样的心推广到他人身上罢了。所以，推广恩德足以安抚四海百姓，不推广恩德连妻子儿女都安抚不了。古代贤君远远超过一般人，没别的原因，只不过善于推广他们的好行为罢了。如今（您的）恩德足以施加到禽兽身上，老百姓却得不到您的好处，为什么呢？用秤称，才能知道轻重；用尺量，才能知道长短。事物都是如此，人心更是这样。大王，您请思量一下。还是您发动战争，危及将士的生命，与各诸侯国结怨，这样心里才痛快吗？"

劝学（节选二）

◎《荀子》

拓展阅读

佳作推荐

荀子主张居住要选择好的环境，交友要选择有道德的人，学习首先需要修养品德气质，砥砺德行，才能够防微杜渐，保其中庸正直。

导读赏析

这则选文强调人们要学习正道以作为立身之本，同时说明后天学习的重要性和环境对教育的影响，在好的环境中就会受到好的熏陶，在坏的环境中就容易受到不好的影响。多用比喻说理，深入浅出。善用排比句和对偶句，增强说服力，句法骈俪，铿锵优美，不仅具有启迪意义，而且具有浓厚的文学色彩。

南方有鸟焉，名曰蒙鸠[①]，以羽为巢，而编之以发[②]，系之苇苕[③]，风至苕折，卵破子死。巢非不完也，所系者然也。西方有木焉，名曰射干[④]，茎长四寸，生于高山之上，而临百仞之渊，木茎非能长也，所立者然也。

蓬生麻中，不扶而直；白沙在涅[⑤]，与之俱黑。兰槐[⑥]之根是为芷，其渐之滫[⑦]，君子不近，庶人不服。其质非不美也，所渐者然也。故君子居必择乡，游必就士，所以防邪僻而近中正也。

物类之起，必有所始。荣辱之来，必象其德[⑧]。肉腐出虫，鱼枯生蠹[⑨]。怠慢忘身，祸灾乃作。强自取柱[⑩]，柔自取束[⑪]。邪秽在身，怨之所构[⑫]。施薪若一，火就燥也；平地若一，水就湿也。草木畴生[⑬]，禽兽群焉，物各从其类也。是故质的[⑭]张[⑮]而弓矢至焉，林木茂而斧斤至焉，树成阴而众鸟息焉[⑯]，醯酸而蜹[⑰]聚焉。故言有召祸也，行有招辱也，君子慎其所立[⑱]乎！

注　释

①蒙鸠：即鹪鹩（jiāoliáo），又名“巧妇鸟”，

体型很小，将自己的巢建在芦苇上。

②编之以发：用自己的羽毛编织而成。

③苇苕（tiáo）：芦苇的嫩条。

④射（yè）干：又名“乌扇”，一种草本植物，根可入药。

⑤涅：黑泥，黑色染料。

⑥兰槐：香草名，又名“白芷”，开白花，味香。

⑦其渐之滫（xiǔ）：如果浸泡在臭水中。渐，渍。滫，泔水，已经酸臭的淘米水。

⑧荣辱之来，必象其德：意思是为善可以获福，为恶则遇祸，祸福与品德相应。

⑨蠹（dù）：蛀虫。

⑩强自取柱：意思是大刚则折。柱，通“祝”，折断。

⑪束：束缚。

⑫构：集结，连结。

⑬畴生：即同类相聚的意思。

⑭质的：箭靶。的，箭靶的中心。

⑮张：张设。

⑯醯（xī）：醋。

⑰蜹（ruì）：同“蚋”，一种蚊虫。

⑱君子慎其所立：君子对自己的立足之处要慎重。

译　文

南方有种叫“蒙鸠”的鸟，用羽毛做窝，用毛发把窝编结起来，系在嫩芦苇的花穗上，风一吹苇穗折断，鸟窝就坠落了，鸟蛋摔破了，鸠鸟也摔死了。不是窝没编好，而是所系的地方使它这样。西方有种叫“射干”的草，茎长四寸，生在高山上，俯对着百丈深渊，不是因为它的茎长得长，而是它生长的地方使它这样。

蓬草长在麻地里，不用扶持就能长得挺直，白沙混进了黑土里，便和黑土一起变成了黑色。兰槐的根叫香艾，一旦浸入臭水里，君子不会接近，老百姓也不会佩戴。并不是因为它的本质不美好，而是因为被臭水浸泡使它这样。所以君子居住要选择好的环境，交友要选择有道德的人，才能够防微杜渐保其中庸正直。

事情的发生都是有起因的，荣辱的降临也与德行相应。肉腐了生蛆，鱼枯死了生虫。懈怠疏忽忘记了做人准则，灾祸便会发生。太坚硬物体易断裂，太柔弱了又易被束缚。自己身上有邪恶污秽的东西，必然会惹来怨恨。同样是柴草放在地上，火必然先烧那些干燥的；同样是平地，水必然往潮湿低洼处流。花草树木总是类聚生长，飞禽走兽总是成群在一起，万物各自依从着自己的同类。所以靶子设置好了弓箭就会射来，树长得茂盛斧头就会砍来，树林繁茂成荫凉众鸟就会来投宿，醋变酸了蚊虫就会聚集。所以言语可能招祸，行为可能招致侮辱，君子一定要谨慎自己的立身处世啊！

过秦论（中）

◎贾　谊

拓展阅读

佳作推荐

古人评“通篇一气贯注，如一笔书，大开大阖”，为古今第一气“盛”之文，出自“才调无伦”的贾谊妙手，《过秦论》共三篇，此是中篇。

导读赏析

《过秦论》主旨在于分析“秦之过”，此为中篇。本篇指出秦统一天下，结束了多年的战乱，本来处在很好的形势中，由于秦始皇攻与守没有采用不同的方法，相反采用征服六国的残酷手段对待老百姓，焚书坑儒，以暴虐治天下；到了二世时，也不能改正原先的过失，终致国家倾覆。

秦灭周祀，并海内，兼诸侯，南面称帝，以四海养。天下之士，斐然向风。若是，何也？曰：近古之无王者久矣。周室卑微，五霸既灭，令不行于天下。是以诸侯力政，强凌弱，众暴寡，兵革不休，士民疲弊。今秦南面而王天下，是上有天子也。即元元之民冀得安其性命，莫不虚心而仰上。当此之时，专威定功，安危之本，在于此矣。

秦王怀贪鄙之心，行自奋之智，不信功臣，不亲士民，废王道而立私爱，焚文书而酷刑法，先诈力而后仁义，以暴虐为天下始。夫兼并者高诈力，安危者贵顺权，推此言之，取与攻守不同术也。秦虽离战国而王天下，其道不易，其政不改，是其所以取之也，孤独而有之，故其亡可立而待也。借使秦王论上世之事，并殷、周之迹，以制御①其政，后虽有淫骄之主，犹未有倾危之患也。故三王之建天下，名号显美，功业长久。

今秦二世立，天下莫不引领而观其亡。夫寒者利短褐而饥者甘糟糠，天下嚣嚣，新主之资也。此言劳民之易为仁也。向使二世有庸主之行而任忠贤，臣主一心而忧海内之患，缟素而正先帝之过；裂地分民以封功臣之后，建国立君以礼天下；虚囹圄而免刑戮，去收孥污秽②之罪，使各反其乡里；发仓廪，散财币，以振孤独穷困之士；轻赋少事，以佐百姓之急；约法省刑，以持其后，使天下之人皆得自新，更节循行，各慎其身；塞万民之望，而以盛德与，天下息矣。即四海之内，皆欢然各自安乐其处，惟恐有变。虽有狡害之民，无离上之心，则不轨之臣无以饰其智，而暴乱之奸弭矣。二世不行此术，而重以无道，坏宗庙与民，更始作阿房之宫；繁刑严诛，吏治刻深；赏罚不当，赋敛无度。天下多事，吏不能纪；百姓困穷，而主不收恤。然后，奸伪并起，而上下相遁；蒙罪者众，刑戮相望于道，而天下苦之。自群卿以下至于众庶，人怀自危之心，亲处穷苦之实，咸不安其位，故易动也。是以陈涉不用汤、武之贤，不藉公侯之尊，奋于大泽，而天下响应者，其民危也。

故先王者见终始不变，知存亡之由。是以牧民以道，务在安之而已矣。下虽有逆行之臣，必无响应之助。故曰“安民可与为义，而危民易与为非”，此之谓也。贵为天子，富有四海，身在于戮者，正之非也。是二世之过也。

注　释

①制御：统治，控制。

②收孥(nú)：将犯罪人家属治罪为奴婢的刑律。

译　文

秦灭周之后，统一天下，吞并诸侯，临朝称帝，享有天下。天下的士人，闻风顺服。为什么会像这样呢？回答是：上古以来没有统一天下的帝王已经很久了。周王室力量微弱，五霸相继灭亡以后，天子的命令不能通行天下。因此诸侯凭着武力相征伐，强大的侵略弱小的，人多的欺凌人少的，战事不止，军民疲惫。如今秦皇南面称帝统治了天下，这就是在上有了天子啊。这样一来普通百姓就都希望能靠他安身活命，没有谁不诚心景仰君主。在这个时候，应该保住威权，稳定功业，安危的根本正在于此。

秦王怀着贪婪狭隘之心，只想施展他个人的智慧，不信任功臣，不亲近士民，抛弃仁政王道建立自己喜好的暴政，禁除诗书古籍，实行严刑酷法，重欺诈和权势而轻仁德信义，把残暴苛虐作为治理天下的前提。实行兼并，要重视诡诈和实力；安定国家，要重视顺时权变，这就是说夺天下和保天下不能用同样的方法。秦经历了战国到统一天下，统治的方法不变，政令不改，仍然按照夺取天下的方法去做，集天下大权于一身，所以灭亡很快就到来了。假使秦始皇能够考虑古代的情况，顺着商、周的道路，来制定实行自己的政策，那么后代即使出现骄奢淫逸的君主，也不会有倾覆危亡的祸患。所以夏禹、商汤、周文王和周武王建立天下家，名号卓著，功业长久。

于今秦二世即位，普天之下没有人不伸长脖子盼他灭亡。受冻的人穿上粗布短袄就觉得很好，挨饿的人吃上糟糠也觉得香甜，天下嗷嗷待哺的百姓，正是新即位君主的资本。这就是说对劳苦人民容易施行仁政。如果二世有一般君主的德行任用忠贞贤能的人，君臣一心为天下的苦难而忧心，服丧期间就改正先帝的过失；分割土地和百姓来封赏功臣的后代，划分领地封立诸王来对天下的贤士以礼相待；把牢狱里的犯人放出来，免去刑戮，废除没收犯罪者妻子儿女为官家奴婢之类的杂乱刑罚，让被判刑的人各自返回家乡；打开仓库，散发钱财，以赈济孤独穷困的士人；减轻赋税，减少劳役，帮助百姓解除急困；简化法律，减少刑罚，长期施行下去，使天下的人都能自新，改变立身行世的准则，各自谨慎行事；满足万民的愿望，以威信仁德对待天下人，天下人就归附了。如果天下到处都欢欢喜喜安居乐业，唯恐发生变乱，那么即使有奸诈不轨的人，而民众没有背叛主上之心，图谋不轨的臣子也就无法掩饰他的奸诈，阴谋暴乱的人也会消失。二世不实行这种办法，而是更加胡作非为，破坏宗庙，残害百姓，重新修建阿房宫；设立更加繁多的刑罚，杀戮更加严酷，官吏办事苛刻狠毒；赏罚不得当，赋税搜刮没有限度。天下发生很多坏事，官吏们都治理不过来；百姓穷困已极，而君主却不加收容救济。于是，奸险欺诈之事纷起，上下互相欺骗；蒙受罪罚的人很多，道路上遭到刑戮的人前后相望，连绵不断，天下的人都陷入了苦难。从朝廷众卿以下直到平民百姓，人人心中自危，身处穷苦之境，到处都不得安静，所以容易动乱。因此陈涉不凭商汤、周武王那样的贤能，不借公侯那样的尊贵地位，在大泽乡振臂一呼，天下一齐响应，其原因就在于人民正处于危难之中。

所以古代圣王能洞察朝廷兴替的变化，知道兴存与灭亡的原因，因此统治人民的方法，就是要专心致力于使他们安定罢了。这样，天下即使出现叛逆的臣子，也必然没有人响应和帮助了。所谓“处于安定状态的人民可以共同行仁义，处于危难之中的人民容易一起做坏事”，就是说的这种情况。尊贵到做了天子，富足到拥有天下，而自身却不能免于被杀戮，就是由于挽救倾覆局势的方法错了。这就是二世的错误。

进学解

◎韩　愈

拓展阅读

佳作推荐

"业精于勤，荒于嬉；行成于思，毁于随。"劝学养德经典名句出自韩愈《进学解》，大家教诲，脍炙人口。

导读赏析

《进学解》是以问答形式，假托先生向学生训话，勉励他们在学业、德行方面取得进步，学生提出质问，他再进行解释来抒发自己怀才不遇、仕途不顺之作。全文采押韵的赋体，又大量使用整齐排比的句式，读来声韵铿锵，朗朗上口。

国子先生[①]晨入太学[②]，招诸生立馆下，诲之曰："业精于勤，荒于嬉，行成于思，毁于随。方今圣贤[③]相逢，治具毕张[④]，拔去凶邪，登崇[⑤]俊良。占小善者率以录，名一艺者无不庸[⑥]。爬罗剔抉[⑦]，刮垢磨光[⑧]。盖有幸而获选，孰云多而不扬。诸生业患不能精，无患有司之不明，行患不能成，无患有司之不公。"

言未既，有笑于列者曰："先生欺余哉！弟子事先生，于兹有年矣。先生口不绝吟于六艺之文，手不停披于百家之编，纪事者必提其要，纂言者必钩其玄，贪多务得，细大不捐，焚膏油以继晷[⑨]，恒兀兀[⑩]以穷年，先生之业，可谓勤矣。觝排[⑪]异端，攘斥佛老，补苴罅漏[⑫]，张皇幽眇[⑬]，寻坠绪之茫茫，独旁搜而远绍，障百川而东之，回狂澜于既倒，先生之于儒，可谓有劳矣。沉浸醲郁[⑭]，含英咀华，作为文章，其书满家。上规姚姒，浑浑无涯；周《诰》殷《盘》，佶屈聱牙；《春秋》谨严，《左氏》浮夸，《易》奇而法，《诗》正而葩，下逮《庄》《骚》，太史所录，子云、相如，同工异曲，先生之于文，可谓闳其中而肆其外矣。少始知学，勇于敢为，长通于方，左右具宜，先生之于为人，可谓成矣。然而公不见信于人，私不见助于友，跋前踬后[⑮]，动辄得咎。暂为御史，遂窜南夷，三年博士[16]，冗不见治[17]，命与仇谋[18]，取败几时。冬暖而儿号寒，年丰而妻啼饥，头童齿豁，竟死何裨？不知虑此，反教人为？”

先生曰：“吁，子来前！夫大木为宲[19]，细木为桷[20]，欂栌、侏儒[21]，椳、闑、扂、楔[22]，各得其宜，施以成室者，匠氏之工也。玉札、丹砂、赤箭、青芝，牛溲、马勃、败鼓之皮，俱收并蓄，待用无遗者，医师之良也。登明选公，杂[23]进巧拙，纡余为妍，卓荦[24]为杰，校短量长，惟器是适[25]者，宰相之方[26]也。昔者孟轲好辩，孔道以明，辙环天下，卒老于行。荀卿守正，大论是弘，逃谗于楚，废死兰陵。是二儒者，吐辞为经，举足为法，绝类离伦，优入圣域，其遇于世何如也？今先生学虽勤而不由其统，言虽多而不要其中，文虽奇而不济于用，行虽修而不显于众。犹且月费俸钱，岁糜廪粟，子不知耕，妇不知织，乘马从徒，安坐而食，踵常途之役役，窥陈编以盗窃，然而圣主不加诛，宰臣不见斥，非其幸欤！动而得谤，名亦随之。投闲置散，乃分之宜。若夫商财贿之有亡，计班资之崇庳[27]，忘己量之所称，指前人之瑕疵，是所谓诘匠氏之不以杙为楹[28]，而訾医师以昌阳引年，欲进其豨苓也[29]。”

注　释

①国子先生：韩愈自称。国子指国子学，唐代的教育主管机构和最高学府，隶属国子监。韩愈当时任国子学博士。

②太学：此处指国子学。

③圣贤：圣君和贤臣。

④治具：法令。毕：完全。张：建立。

⑤登崇：举用推尊。

⑥名：占有。一艺：一技之长。庸：用。

⑦爬罗剔抉：搜罗发掘，挑拣选择。

⑧刮垢磨光：刮去尘垢，磨之使光。指培养人才时磨砺而使之高尚纯洁。

⑨膏油：油脂，灯油。晷(guǐ)：日影。

⑩兀兀：劳苦的样子。

⑪觝(dǐ)排：抵拒排斥。

⑫补苴(jū)：弥补。苴，鞋底中垫的草，这里作动词用，是填补的意思。罅(xià)：裂缝。

⑬张皇：张大，光大。幽眇：精深微妙。

⑭醲(nóng)郁：浓厚。

⑮跋前疐(zhì)后：《诗经·豳风·狼跋》：“狼跋其胡，载疐其尾。”是说老狼往前踩住自己颌下的肉，往后则被尾巴绊住。比喻进退困难。跋，踏。胡，老狼颌下的悬肉。疐，绊。

⑯三年博士：韩愈在元和年间共做了三年国子博士。

⑰冗不见治：指在国子博士这个闲职上，政治才能得不到施展。冗，闲散。见，同“现”。

⑱命：命运。仇：仇敌。谋：打交道。

⑲宲(máng)：屋梁。

⑳桷(jué)：屋椽。

㉑欂栌(bólú)：斗栱，柱顶上承托栋梁的方木。侏儒：梁上短柱。

㉒椳(wēi)：门臼。闑(niè)：门中央所竖的短木，在两扇门相交处。扂(diàn)：门闩之类。楔(xiè)：门两旁长木柱。

㉓杂：一并。

㉔卓荦(zhuōluò)：卓越，突出。

㉕惟器是适：即“适器”，指根据才能来任用。

㉖方：治术。

㉗班资：班列资格，官品。庳(bì)：低。

㉘杙(yì)：小木桩。楹(yíng)：柱子。

㉙訾(zǐ)：毁谤非议。昌阳：菖蒲，药材名，相传久服可以延年益寿。豨(xī)苓：又名猪苓，有利尿作用。

译　文

国子先生早上走进太学，召集学生们站立在学舍下面，教导他们说：“学业由于勤奋而专精，由于玩乐而荒废；德行由于独立思考而有所成就，由于因循随俗而败坏。当今圣君与贤臣相遇合，各种法律全部实施。除去凶恶奸邪之人，提拔优秀人才。具备一点优点的人全部被录取，拥有一种才艺的人没有不被任用的。选拔优秀人才，培养造就人才。只有才行不高的侥幸被选拔，绝无才行优秀者不蒙提举。诸位学生只要担心学业不能精进，不要担心主管部门官吏不够英明；只要担心德行不能有所成就，不要担心主管部门官吏不公正。”

话没有说完，有人在行列里笑道：“先生在欺骗我们吧？我跟随先生学习，到现在已经很多年了。先生嘴里不断地诵读六经的文章，两手不停地翻阅着诸子百家的书籍，对史书类典籍必定总结掌握其纲要，对论说类典籍必定探寻其深奥隐微之意。广泛学习，务求有所收获，不论是无关紧要的，还是意义重大的都不舍弃；点燃灯烛夜以继日地学习，常常勤劳不懈年复一年的读书学习。先生对学业，可以说勤奋了。抵制、批驳异端邪说，排斥佛教与道家的学说，弥补儒学的缺漏，阐发精深微妙的义理。探寻那些久已失传的古代儒家学说，独自广泛地钻研和继承它们。指导异端邪说就像防堵纵横奔流的各条川河，引导它们东注大海；挽救儒家学说就像挽回已经倒下的宏大波澜。先生您对于儒家，可以说是有功劳了。心神沉浸在古代典籍的书香里，仔细地品尝咀嚼其中精华，写起文章来，书卷堆满了家屋。向上效法虞、夏时代的典章，深远博大得无边无际；周代的诰书和殷代的《盘庚》，多么艰涩拗口难读；《春秋》的语言精练准确，《左传》的文辞铺张夸饰；《易经》变化奇妙而有法则，《诗经》思想端正而辞采华美；往下一直到《庄子》《离骚》，太史公的《史记》；扬雄、司马相如的著作，各有特色却都美妙精工。先生的文章可以说是内容宏大而外表气势奔放，波澜壮阔。先生少年时代就开始懂得学习，敢于实践，长大之后精通礼法，举止行为都合适得体。先生的做人，可以说是圆融成熟的了。可是在朝廷上不能被上司所信任，在私下里得不到朋友的帮助。进退两难，动不动就遭到指责。刚当上御史就被贬到南方边远地区。做了三年博士，职务闲散表现不出治理的成绩。您的命运就像跟您有仇似的，不时遭受失败。冬天气候还算暖和的日子里，您的儿女们哭着喊冷；年成丰收而您的夫人却仍为食粮不足而啼说饥饿。您自己的头顶秃了，牙齿缺了，这样一直到死，有什么好处呢？不知道想想这些，倒反而来教导别人干什么呢？”

国子先生说：“唉，你到前面来！要知道那些大的木材做屋梁，小的木材做瓦椽，做斗栱，短椽的，做门臼、门橛、门闩、门柱的，都量材使用，各适其宜而建成房屋，这是工匠的技巧啊。贵重的地榆、朱砂，天麻、龙芝，车前草、马屁菌，坏鼓的皮，全都收集，储藏齐备，等到需用的时候就没有遗缺的，这是医师的高明之处啊。提拔人才，公正贤明，选用人才，态度公正。灵巧的人和拙笨的人都得引进，有的人谦和而成为美好，有的人豪放而成为杰出，比较各人的短处，衡量各人长处，按照他们的才能品格分配适当的职务，这是宰相的方法。从前孟轲爱好辩论，孔子之道得以阐明，他游历的车迹周遍天下，最后在奔走中老去。荀况恪守正道，发扬光大宏伟的理论，因为逃避谗言到了楚国，被废黜而死在兰陵。这两位大儒，说出话来成为经典，一举一动成为法则，出类拔萃，德行功业足以载入圣人之行列，可是他们在世上的遭遇是怎样呢？现在你们的先生学习虽然勤劳却不能顺乎道统，言论虽然不少却不切合要旨，文章虽然写得出奇却无益于实用，行为虽然有修养却并没有突出于一般人的表现，尚且每月浪费国家的俸钱，每年消耗仓库里的粮食，儿子不懂得耕地，妻子不懂得织布，出门乘着车马，后面跟着仆人，安安稳稳地坐着吃饭。拘谨地按常规行事，东挪西抄地在旧书里盗窃陈言。然而圣明的君主不加处罚，主管的大臣不加以斥逐，难道不幸运吗？有所举动就遭到毁谤，名誉也跟着大了起来。被放置在闲散的位置上，实在是恰如其分的。至于度量财物的有无，计较品级的高低，忘记了自己有多大本事，还要来指摘前人的缺点，这就等于所说的责问工匠为什么不用小木桩做厅堂的大柱子，批评医师为什么用能延年益寿的菖蒲而不用导尿利泻的猪苓去做长寿药。”

CHAPTER 4

经典诗文背诵导读

XIN BIAN

高中必修四

莲花诗韵香清远 校园文华气正刚

请珍惜每秒每分

TIME LOST CAN NOT BE RECALLED

岁月不请自来,青春不告而别

课内背诵	对接诵读	拓展阅读
窦娥冤·滚绣球	〔南吕〕 一枝花·不伏老（节选）	〔南吕〕四块玉·别情 〔南吕〕四块玉·紫芝路
望海潮	凤栖梧	玉蝴蝶
雨霖铃	鹤冲天	八声甘州
念奴娇·赤壁怀古	水调歌头	江城子·密州出猎
定风波	卜算子·黄州定惠院寓居作	江城子·乙卯正月二十日夜记梦
水龙吟·登建康赏心亭	破阵子·为陈同甫赋壮词以寄之	丑奴儿·书博山道中壁
永遇乐·京口北固亭怀古	南乡子·登京口北固亭有怀	青玉案·元夕
醉花阴	一剪梅	如梦令
声声慢	武陵春·春晚	鹊桥仙 浣溪沙
廉颇蔺相如列传（节选一）	和氏璧	廉颇蔺相如列传（节选二）

窦娥冤·滚绣球

◎关汉卿

课内背诵

[滚绣球]有日月朝暮悬，有鬼神掌着生死权。天地也！只合把清浊分辨，可怎生糊突了盗跖、颜渊？为善的受贫穷更命短，造恶的享富贵又寿延。天地也！做得个怕硬欺软，却原来也这般顺水推船！地也，你不分好歹何为地！天也，你错勘贤愚枉做天！哎，只落得两泪涟涟。

佳作推荐

邪恶当道窦娥多，怨愤满腔喷怒火，抢天呼地民无奈，总会云开界清浊。

作家作品简介

关汉卿，号己斋叟，金末元初大都（今北京）人。生卒年不详。元代戏剧家。与白朴、马致远、郑光祖并称为“元曲四大家”。代表作有《窦娥冤》《救风尘》《单刀会》等。

导读赏析

此曲运用呼告、对比、反问、对偶等修辞手法，强烈地表达了抒情主人公窦娥对天地鬼神的指斥、控诉，抒发了自己的痛苦和悲伤，表现了对黑暗社会的抗议和否定，充分地体现了窦娥的反抗精神。

望海潮

◎柳　永

课内背诵

东南形胜，三吴都会，钱塘自古繁华。烟柳画桥，风帘翠幕，参差十万人家。云树绕堤沙，怒涛卷霜雪，天堑无涯。市列珠玑，户盈罗绮，竞豪奢。

重湖叠巘清嘉，有三秋桂子，十里荷花。羌管弄晴，菱歌泛夜，嬉嬉钓叟莲娃。千骑拥高牙，乘醉听箫鼓，吟赏烟霞。异日图将好景，归去凤池夸。

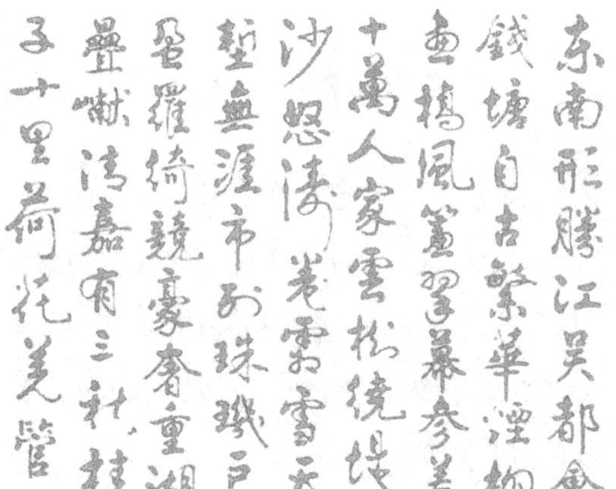

佳作推荐

奉旨填词柳三变，是句调侃；金兀术吟词灭宋，有些传说；宋词因柳永而兴，确是事实。

作家作品简介

柳永（约987—约1053），字耆卿，原名三变，因排行第七，又称柳七，崇安（今福建崇安）人，北宋词人，婉约派代表人物。本词主要描写杭州的富庶与美丽。

雨霖铃

◎柳　永

课内背诵

寒蝉凄切，对长亭晚，骤雨初歇。都门帐饮无绪，留恋处，兰舟催发。执手相看泪眼，竟无语凝噎。念去去，千里烟波，暮霭沉沉楚天阔。

多情自古伤离别，更那堪，冷落清秋节！今宵酒醒何处？杨柳岸，晓风残月。此去经年，应是良辰好景虚设。便纵有千种风情，更与何人说？

佳作推荐

寒蝉、长亭、骤雨、烟波、暮霭，离别的背景；执手相看、无语凝噎，别离的情怀；杨柳岸、晓风残月，婉约的符号。

作家作品简介

这首词是词人在仕途失意而不得不离开都城汴京（今河南开封）时写的，是表现江湖流落感受中很有代表性的一篇。这首词写离情别绪，达到了情景交融的艺术境界。宦途的失意和与恋人的离别，两种痛苦交织在一起，使词人更加感到前途的暗淡和渺茫。

导读赏析

此词为抒写离情别绪的千古名篇，也是柳词的代表作。词人将他离开汴京与恋人惜别时的真情实感表达得缠绵悱恻，凄婉动人。词的上阕写临别时的情景，下阕主要写别后情景。全词起伏跌宕，声情双绘，结构如行云流水般舒卷自如，时间和感情的层次交叠着循序渐进，艺术手法十分高明。

念奴娇·赤壁怀古

◎苏　轼

课内背诵

大江东去，浪淘尽，千古风流人物。故垒西边，人道是，三国周郎赤壁。乱石穿空，惊涛拍岸，卷起千堆雪。江山如画，一时多少豪杰。

遥想公瑾当年，小乔初嫁了，雄姿英发。羽扇纶巾，谈笑间，樯橹灰飞烟灭。故国神游，多情应笑我，早生华发。人生如梦，一尊还酹江月。

佳作推荐

行留豁达千古，词开豪放一派。神游故国风流，独尊旷世奇才。

作家作品简介

此词怀古抒情，写江流浩荡、“乱石穿空，惊涛拍岸”的古战场雄奇壮丽的景象，令人惊心骇目、叹为观止，并引起一种超越时空的遐想。此词笔力遒劲，高唱入云，真有“一洗万古凡马空”气象。

导读赏析

此词是豪放词的代表作之一。上阕咏赤壁，着重写景，为描写人物作烘托。下阕着重写人，借对周瑜的仰慕，抒发自己功业无成的感慨。全词通过对月夜江上壮美景色的描绘，借对古代战场的凭吊和对风流人物才略、气度、功业的追念，曲折地表达了作者怀才不遇、功业未就、老大未成的忧愤之情，同时表现了作者关注历史和人生的旷达之心。全词借古抒怀，雄浑苍凉，大气磅礴，笔力遒劲，将写景、咏史、抒情融为一体，给人以撼魂荡魄的艺术力量，曾被誉为“古今绝唱”。

定风波

◎苏　轼

课内背诵

佳作推荐

人生总历风雨，何妨宠辱不惊。一蓑烟雨归去，酒醒又逢春风。

作家作品简介

此词为词人醉归遇雨抒怀之作。词人借雨中潇洒徐行之举动，表现了虽处逆境屡遭挫折而不畏惧不颓丧的倔强性格和旷达胸怀。全词即景生情，语意双关，情味隽永，且富有理趣。

三月七日，沙湖道中遇雨。雨具先去，同行皆狼狈，余独不觉。已而遂晴，故作此。

莫听穿林打叶声，何妨吟啸且徐行。竹杖芒鞋轻胜马，谁怕？一蓑烟雨任平生。

料峭春风吹酒醒，微冷，山头斜照却相迎。回首向来萧瑟处，归去，也无风雨也无晴。

导读赏析

此词通过野外途中偶遇风雨这一生活中的小事，于简朴中见深意，于寻常处生奇景，表现出词人旷达超脱的胸襟，寄寓着超凡脱俗的人生理想。上阕着眼于雨中，下阕着眼于雨后，全词体现出词人在坎坷人生中力求解脱的豪迈开朗个性和履险如夷的人生态度。虽只写了生活中的一件小事，但意境深邃，内蕴丰富，诠释着词人的人生信念，展现着词人的精神追求。

水龙吟·登建康赏心亭

◎辛弃疾

课内背诵

佳作推荐

臧克家曾为济南辛稼轩纪念祠撰联："力挽河山，浩气贯日月，空余英雄心一颗；名垂宇宙，文光射斗牛，剩有悲壮词千篇。"

作家作品简介

辛弃疾（1140—1207），字幼安，号稼轩，历城（今山东济南）人。南宋豪放派词人、爱国将领，与苏轼合称"苏辛"，与李清照并称"济南二安"。

这首词通过写景和联想抒写了词人满腔报国热情无处施展，长期沉沦下僚浪掷年华的失意的感慨。

楚天千里清秋，水随天去秋无际。遥岑远目，献愁供恨，玉簪螺髻。落日楼头，断鸿声里，江南游子。把吴钩看了，栏杆拍遍，无人会，登临意。

休说鲈鱼堪脍，尽西风，季鹰归未？求田问舍，怕应羞见，刘郎才气。可惜流年，忧愁风雨，树犹如此！倩何人唤取，红巾翠袖，揾英雄泪？

导读赏析

此词通过写景和联想抒写了词人希望恢复中原，建功立业的愿望和抱负无法实现的英雄失路之感。由写景进而抒情，情和景融合无间，深刻揭示了英雄志士有志难酬、报国无门、抑郁悲愤的苦闷心情，表现了词人诚挚无私的爱国情怀，既有碧海掣鲸的伟力，又有悱恻缠绵的感情，思想内容丰富，艺术手法精美。

永遇乐·京口北固亭怀古

◎辛弃疾

课内背诵

千古江山，英雄无觅孙仲谋处。舞榭歌台，风流总被雨打风吹去。斜阳草树，寻常巷陌，人道寄奴曾住。想当年，金戈铁马，气吞万里如虎。

元嘉草草，封狼居胥，赢得仓皇北顾。四十三年，望中犹记，烽火扬州路。可堪回首，佛狸祠下，一片神鸦社鼓。凭谁问：廉颇老矣，尚能饭否？

佳作推荐

郭沫若曾为济南辛稼轩纪念祠撰联："铁板铜琶，继东坡，高唱大江东去；美芹悲黍，冀南宋，莫随鸿雁南飞。"

作家作品简介

本词借怀古为题，抒写词人对政治局势及自身遭遇的无限感慨。上阕怀念孙权、刘裕。下阕引用宋文帝刘义隆草率北伐，招致大败的历史事实，忠告韩侂胄要吸取历史教训，不要鲁莽从事；接着用四十三年来抗金形势的变化，表示词人收复中原的决心不变；结尾三句，借廉颇自比，表示出词人报效国家的强烈愿望和对宋室不能进用人才的慨叹。

导读赏析

此词开篇借景抒情，由眼前所见而联想到两位著名历史人物——孙权和刘裕，对他们的英雄业绩表示向往。接下来讽刺当朝用事者韩侂胄又像刘义隆一样草率，欲挥师北伐，令人忧虑。老之将至而朝廷不会再用自己，不禁仰天叹息。该词多用典故，且极其贴切，扩展、丰富了词的内涵。词格苍劲沉郁，豪壮中又带有悲凉的意味，令人读之荡气回肠。

醉花阴

◎李清照

课内背诵

薄雾浓云愁永昼，瑞脑销金兽。佳节又重阳，玉枕纱厨，半夜凉初透。

东篱把酒黄昏后，有暗香盈袖。莫道不消魂，帘卷西风，人比黄花瘦。

佳作推荐

帘卷西风，易安居士，寂寞寒窗空消瘦；人比黄花，清照才女，梧桐朽枕枉相栖。《醉花阴》，早期词，写闲愁。

作家作品简介

李清照（1084—1155），号易安居士，济南（今山东济南）人。宋代女词人，婉约词派代表人物，创"词别是一家"之说，其词创为"易安体"，为宋词一家。有《漱玉集》。

这首词是词人婚后所作，抒发的是重阳佳节思念丈夫的心情。

导读赏析

这首词是李清照重阳佳节为思念丈夫而写。上阕写重阳佳节之时，词人只身一人，时光变得如此漫长。下阕写黄昏时在菊圃独饮，长时间相思之苦的销蚀使得自身正如傍晚的黄菊，伶仃瘦损。"莫道不消魂，帘卷西风，人比黄花瘦"是传诵千古的名句。以菊花自喻别有创意；结尾含蓄深沉，言有尽而意无穷。

声声慢

◎李清照

课内背诵

佳作推荐

寻寻觅觅，冷冷清清，凄凄惨惨戚戚，对此柔肠寸断，黄花怎奈西风，阵阵紧。

点点滴滴，淅淅沥沥，缕缕断断续续，念彼伊人独憔悴，梧桐更兼细雨，声声慢。

——题李清照

作家作品简介

靖康之变后，李清照国破家亡夫死，伤于人事。这时期她的作品再没有当年那种清新可人，浅斟低唱，而转为沉郁凄婉。

寻寻觅觅，冷冷清清，凄凄惨惨戚戚。乍暖还寒时候，最难将息。三杯两盏淡酒，怎敌他、晚来风急！雁过也，正伤心，却是旧时相识。

满地黄花堆积，憔悴损，如今有谁堪摘？守着窗儿，独自怎生得黑！梧桐更兼细雨，到黄昏、点点滴滴。这次第，怎一个愁字了得！

导读赏析

这首词主要抒写词人对亡夫赵明诚的怀念和自己孤单凄凉的景况，是后期的典型代表作品之一。作品通过描写残秋所见、所闻、所感，抒发自己因国破家亡、天涯沦落而产生的孤寂落寞、悲凉愁苦的心绪，具有浓厚的时代色彩。开头连下十四个叠字，形象地抒写了词人的心情；这七组叠词还极富音乐美，朗读起来，有一种大珠小珠落玉盘的感觉。全词一字一泪，风格深沉凝重，哀婉凄苦，极富艺术感染力。

廉颇蔺相如列传（节选一）

◎司马迁

课内背诵

佳作推荐

顾全大局忍重辱，公忠体国志勇殊。负荆请罪史佳话，将相交欢江山固。写人记史，传记范文。

作家作品简介

《廉颇蔺相如列传》生动刻画了廉颇、蔺相如、赵奢、李牧、赵惠文王等一批性格各异的人物形象，他们或耿直，或忠厚，或鲁莽，或机智，形象鲜明生动，令人叹服。

既罢，归国，以相如功大，拜为上卿，位在廉颇之右。

廉颇曰："我为赵将，有攻城野战之大功，而蔺相如徒以口舌为劳，而位居我上。且相如素贱人，吾羞，不忍为之下！"宣言曰："我见相如，必辱之。"相如闻，不肯与会。相如每朝时，常称病，不欲与廉颇争列。已而相如出，望见廉颇，相如引车避匿。

于是舍人相与谏曰："臣所以去亲戚而事君者，徒慕君之高义也。今君与廉颇同列，廉君宣恶言，而君畏匿之，恐惧殊甚。且庸人尚羞之，况于将相乎？臣等不肖，请辞去。"蔺相如固止之，曰："公之视廉将军孰与秦王？"曰："不若也。"相如曰："夫以秦王之威，而相如廷叱之，辱其群臣。相如虽驽，独畏廉将军哉？顾吾念之，强秦之所以不敢加兵于赵者，徒以吾两人在也。今两虎共斗，其势不俱生。吾所以为此者，以先国家之急而后私仇也。"

廉颇闻之，肉袒负荆，因宾客至蔺相如门谢罪，曰："鄙贱之人，不知将军宽之至此也！"

卒相与欢，为刎颈之交。

导读赏析

选文通过“将相交欢”的历史故事，着力刻画了蔺相如深明大义，“先国家之急而后私仇”的高贵品质，也赞扬了廉颇忠于赵国、勇于改过的可贵精神。一相一将，一文一武，二人的个性和气质形成强烈的对比，又都本色质朴。宋代陈亮对蔺相如这种表现无限敬佩地说：“言有重于泰山，相如是也。相如真丈夫，真男子，真大圣人，真大罗汉，真菩萨，真佛祖，真令人千载如见也。”

译　文

从渑池回来后，蔺相如由于功劳大，被封为上卿，官位在廉颇之上。

廉颇说：“作为赵国的将军，我有攻战城池作战旷野的大功劳，而蔺相如只不过靠能说会道立了点功，可是他的地位却在我之上。况且蔺相如本来就出身卑贱，我感到羞耻，不甘心自己的职位在他下面。”并且扬言说：“我遇见蔺相如，一定要羞辱他一番。”蔺相如听到这话后，不愿意和廉颇相会。每到上朝时，蔺相如声称有病，不愿和廉颇去争位次的先后。没过多久，蔺相如外出，远远看到廉颇，蔺相如就掉转车子回避。

这样一来蔺相如的门客就一起来向蔺相如抗议说：“我们之所以离开亲人来侍奉您，是仰慕您高尚的节义呀。如今您与廉颇官位相同，廉颇传出坏话，而您却害怕躲避着他，胆怯得也太过分了，一般人尚且感到羞耻，更何况是身为将相的人呢？我们这些人没有出息，请让我们离开吧。”蔺相如坚决地挽留他们，说：“诸位认为廉将军和秦王相比谁更厉害？”众人都说：“廉将军比不上秦王。”蔺相如说：“以秦王的威势，而我尚敢在朝廷上呵斥他，羞辱他的群臣，我蔺相如虽然无能，难道会害怕廉将军吗？但是我想到，强大的秦国之所以不敢对赵国用兵，就是因为有我们两人在。现在如果我们两个人争执起来，就如同两猛虎争斗一般，势必不能同时生存。我之所以这样忍让，就是将国家的危难放在前面，而将个人的私怨搁在后面。”

廉颇听说了这些话，就脱去上衣，露出上身，背着荆鞭，由宾客引领，来到蔺相如的门前请罪，他说：“我这个粗野浅陋的人，想不到将军的胸怀竟然宽广到了这样的地步！”

二人终于相互交欢和好，成了生死与共的好友。

〔南吕〕一枝花·不伏老（节选）

◎关汉卿

对接诵读

佳作推荐

这支著名的套曲是关汉卿的自述，极尽诙谐、夸张和辛辣讽刺，玩世不恭，更见铮铮铁骨，可视为“浪子”的一篇宣言。

导读赏析

这支曲子用本色、生动、诙谐的语言，以大胆而又夸张的笔调，描写了作者的浪漫生活和多才多艺的特点，显示了作者狂放高傲的个性，表现他顽强、乐观、热爱生活的性格和决不与黑暗现实妥协的决心。全曲气韵深沉，语势狂放，历来为人传颂。

［尾］我是个蒸不烂、煮不熟、捶不匾①、炒不爆、响珰珰一粒铜豌豆。恁②子弟每，谁教你钻入他锄不断、斫③不下、解不开、顿不脱、慢腾腾千层锦套头④。我玩⑤的是梁园月，饮的是东京酒；赏的是洛阳花⑥，攀的是章台柳⑦。我也会围棋，会蹴踘，会打围⑧，会插科⑨；会歌舞，会吹弹，会咽作⑩，会吟诗，会双陆。你便是落了我牙，歪了我嘴，瘸了我腿，折了我手，天赐与我这几般儿歹症候⑪，尚兀自⑫不肯休！则除是⑬阎王亲自唤，神鬼自来勾，三魂归地府，七魄丧冥幽⑭，天哪！那其间才不向烟花路儿上走！

注　释

①匾：同“扁”。

②恁（nèn）：通“那”。

③斫（zhuó）：用刀、斧头砍。

④锦套头：锦绳结成的套头，比喻圈套、陷阱。

⑤玩：习以为常，这里是惯赏的意思。

⑥洛阳花：指牡丹。

⑦章台柳：谓妓女。章台，本汉时长安章

台下街名，旧时用为妓院的代称。

⑧打围：古代指打猎时的合围，后泛称打猎。

⑨插科：戏曲演员在表演中穿插的引人发笑的动作。

⑩咽作：指歌唱。

⑪歹症候：本是指病，这里借指脾性。

⑫尚兀自：仍然还。

⑬则除是：除非是。则，同“只”。

⑭冥幽：与前文“地府”同义，指传说中的阴间。

译　文

我是个蒸不烂、煮不熟、捶不扁、炒不爆、响当当的一粒铜豌豆，那些风流浪子们，谁让你们钻进他那锄不断、砍不下、解不开、摆不脱、慢腾腾的费人精神的千层圈套中呢？我赏玩的是梁园的月亮，畅饮的是东京的美酒，观赏的是洛阳的牡丹，与我做伴的是烟花柳巷的美女。我也会围棋、会踢球、会狩猎、会插科打诨，还会唱歌跳舞、会吹拉弹奏、会唱曲、会吟诗作对、会双陆博戏。你即便是打落了我的牙、扭歪了我的嘴、打瘸了我的腿、折断了我的手，老天赐给我的这些恶习，还是不肯悔改啊！除非是阎王爷亲自传唤，神和鬼亲自来勾我的魂魄，我的三魂七魄都丧入了地府黄泉。天啊！到那个时候，才有可能不往那勾栏妓院走！

凤栖梧

◎柳　永

对接诵读

伫倚危楼风细细。望极春愁，黯黯生天际。草色烟光[1]残照里，无言谁会凭阑意？

拟把疏狂[2]图一醉。对酒当歌，强乐[3]还无味。衣带渐宽终不悔，为伊消得人憔悴。

佳作推荐

衣带渐宽终不悔，为伊消得人憔悴。写真爱，无怨无悔；写追求，矢志不渝。

导读赏析

此词上阕写登高望远所引起的无尽离愁，以迷离的景物描写渲染出凄楚悲凉的气氛；下阕写主人公为消释离愁决意痛饮狂歌，但强颜为欢终觉无味，结句“衣带渐宽”二句以健笔写柔情，自誓甘愿为思念伊人而日渐消瘦与憔悴。全词巧妙地把漂泊异乡的落魄感受，同怀恋意中人的缠绵情思融为一体，表现了主人公坚毅的性格与执着的态度，词境也因此得以升华。王国维在《人间词话》中谈到“古今之成大事业、大学问者，必经过三种境界”，被他借用来形容“第二境”的便是“衣带渐宽终不悔，为伊消得人憔悴”，大概正是由于这两句词概括了一种锲而不舍的坚毅性格和执着态度。

注　释

①烟光：飘忽缭绕的云霭雾气。

②疏狂：狂放不羁。

③强(qiǎng)乐：勉强欢笑。强，勉强。

译　文

伫立在高楼上，春风细细。极目远望，不尽的愁思，黯黯然弥漫天际。夕阳斜照，草色蒙蒙，谁能理解我默默凭倚栏杆的心意？

本想尽情放纵一醉方休。当在歌声中举起酒杯时，才感到勉强求乐反而毫无兴味。我日渐消瘦却不懊悔，为了她情愿形容憔悴。

鹤冲天

◎柳　永

对接诵读

佳作推荐

“白衣卿相，奉旨填词，道不尽烟柳画桥良辰美景；楚楼秦馆，浅斟低唱，吟不完三秋桂子十里荷花。”自评？自嘲？风流平生，低唱浮名，带有心酸的宽解。

导读赏析

此词是柳永进士科考落第之后的一纸“牢骚言”，在宋元时代有着重大的意义和反响。它正面鼓吹文人士者与统治者分离，而与歌妓等下层人民接近，有一定的思想进步性。既表现出作者身世飘零之感，又反映出对妓女们的同情以及蔑视功名、鄙薄卿相的倾向，不仅具有一定的社会意义，而且还带有消极反抗的情绪。全词直抒胸臆，语言自然流畅，平白如话，读来朗朗上口。

黄金榜[1]上，偶失龙头[2]望。明代[3]暂遗贤[4]，如何向？未遂风云[5]便，争不恣[6]狂荡？何须论得丧，才子词人，自是白衣卿相[7]。

烟花巷陌，依约丹青屏障[8]。幸有意中人，堪寻访。且恁[9]偎红倚翠，风流事、平生畅。青春都一饷[10]，忍[11]把浮名，换了浅斟低唱！

注　释

①黄金榜：指录取进士的金字题名榜。

②龙头：旧时称状元为龙头。

③明代：圣明的时代。

④遗贤：抛弃了贤能之士，指自己为仕途所弃。

⑤风云：际会风云，指得到好的遭遇。

⑥恣：放纵，随心所欲。

⑦白衣卿相：指自己才华出众，虽不入仕途，也有卿相一般尊贵。白衣，古代平民穿白衣。

⑧丹青屏障：彩绘的屏风。

⑨恁：如此。

⑩饷：片刻，极言青年时期的短暂。

⑪忍：忍心，狠心。

译　文

在金字题名的榜上，我只不过是偶然失去取得状元的机会。即使在政治清明的时代，君王也会一时错失贤能之才，我今后该怎么办呢？既然没有得到好的机遇，为什么不随心所欲地游乐呢？何必为功名患得患失，做一个才子词人，即使不入仕途，也不亚于公卿将相。

在烟花柳巷之地，有摆放着丹青画屏的绣房。幸运的是那里住着我的意中人，值得我追求寻访。与她们依偎，享受这风流的生活，才是我平生最大的欢乐。青春不过是片刻时间，我宁愿把功名，换成手中浅浅的一杯酒和耳畔低回婉转的歌唱。

水调歌头

◎苏　轼

对接诵读

佳作推荐

人有悲欢离合，月有阴晴圆缺，怀弟之作，寄情明月，有思念，更有慰藉。人间把酒，普天共鸣。

导读赏析

此词是中秋望月怀人之作，表达了对胞弟苏辙的无限怀念。同时围绕中秋明月展开想象和思考，把人世间的悲欢离合之情纳入对宇宙人生的哲理性追寻之中，反映了作者复杂而又矛盾的思想感情，又表现出作者热爱生活、积极向上的乐观精神。它构思奇拔，充满哲理，极富浪漫主义色彩，是历来公认的中秋词中的绝唱。

丙辰中秋，欢饮达旦，大醉，作此篇，兼怀子由。

明月几时有？把酒问青天。不知天上宫阙，今夕是何年。我欲乘风归去，又恐琼楼玉宇，高处不胜寒。起舞弄清影，何似在人间。

转朱阁，低绮户，照无眠。不应有恨，何事长向别时圆？人有悲欢离合，月有阴晴圆缺，此事古难全。但愿人长久，千里共婵娟。

译　文

丙辰年的中秋节，高兴地喝酒直到次日早晨，大醉，写了这首词，同时思念弟弟苏辙。

明月从什么时候才开始出现的？我端起酒杯遥问苍天。不知道在天上的宫殿，何年何月。我想要乘御清风回到天上，又恐怕在美玉砌成的楼宇，受不住高耸九天的寒冷。翩翩起舞玩赏着月下清影，哪像是在人间。

月儿转过朱红色的楼阁，低低地挂在雕花的窗户上，照着没有睡意的自己。明月不该对人们有什么怨恨吧，为什么偏在人们离别时才圆呢？人有悲欢离合的变迁，月有阴晴圆缺的转换，这种事自古来难以周全。只希望这世上所有人的亲人能平安健康，即便相隔千里，也能共享这美好的月光。

卜算子·黄州定惠院寓居作

◎苏　轼

对接诵读

佳作推荐

被贬黄州，失意孤苦，托物言志，咏物抒怀。绘形见声，摹状寓情。

导读赏析

此词上阕写鸿见人，下阕写人见鸿，借月夜孤鸿这一形象托物寓怀，表达了词人孤高自许、蔑视流俗的心境。全词借物比兴，写景兴怀，托物咏人，物我交融，含蕴深广，风格清奇，为词中名篇。

缺月挂疏桐，漏断[1]人初静。谁见幽人[2]独往来，飘渺[3]孤鸿影。

惊起却回头，有恨无人省[4]。拣尽寒枝不肯栖，寂寞沙洲冷。

注　释

①漏断：漏壶水滴尽了，指时已深夜。漏，古代盛水滴漏计时之器。

②幽人：隐居之人，苏轼自谓。

③飘渺：高远隐约的样子。

④省(xǐng)：领悟，了解。

译　文

残月高挂在稀疏的梧桐，滴漏声断了，深夜多么寂静。谁能见幽居人独自往来徘徊？唯有那缥渺高飞的孤雁的身影。

它时而被什么惊起又回首匆匆，仿佛心里有恨却无人能懂。它拣遍了寒冷的树枝不肯栖息，宁愿独自徘徊在寂寞凄冷的沙洲。

破阵子·为陈同甫赋壮词以寄之

◎辛弃疾

对接诵读

佳作推荐

一生志在中原，可怜君王偏安。胡人饮马江边，纵使栏杆拍遍。志士空叹，可愤！可叹！

导读赏析

此词通过对作者早年抗金部队豪壮的阵容和气概以及自己沙场生涯的追忆，表达了作者杀敌报国、收复失地的理想，抒发了壮志难酬、英雄迟暮的悲愤心情。通过创造雄奇的意境，生动地描绘出一位披肝沥胆、忠心不二、勇往直前的将军形象。在这首词中表现的艺术风格有两方面：一是内容感情的雄壮，它的声调、色彩与婉约派的作品完全不同。二是结构布局的奇变，体现了辛词的豪放风格和独创精神。

醉里挑灯看剑，梦回吹角连营。八百里分麾下炙，五十弦翻塞外声，沙场秋点兵。

马作的卢飞快，弓如霹雳弦惊。了却君王天下事，赢得生前身后名。可怜白发生！

译　文

醉梦里挑亮油灯观看宝剑，梦中回到了当年的各个营垒，接连响起号角声。把烤牛肉分给部下，乐队演奏北疆歌曲。这是秋天在战场上阅兵。

战马像的卢马一样跑得飞快，弓箭像惊雷一样，震耳离弦。（我）一心想替君主完成收复国家失地的大业，取得世代相传的美名。可怜已成了白发人！

南乡子·登京口北固亭有怀

◎辛弃疾

对接诵读

佳作推荐

赫赫英雄气，任意绪飞扬，天风撩火凌云起；洋洋豪放词，值山河破碎，长剑当毫蘸泪成。江山谁主？英雄梦断！砥柱中流，怎抗末世汪洋？

导读赏析

此词通过对古代英雄人物的歌颂，表达了作者渴望像古代英雄人物那样金戈铁马，收拾旧山河，为国效力的壮烈情怀，饱含着浓浓的爱国思想，但也流露出作者报国无门的无限感慨，蕴含着对苟且偷安、毫无振作的南宋朝廷的愤懑之情。全词写景、抒情、议论密切结合；融化古人语言入词，活用典故成语；通篇三问三答，层次分明，互相呼应；即景抒情，借古讽今；风格明快，气魄阔大，情调乐观昂扬。

何处望神州？满眼风光北固楼。千古兴亡多少事？悠悠，不尽长江滚滚流。

年少万兜鍪①，坐断②东南战未休。天下英雄谁敌手？曹刘。生子当如孙仲谋。

注　释

①兜鍪(dōumóu)：指千军万马。

②坐断：坐镇，占据，割据。

译　文

哪里是眺望中原的最佳地点？就在这北固楼上，风光满眼。古往今来有多少兴亡的历史上演？漫长而悠远，就像眼下这流不尽的长江滚滚向前。

年轻时就率领兵将万员，占据东南的疆域不停地争战。煮酒论天下英雄，谁是势均力敌的人选？“使君与操”，这是曹操的答案。不过他也发出由衷的赞叹：“要生男儿，就应当是像孙权这样的好汉！”

一剪梅

◎李清照

对接诵读

红藕香残玉簟[1]秋。轻解罗裳[2]，独上兰舟[3]。云中谁寄锦书[4]来？雁字回时，月满西楼。

花自飘零水自流。一种相思，两处闲愁。此情无计可消除，才下眉头，却上心头。

佳作推荐

“大河百代，众浪齐奔，淘尽万古英雄汉；词苑千载，群芳竞秀，盛开一枝女儿花。”女性视角，细腻委婉，别情佳作，妙手天成。

导读赏析

这是一首倾诉相思、别愁之苦的词。是李清照写给新婚未久即离家外出的丈夫赵明诚的，她诉说了自己独居生活的孤独寂寞，表达了急切思念丈夫，盼望他早日归来的心情。全词以女性独有的沉挚情感，丝毫不落俗套的表现方式，展示出一种婉约之美，格调清新，意境优美，称得上是一首工致精巧的别情佳作。

译　文

荷已残，香已消，冷滑如玉的竹席，透出深深的凉秋。轻轻地脱下罗绸外裳，一个人独自登上小船。仰头凝望远天，那白云舒卷处，谁会将书信寄来？正是雁群排成“人”字，一行行南归时候，月光皎洁浸人，洒满这西边独倚的亭楼。

花，自顾地飘零，水，自顾地漂流。一种离别的相思，牵动起两处的闲愁。啊，无法排除的是——这相思，这离愁，刚从微蹙的眉间消失，又隐隐缠绕上了心头。

武陵春·春晚

◎李清照

对接诵读

佳作推荐

武陵春残，风住尘香，易安难耐相思苦；舴艋舟重，泪洗芙蓉，春好偏载千古愁。

导读赏析

此词借暮春之景，写出了词人内心深处的苦闷和忧愁，并以舴艋舟载不动愁的新颖艺术手法来表达悲愁之多。塑造了一个孤苦凄凉环境中流荡无依的才女形象。全词充满了"物是人非事事休"的痛苦和对故国故人的忧思，写得新颖奇巧，深沉哀婉，自然贴切，丝毫无矫揉造作之嫌。

风住尘香花已尽，日晚倦梳头。物是人非[①]事事休，欲语泪先流。

闻说双溪春尚好，也拟[②]泛轻舟。只恐双溪舴艋舟[③]，载不动、许多愁。

注　释

①物是人非：事物依旧在，人不似往昔了。

②拟：准备，打算。

③舴艋舟：小船，两头尖如蚱蜢。

译　文

恼人的风雨停歇了，枝头的花朵落尽了，只有沾花的尘土犹自散发出微微的香气。抬头看看，日已高，却仍无心梳洗打扮。春去夏来，花开花谢，亘古如斯，唯有伤心的人、痛心的事，令我愁肠百结，一想到这些，还没有开口我就泪如雨下。

听人说双溪的春色还不错，那我就去那里划划船，姑且散散心吧。唉，我真担心啊，双溪那叶单薄的小船，怕是载不动我内心沉重的忧愁。

和氏璧

◎《韩非子》

对接诵读

佳作推荐

“迥若千仞峰，孤危不盈尺。早晚他山来，犹带烟雨迹。贞坚自有分，不乱和氏璧。”和氏璧作为宝物不知所踪，而与之相关的感人故事却久传不衰。

导读赏析

选文交代了和氏璧的由来，写了和氏三次献璧的遭遇，情节曲折清晰。以玉喻人，告诫人们：不要埋没人才，是非曲直、事物真相总会大白于天下；不要被表象蒙蔽，是金子总会发光。

楚人和氏得玉璞楚山中，奉而献之厉王。厉王使玉人①相之。玉人曰：“石也。”王以和为诳，而刖其左足。及厉王薨②，武王即位。和又奉其璞而献之武王。武王使玉人相之。又曰：“石也。”王又以和为诳，而刖其右足。武王薨，文王即位。和乃抱其璞而哭于楚山之下，三日三夜，泪尽而继之以血。王闻之，使人问其故，曰：“天下之刖者多矣，子奚哭之悲也？”和曰：“吾非悲刖也，悲夫宝玉而题之以石，贞士而名之以诳，此吾所以悲也。”王乃使玉人理③其璞而得宝焉，遂命曰“和氏之璧”。

注　释

①玉人：雕琢玉器的工匠。

②薨(hōng)：古代诸侯死叫“薨”。

③理：雕琢，加工玉石。

译　文

楚国人卞和在楚山中得到一块玉璞，把它

奉献给了厉王。厉王让雕琢玉器的工匠鉴别它。玉匠说:“这是石头。”厉王认为卞和在说谎,就砍去了他的左脚。等到厉王驾崩了,武王即位。卞和又把玉璞献给武王。武王让雕琢玉器的工匠鉴别它。又说:“这是石头。”武王也认为卞和在说谎,而砍去了他的右脚。武王驾崩了,文王即位。卞和便抱住他的玉璞在楚山下哭,三天三夜,眼泪流尽接着又流出血来。文王听说这件事,派人问他原因,说:“天下被治罪砍掉脚的人很多,你为什么哭得这么伤心?”卞和说:“我不是为受砍脚的罪伤心,它是宝玉却被称作石头,忠贞的人却被称作说谎的人,这(才)是我悲伤的原因。”文王于是派雕琢玉器的工匠剖开他的玉璞,果然得到宝玉,于是称之为“和氏璧”。

〔南吕〕四块玉·别情

◎关汉卿

拓展阅读

佳作推荐

“生而倜傥，博学能文，滑稽多智，蕴藉风流，为一时之冠。”关汉卿奠基杂剧，领袖梨园，推重世界，鸿篇有《窦娥冤》，小令如《别情》。

导读赏析

这是一首描写离别情绪的小令，表达了女子送别情人后，凭栏望远的相思。前三句直抒胸臆，写女主人公送别情人后，心中仍驻留难忘，令人痛苦欲绝。后几句借景抒情，想登高眺望他离去的背影，但终被关山阻隔，更使她肝肠寸断。主客体融合一处，强化了主人公内心的孤寂与苦闷。小令语言准确、凝练，抒情入木三分，言有尽而意无穷。

自送别，心难舍，一点相思几时绝。凭阑袖拂杨花雪①。溪又斜，山又遮，人去也！

注　释

①凭阑袖拂杨花雪：写主人公靠着栏杆，用袖拂去如雪的飞絮，以免妨碍视线。杨花雪，如雪花般飞舞的杨花。语出苏轼《少年游》：“去年相送，余杭门外，飞雪似杨花。今年春尽，杨花似雪，犹不见还家。”

译　文

自从那天送你远去，我心里总是对你依依难舍。不知道要什么时候才能与你相见，好让我不再相思。记得送别时我斜倚着柳树下的栏杆用衣袖拂去片片像雪一样洁白的柳絮，以免妨碍视线。只见弯弯曲曲的小溪向东流去，重重的山峦遮住了你的身影，心上的人真的走远了！

〔南吕〕四块玉·紫芝路[①]

◎马致远

拓展阅读

佳作推荐

"万花丛中马神仙，百世集中说致远，姓名香贯满梨园。""曲状元"马致远小令精巧别致，清婉晓畅，疏宕宏放。

导读赏析

同咏昭君，与杜甫《咏怀古迹》不同，小令前四句用对比的手法表现汉君王和小单于的不同心情。汉君王思念昭君而北望，表现出无限的痛苦与懊悔；小单于则面对昭君举杯畅饮得意欢唱。后三句是写昭君身处异域时对家乡的思念。诗人以细腻的笔墨铺叙了北方少数民族的风情，写单于多情，物产丰饶，犹如一支富有乡土风味的草原民歌。小令以"他只是思故乡"戛然止结，将王昭君怀念旧乡的挚情深怨和盘托出，就更能激起读者的感慨和同情。

雁北飞，人北望[②]，抛闪煞明妃也汉君王。小单于把盏呀剌剌唱[③]。青草畔有收酪牛[④]，黑河边有扇尾羊。他只是思故乡。

注　释

①紫芝路：昭君出塞时所经之路。

②人北望：指汉元帝对王昭君的企盼。

③小单于：指呼韩邪单于。呀剌剌（là）：象声词，指小单于的歌声。

④收酪牛：指草原上有大量奶牛。

译　文

大雁往北飞翔，王昭君往北方张望，汉元帝啊，你将昭君抛撇得太凄惨。而小单于一手拿着酒杯，一边高声歌唱。青青的草原上，有的是产奶的牛群，黑河边有的是大尾的绵羊。而昭君她却只是一味地思念故乡。

玉蝴蝶

◎柳　永

拓展阅读

佳作推荐

奉旨填词圣境开，衣白为相心酸来。三变行七终成永，风流才调乐章凝。宋词开宗首推柳永。

导读赏析

这是首怀人词。上阕开头以“望处”二字统摄全篇。凭栏远望，秋景萧疏，烟水茫茫，故人不见，悲秋伤离。下阕回忆昔日文期酒会、相聚之乐，慨叹今日相隔遥远，消息难通。最后“黯相望，断鸿声里，立尽斜阳”，照应开头“望处”。立尽斜阳，足见词人伫立之久；断鸿哀鸣，愈见其怅惘孤独。词层次分明，结构完整，脉络井然。平中见奇，隽永有味，雅俗并齐。

望处雨收云断，凭阑悄悄，目送秋光。晚景萧疏，堪动宋玉悲凉。水风轻、蘋花渐老；月露冷、梧叶飘黄。遣情伤。故人何在，烟水茫茫。

难忘。文期酒会，几孤风月，屡变星霜[3]。海阔山遥，未知何处是潇湘。念双燕、难凭远信，指暮天、空识归航。黯相望，断鸿声里，立尽斜阳。

译　文

凭栏眺望，雨吹云散，我目送着秋光。傍晚的景色萧条疏旷，足令宋玉一样多愁善感的诗人更觉悲凉。水面上风轻轻地吹，蘋花渐渐枯萎，月光下露水渐凉，梧桐叶变得枯黄。这情景更让人悲伤，老朋友都不知道在何处，眼前只见烟水茫茫。

实在难忘，当年与朋友在一起，或定期填词赋诗，或饮酒狂放，如今只是辜负岁月，虚度时光。山路迢迢，海面宽广，不知何处才是我思念的地方。想那对小小的燕子，是难于凭它们传送远信的，暮色苍茫中，枉自辨认着那归来的船只。我默默地站着，黯然凝望远方。在孤雁的哀鸣里，久久伫立，看着夕阳慢慢沉落，渐渐收尽了它的余光。

八声甘州

◎柳　永

拓展阅读

佳作推荐

清人郑文焯评价柳永词：“高浑处不减清真，长调尤能以沉雄之魄，清劲之气，写奇丽之情，做挥绰之声。”

导读赏析

“八声甘州”为词牌名，因属边地乐曲，故以甘州为名。因全词前后共八韵，故名八声。该词为望乡词，通篇贯串一个“望”字。词人的羁旅之愁漂泊之恨，尽从“望”中透出。上阕是登楼凝望中所见，无论风光、景物、气氛，都笼罩着悲凉的秋意，触动着抒情主人公的归思。下阕是望中所思，从自己的望乡想到意中人的望归。“误几回，天际识归舟。”写意中人望穿秋水的样貌，极尽形态。写法上，该词多用双声叠韵词，以声为情，声情并茂，间见错出，相互配合，时而嘹亮，时而幽咽。有助于增强声调的亢坠抑扬，更好地表现心潮的起伏不平。

对潇潇、暮雨洒江天，一番洗清秋。渐霜风凄紧，关河冷落，残照当楼。是处红衰翠减，苒苒物华休。惟有长江水，无语东流。

不忍登高临远，望故乡渺邈，归思难收。叹年来踪迹，何事苦淹留。想佳人、妆楼颙望，误几回、天际识归舟。争知我、倚阑杆处，正恁凝愁。

译　文

面对着潇潇暮雨从天空洒落在江面上，经过一番雨洗的秋景，分外寒凉清朗。凄凉的霜风一阵紧似一阵，关山江河一片冷清萧条，落日的余光照耀在高楼上。到处红花凋零翠叶枯落，一切美好的景物渐渐地衰残。只有那滔滔的长江水，不声不响地向东流淌。

不忍心登高遥看远方，眺望渺茫遥远的故乡，渴求回家的心思难以收拢。叹息这些年来的行踪，究竟为何苦苦地长期停留在异乡。想起美人，正在妆楼上抬头凝望，多少次错把远处驶来的船当作心上人回家的船。她哪会知道我，倚着栏杆的此刻，正凝结着无限哀愁。

江城子·密州出猎

◎苏　轼

拓展阅读

佳作推荐

射猎闲举，词亦狂放，雄心犹在，自况冯唐，状如廉颇跃马，无奈虎落平阳。

导读赏析

该词作于宋神宗熙宁八年，当时东坡被贬为密州知州，因旱去常山祈雨，归途中与同官梅户曹会猎于铁沟。该词通篇纵情放笔，气概豪迈，一个“狂”字贯串全篇。上阕写壮阔的打猎场面，逸兴遄飞，词人以少年英主孙权自比，更显出词人“狂”放。下阕更由实而虚，进一步写词人“少年狂”的胸怀，抒发由打猎激发起来的壮志豪情。此词是苏轼豪放词代表作之一，词中写出猎之行，抒兴国安邦之志，拓展了词境，提高了词品，扩大了词的题材范围，为词的创作开创了崭新的道路。

老夫聊发少年狂，左牵黄，右擎苍，锦帽貂裘，千骑卷平冈。为报倾城随太守，亲射虎，看孙郎。

酒酣胸胆尚开张。鬓微霜，又何妨！持节云中，何日遣冯唐？会挽雕弓如满月，西北望，射天狼。

译　文

老夫姑且一发少年的豪情壮志，左手牵着黄犬，右臂擎着苍鹰，戴着华美鲜艳的帽子，穿着貂皮做的衣服，带着上千骑的随从疾风般席卷平坦的山冈。为了报答满城的人跟随我出猎的盛情厚意，我要像孙权一样，亲自射杀猛虎。

我虽醉饮美酒，胸怀还很宽阔，胆气更为豪壮。两鬓微微发白，但这又有何妨？什么时候皇帝会派人下来，就像汉文帝派遣冯唐去云中赦免魏尚的罪(一样信任我)呢？我将使尽力气拉满雕弓就像满月一样，朝着西北瞄望，射向西夏军队。

江城子·乙卯正月二十日夜记梦

◎苏　轼

拓展阅读

佳作推荐

豪放未必不细真，柔情未必不丈夫，少见苏词婉约风格，体现苏轼另一面。

导读赏析

苏轼《亡妻王氏墓志铭》言其妻王弗十六嫁于苏轼，二十七岁逝去，葬于故里父母墓旁西北八步。其妻王氏对诗人多有劝诫，共度艰难，相濡以沫。该词写尽对亡妻的怀念，令人感伤。上阕写因自己身世艰难，命运多舛，对亡妻的思念没有时时思量却是难以忘怀。下阕写诗人梦中还乡与妻重逢，寥寥几笔画面尽出，妻子的形象于诗人的脑海中日夜萦绕，可见思之深望之切。然妻已逝，肠断之处遥在千里，极尽凄凉。

十年生死两茫茫，不思量[①]，自难忘。千里孤坟，无处话凄凉。纵使相逢应不识，尘满面、鬓如霜。

夜来幽梦[②]忽还乡，小轩[③]窗，正梳妆。相顾无言，惟有泪千行。料得年年肠断处，明月夜、短松冈。

译　文

十年来，一死一生，两下里音信茫茫，就算不特意去思念，自己却难以忘怀，妻子的孤坟远在千里，没有地方跟她诉说心中的凄凉悲伤。即使相逢也应该认不出，因为我四处奔波，灰尘满面，鬓发如霜。

晚上忽然在隐约的梦境中回到了家乡，只见妻子正在小窗前对镜梳妆。两人互相望着，千言万语不知从何说起，只有相对无言泪落千行。料想那明月照耀着、长着小松树的坟山，将是思念妻子年年痛断肝肠的地方。

丑奴儿·书博山道中壁

◎辛弃疾

拓展阅读

少年[①]不识[②]愁滋味，爱上层楼。爱上层楼，为赋新词强[③]说愁。

而今识尽[④]愁滋味，欲说还休。欲说还休，却道天凉好个秋！

佳作推荐

少年不知愁滋味，九点朝阳笑蒸蒸，而今识尽愁滋味，人生苦辣心楚楚。巧用对比，语浅意深，耐人寻味。

导读赏析

“丑奴儿”为词牌名。该词写于词人被贬后，闲居带湖期间，游博山道中题写于壁。该词通篇言愁，上阕写少年不识愁滋味；下阕写而今历尽艰辛，“识尽愁滋味”。通过“少年”时与“而今”的对比，表现了作者遭受压抑排挤、报国无门的苦楚，同时也暗含着对南宋朝廷的讽刺与不满。全词构思新巧，平易浅近。浓愁淡写，重语轻说。寓激情于婉约之中。含蓄蕴藉，语浅意深。别具一种耐人寻味的情韵。

注　释

①少年：指年轻的时候。

②不识：不懂，不知道什么是。

③强(qiǎng)：勉强地，硬要。

④识尽：尝够，深深懂得。

译　文

人年少时不知道忧愁的滋味，喜欢登高远望。喜欢登高远望，为写一首新词无愁而勉强说愁。

现在尝尽了忧愁的滋味，想说却说不出。想说却说不出，却说好一个凉爽的秋天啊！

青玉案·元夕

◎辛弃疾

拓展阅读

佳作推荐

火树银花不夜天，狂乐有尽曲终散，众里寻他人渐远，空余灯火意阑珊。怀旧，追美，婉转，回味。

导读赏析

“青玉案”为词牌名。元夕为正月十五上元节，即今元宵节，此夜称为元夕或元夜。

该词上阕写节日欢庆的整体画面，运用夸张的手法，“花千树”“星如雨”，烟花如夜放的千树，如雨的洒落，极尽元宵节日的繁华与热闹。又将岑参的诗句“忽如一夜春风来，千树万树梨花开”灵活化用，不露痕迹。下阕写一位超然物外、卓然不群的女子，不与凡俗胭脂贪图纸醉金迷，于灯火阑珊处绝世独立。词人苦苦追慕，也正可见得词人内心的坚守与追求。

东风夜放花千树。更吹落、星①如雨。宝马雕车香满路。凤箫声动，玉壶光转，一夜鱼龙舞。

蛾儿雪柳黄金缕。笑语盈盈暗香去。众里寻他千百度。蓦然回首，那人却在，灯火阑珊②处。

注　释

①星：指焰火。形容满天的烟花。

②阑珊：零落稀疏的样子。

译　文

东风吹开千树银花，又吹得烟火纷纷，乱落如雨。豪华的马车满路芳香。悠扬的凤箫声四处回荡，玉壶般的明月渐渐西斜，一夜鱼龙灯飞舞笑语喧哗。

美人头上都戴着亮丽的饰物，一个个笑语盈盈，从我眼前走过，身上香气飘洒。我在人群中寻找她千百回，猛然一回头，却忽然看见，她正在灯火零落之处独自站立。

如梦令

◎李清照

拓展阅读

佳作推荐

枕梦风雨，残酒难敌闲愁。不解花厌春风，伤春伤心依旧。清照词“无一首不工”，小令隽永，“天下称之”。

导读赏析

“如梦令”为词牌名，又名“忆仙姿”“宴桃源”“无梦令”等。这首小词委婉地表达了词人怜花惜花的心情，词中着意人物心理情绪的刻画。“试问”一句即显出词人情意，而答以“依旧”的卷帘人答得极淡。紧接着却道出“知否”二句来，极为曲折，无限凄婉而又妙在含蓄。该词以景衬情，篇幅虽小却委曲精工，轻灵新巧。

昨夜雨疏风骤。浓睡不消残酒①。试问卷帘人②，却道海棠依旧。知否。知否。应是绿肥红瘦③。

注　释

①残酒：尚未消散的醉意。

②卷帘人：一般认为此指侍女。

③绿肥红瘦：绿叶繁茂，红花凋零。形容叶繁花少。

译　文

昨天夜里雨点虽然稀疏，但是风却劲吹不停。我酣睡一夜，然而醒来之后依然觉得还有一点酒意没有消尽。于是就问正在卷帘的侍女，外面的情况如何，她只对我说：“海棠花依旧如故。”你可知道，你可知道，应是绿叶繁茂，红花凋零。

鹊桥仙

◎秦　观

拓展阅读

纤云弄巧[①]，飞星传恨，银汉迢迢暗度。金风玉露一相逢，便胜却人间无数。

柔情似水，佳期如梦，忍顾[②]鹊桥归路。两情若是久长时，又岂在朝朝暮暮[③]！

佳作推荐

秦观《鹊桥仙》上阕以“金风玉露一相逢，便胜却人间无数”发抒感慨，下阕词人将意思翻进一层，道出了“两情若是久长时，又岂在朝朝暮暮”的爱情真谛。这字字珠玑、落地若金石声的警策之语，正是这首词流传久远，历久而不衰的关键所在。

导读赏析

“鹊桥仙”为词牌名，又名“鹊桥仙令”“金风玉露相逢曲”“广寒秋”等，原是为咏牛郎、织女的爱情故事而创作的乐曲。该词的内容也正是咏此神话。上阕写佳期相会的盛况，“金风”两句极写相逢场面，美轮美奂胜却万千柔情。下阕写依依惜别之情。“两情”句更是荡涤千古，此情不灭。这首词将抒情、写景、议论融为一体。意境新颖，设想奇巧，独辟蹊径。写得自然流畅而又婉约蕴藉，余味隽永。

注　释

①纤云弄巧：指云彩在空中幻化成各种巧妙的花样。

②忍顾：怎忍回视。

③朝朝暮暮：指朝夕相聚。语出宋玉《高唐赋》。

译　文

纤薄的云彩在天空中变幻多端，天上的流星传递着相思的愁怨，遥远无垠的银河今夜我悄悄渡过。在秋风白露的七夕相会，就胜过尘世间那些长相厮守却貌合神离的夫妻。

共诉相思，柔情似水，短暂的相会如梦如幻，分别之时不忍去看那鹊桥路。只要两情至死不渝，又何必贪求卿卿我我的朝欢暮乐呢！

浣溪沙

◎秦　观

拓展阅读

佳作推荐

这首词以轻浅的色调、幽渺的意境，描绘一个女子在春天里所生发的淡淡哀愁和轻轻寂寞。全词意境怅静悠闲，含蓄有味，令人回味无穷，一咏三叹。

导读赏析

“浣溪沙”为词牌名，原是唐代教坊曲名，本为舞曲。“沙”又写作“纱”，又称“小庭花”“满院春”，此调音节明快，为婉约、豪放两派词人所常用。该词色调清浅，意境悠闲，含蓄有味。以柔婉曲折之笔，写一种淡淡的闲愁。上阕写晨起之感和室内之景，语言幽婉。词的起调很轻，很淡，而于轻淡中带着作者极为纤细锐敏的一种心灵上的感受。下阕写倚窗所见，转入对春愁的正面描写。“自在”两句化抽象为具象，将捉摸不定、随意飘幻的愁绪比为柔美梦幻之细物。别具音乐美、诗意美和画境美。

漠漠轻寒上小楼，晓阴无赖①似穷秋。淡烟流水②画屏幽。

自在飞花轻似梦，无边丝雨细如愁。宝帘闲挂小银钩。

注　释

①无赖：无聊，没有道理。

②淡烟流水：画屏上轻烟淡淡，流水潺潺。

译　文

带着一丝寒意，独自登上小楼，清晨的阴凉，无聊有如深秋。回望画屏，淡淡烟雾，潺潺流水，意境幽幽。

窗外，花儿自由自在地轻轻飞舞，恰似梦境，雨淅淅沥沥地下着，漫无边际地飘洒着，就像愁绪飞扬。再看那缀着珠宝的帘子正随意悬挂在小小银钩之上。

廉颇蔺相如列传（节选二）

◎司马迁

拓展阅读

佳作推荐

不惧权贵，奉公执法。不畏盛名，青出于蓝。谋定不折，令下如山。从谏如流，智勇双全。垂史留名，赵奢是也。

导读赏析

本文节选自《史记·廉颇蔺相如列传》，围绕赵奢主要写了两件事。其一，写他做田部吏的时候，依法镇压权高位重的平原君九个用事者，体现他以天下为重、不畏权贵、奉公如法的魄力及纵横论辩的才华。其二，写他在名将廉颇等人否决救韩的前提下，勇担重责，为君分忧，审时度势，严令树威，谋定后动，终破秦军解韩国之围，出色完成使命，体现了他公而忘私、智勇双全的品格。

赵奢者，赵之田部吏也。收租税而平原君家不肯出租，奢以法治之，杀平原君用事者九人。平原君怒，将杀奢。奢因说曰："君于赵为贵公子，今纵君家而不奉公则法削[1]，法削则国弱，国弱则诸侯加兵，诸侯加兵是无赵也，君安得有此富乎？以君之贵，奉公如法则上下平[2]，上下平则国强，国强则赵固，而君为贵戚，岂轻于天下邪？"平原君以为贤，言之于王。王用之治国赋[3]，国赋大平，民富而府库实。

秦伐赵军于阏与。王召廉颇而问曰："可救不？"对曰："道远险狭[4]，难救。"又召乐乘而问焉，乐乘对如廉颇言。又召问赵奢，奢对曰："其道远险狭，譬之犹两鼠斗于穴中，将勇者胜。"王乃令赵奢将，救之。

兵去邯郸三十里，而令军中曰："有以军事谏[5]者死。"秦军军武安西[6]，秦军鼓噪勒兵[7]，武安屋瓦尽振。军中候[8]有一人言急救武安，赵奢立斩之。坚壁[9]，留二十八日不行，复益增垒。秦间来入，赵奢善食而遣之[10]。间以报秦将，秦将大喜曰："夫去国三十里而军不行，乃增垒，阏与非赵地也。"赵奢既已遣秦间，乃卷甲而趋之[11]，二日一夜至，令善射者去阏与五十里而军。军垒[12]成，秦人闻之，悉甲而至。军士许历请以军事谏，赵奢曰："内之。"许历曰："秦人不意赵师至此，其来气盛，将军必厚集其阵以待之。不然，必败。”赵奢曰：“请受令。”许历曰：“请就铁质之诛[13]。”赵奢曰：“胥后令邯郸[14]。”许历复请谏，曰：“先据北山上者胜，后至者败。”赵奢许诺，即发万人趋之。秦兵后至，争山不得上，赵奢纵兵击之，大破秦军。秦军解而走，遂解阏与之围而归。

赵惠文王赐奢号为马服君，以许历为国尉。赵奢于是与廉颇、蔺相如同位。

注　释

①纵：放任不管。不奉公：不照章程办事。法削：法治削弱，不能施行。

②如法：按法律条文办事。上下平：举国上下都心平气和。

③治国赋：主管全国的赋税。

④道远险狭：由赵国国都邯郸出兵，西北行往救阏与，必须翻越太行山，故曰“道远险狭”。

⑤有以军事谏：谁敢对此次行动提出不同意见。

⑥秦军军武安西：意思是前来阻击赵奢部队的秦军，驻扎在武安县城西。

⑦鼓噪勒兵：指操练军队，三军呐喊，以此向赵人示威。鼓噪，擂鼓呐喊。勒兵，检阅军队或操练军队。

⑧军中候：即军候，负责侦察敌情的军士。

⑨坚壁：坚守营垒。坚，加固。

⑩善食(sì)而遣之：佯作不知，好好招待，打发其回去。

⑪卷甲而趋之：脱下铠甲，卷持着轻捷地奔袭敌人。

⑫军垒：军阵。

⑬请就铁质之诛：意思是愿接受你的惩罚。

⑭胥后令邯郸：请等候日后邯郸(国君处)来的命令，意思就是暂时不杀。

译　文

赵奢，本是赵国征收田租的官吏。在收租税的时候，平原君家不肯缴纳，赵奢依法处置，杀了平原君家九个当权管事的人。平原君大怒，要杀死赵奢。赵奢趁机劝说平原君道：“您在赵国是贵公子，现在要是纵容您家的人而不遵奉公家的法令，就会使法令削弱，国家实力就会衰弱，国家衰弱了诸侯就要出兵侵犯，诸侯出兵侵犯赵国就会灭亡，您还怎能保有这些财富呢？以您的地位和尊贵，能奉公守法就会使国家上下公平，上下公平就能使国家强盛，国家强盛了赵氏的政权就会稳固，而您身为赵国贵戚,难道还会被天下人轻视吗?”平原君认为他很有才干,把他推荐给赵王。赵王任用他掌管全国的赋税,全国赋税非常公平合理,民众富足,国库也充实了起来。

秦国进攻韩国,军队驻扎在阏与。赵王召见廉颇问道:“可以去援救吗?”廉颇回答说:“道路远,而且又艰险又狭窄,很难援救。”又召见乐乘问这件事,乐乘的回答和廉颇的话一样。又召见赵奢来问,赵奢回答说:“道远地险路狭,就譬如两只老鼠在洞里争斗,哪方的主将勇猛哪方得胜。”赵王便派赵奢领兵,去救援阏与。

军队离开邯郸三十里,赵奢就在军中下令说:“有谁来为军事进谏的处以死刑。”秦军驻扎在武安西边,秦军击鼓呐喊的练兵之声,把武安城中的屋瓦都震动了。赵军中的一个侦察人员请求急速援救武安,赵奢立即把他斩首。赵军坚守营垒,停留二十八天不向前进发,反而又加筑营垒。秦军间谍潜入赵军营地,赵奢就故意用饮食好好款待后把他遣送回去。间谍把情况向秦军将领报告,秦将大喜,说:“离开国都三十里军队就不前进了,而且还增修营垒,阏与不会为赵国所有了。”赵奢遣送秦军间谍之后,就令士兵卸下铁甲,快速向阏与进发。两天一夜就到达前线,下令善射的骑兵离阏与五十里扎营。军营筑成后,秦军知道了这一情况,立即全军赶来。一个叫许历的军士请求就军事提出建议,赵奢说:“让他进来。”许历说:“秦人本没想到赵军会来到这里,现在他们赶来,士气很旺盛,将军一定要集中更多的兵力来等待他们。不然的话,必定要失败。”赵奢说:“请让我接受您的指教。”许历说:“我请求接受死刑。”赵奢说:“等回邯郸以后的命令吧。”许历请求再提个建议,说:“先占据北面山头的得胜,后到的失败。”赵奢同意,立即派出一万人迅速奔上北面山头。秦兵后到,与赵军争夺北山但攻不上去,赵奢指挥士兵猛攻,大败秦军。秦军四散逃跑,于是阏与的包围被解除,赵军胜利而回。

赵惠文王赐给赵奢的封号是马服君,并任许历为国尉。赵奢于是在赵国的地位与廉颇、蔺相如相同。

CHAPTER 5

经典诗文背诵导读

XIN BIAN

高中必修五

莲花诗韵香清远　校园文华气正刚

请珍惜每秒每分

TIME LOST CAN NOT BE RECALLED

岁月不请自来,青春不告而别

课内背诵	对接诵读	拓展阅读
归去来兮辞　并序	桃花源记	五柳先生传
滕王阁序	送杜少府之任蜀州 山中	滕王阁诗
逍遥游	庄子与惠子游于濠梁	养生主（节选）
陈情表	与妻书	李密传

归去来兮辞　并序

◎陶渊明

课内背诵

佳作推荐

归去，归去，弃官场而归田园，看似轻松愉快的行程，却表达了作者心中的无法言表的无奈。曾经的抱负，生活的窘迫，官场的腐败，理想与现实的矛盾，使天性傲岸的诗人转向田园的怀抱。在这里，劳动、自然、人文，构成诗人充实的全部生命。弃仕归隐就有了其真实意义。拒绝与黑暗势力合作，坚持独立自由的精神。他以诗歌真实、深刻、全面地表达了这种归隐意识。描写和抒情、议论相结合，时而写景，时而抒情，时而议论，有景，有情，有理，有趣。语言精美，韵律悠扬，舒缓雅致，在文学史上有很高的地位。

余家贫，耕植不足以自给。幼稚盈室，瓶无储粟，生生所资，未见其术。亲故多劝余为长吏，脱然有怀，求之靡途。会有四方之事，诸侯以惠爱为德，家叔以余贫苦，遂见用于小邑。于时风波未静，心惮远役，彭泽去家百里，公田之利，足以为酒。故便求之。及少日，眷然有归欤之情。何则？质性自然，非矫厉所得。饥冻虽切，违己交病。尝从人事，皆口腹自役。于是怅然慷慨，深愧平生之志。犹望一稔，当敛裳宵逝。寻程氏妹丧于武昌，情在骏奔，自免去职。仲秋至冬，在官八十余日。因事顺心，命篇曰《归去来兮》。乙巳岁十一月也。

归去来兮，田园将芜胡不归？既自以心为形役，奚惆怅而独悲？悟已往之不谏，知来者之可追。实迷途其未远，觉今是而昨非。舟遥遥以轻飏，风飘飘而吹衣。问征夫以前路，恨晨光之熹微。

乃瞻衡宇，载欣载奔。僮仆欢迎，稚子候门。三径就荒，松菊犹存。携幼入室，有酒盈樽。引壶觞以自酌，眄庭柯以怡颜。倚南窗以寄傲，审容膝之易安。园日涉以成趣，门虽设而常关。策扶老以流憩，时矫首而遐观。云无心以出岫，鸟倦飞而知还。

景翳翳以将入，抚孤松而盘桓。

归去来兮，请息交以绝游。世与我而相违，复驾言兮焉求？悦亲戚之情话，乐琴书以消忧。农人告余以春及，将有事于西畴。或命巾车，或棹孤舟。既窈窕以寻壑，亦崎岖而经丘。木欣欣以向荣，泉涓涓而始流。善万物之得时，感吾生之行休。

已矣乎！寓形宇内复几时？曷不委心任去留？胡为乎遑遑欲何之？富贵非吾愿，帝乡不可期。怀良辰以孤往，或植杖而耘耔。登东皋以舒啸，临清流而赋诗。聊乘化以归尽，乐夫天命复奚疑！

导读赏析

辞前有序，略述自己因家贫而出仕的曲折经历以及自己决意弃官归田的原因。语言虽然和婉，意志却是坚如金石，义无反顾，是对前半生道路的省思。田园，是自由生活的象征。归去，是田园的召唤，也是诗人本性的追求。亲人之情话，农人谈庄稼，是多么悦耳，多么真实。大自然充满了生机、韵律，令人欢欣鼓舞，亦令人低回感慨。万物畅育，正当青春，而自己呢，已近老年。他要在自己的生活中，求得人生之意义，实现人生之价值。让自己的生命始终顺应自然之道，即实现了人生的意义，此足可快乐，这是隐退避世超越的境界。本辞是渊明在脱离官场之际，对新生活的想象和向往。

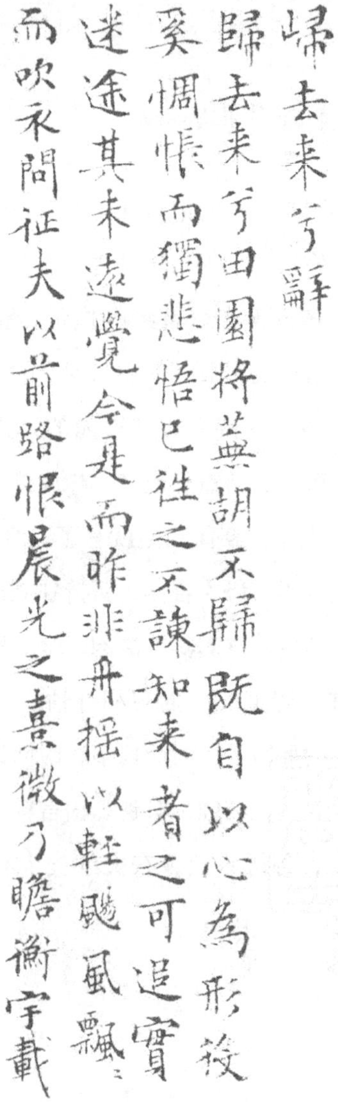

滕王阁序

◎王　勃

课内背诵

佳作推荐

由地及人，由人及景，由景及情，脉络清晰又是紧紧扣题。精心勾画，不落窠臼，独辟蹊径。山水之美更显文采之美。

作家作品简介

王勃（650—675），字子安，绛州龙门（今山西河津）人，初唐文学家，与杨炯、卢照邻、骆宾王并称为“初唐四杰”。王勃在诗歌上擅长五律和五绝，代表作品有《送杜少府之任蜀州》等；主要文学成就是骈文，堪称一时之最。

豫章故郡，洪都新府。星分翼轸，地接衡庐。襟三江而带五湖，控蛮荆而引瓯越。物华天宝，龙光射牛斗之墟；人杰地灵，徐孺下陈蕃之榻。雄州雾列，俊采星驰。台隍枕夷夏之交，宾主尽东南之美。都督阎公之雅望，棨戟遥临；宇文新州之懿范，襜帷暂驻。十旬休假，胜友如云；千里逢迎，高朋满座。腾蛟起凤，孟学士之词宗；紫电青霜，王将军之武库。家君作宰，路出名区；童子何知，躬逢胜饯。

时维九月，序属三秋。潦水尽而寒潭清，烟光凝而暮山紫。俨骖騑于上路，访风景于崇阿；临帝子之长洲，得仙人之旧馆。层峦耸翠，上出重霄；飞阁流丹，下临无地。鹤汀凫渚，穷岛屿之萦回；桂殿兰宫，即冈峦之体势。

披绣闼，俯雕甍，山原旷其盈视，川泽纡其骇瞩。闾阎扑地，钟鸣鼎食之家；舸舰迷津，青雀黄龙之舳。云销雨霁，彩彻区明。落霞与孤鹜齐飞，秋水共长天一色。渔舟唱晚，响穷彭蠡之滨；雁阵惊寒，声断衡阳之浦。

遥襟甫畅，逸兴遄飞。爽籁发而清风生，纤歌凝而白云遏。睢园绿竹，气凌彭泽之樽；邺水朱华，光照临川之笔。四美具，二难并。穷睇眄于中天，极娱游于暇日。

天高地迥，觉宇宙之无穷；兴尽悲来，识盈虚之有数。望长安于日下，目吴会于云间。地势极而南溟深，天柱高而北辰远。关山难越，谁悲失路之人？萍水相逢，尽是他乡之客。怀帝阍而不见，奉宣室以何年？

嗟乎！时运不齐，命途多舛。冯唐易老，李广难封。屈贾谊于长沙，非无圣主；窜梁鸿于海曲，岂乏明时？所赖君子见机，达人知命。老当益壮，宁移白首之心？穷且益坚，不坠青云之志。酌贪泉而觉爽，处涸辙以犹欢。北海虽赊，扶摇可接；东隅已逝，桑榆非晚。孟尝高洁，空余报国之情；阮籍猖狂，岂效穷途之哭？

勃，三尺微命，一介书生。无路请缨，等终军之弱冠；有怀投笔，慕宗悫之长风。舍簪笏于百龄，奉晨昏于万里。非谢家之宝树，接孟氏之芳邻。他日趋庭，叨陪鲤对；今兹捧袂，喜托龙门。杨意不逢，抚凌云而自惜；钟期既遇，奏流水以何惭？

呜乎！胜地不常，盛筵难再，兰亭已矣，梓泽丘墟。临别赠言，幸承恩于伟饯；登高作赋，是所望于群公。敢竭鄙怀，恭疏短引，一言均赋，四韵俱成。请洒潘江，各倾陆海云尔。

导读赏析

本文内容丰富，情真意切。“物华天宝”，“人杰地灵”，写尽洪州地势之雄伟，物产之华美，人才之优秀，宾主之尊贵。“寒潭清”与“暮山紫”状秋天之清丽的色彩。阁门、屋宇、山川，遍地宅舍、舸舰迷江、渔舟唱晚，真可谓是山清水秀、国富民强的江南风景图。特别是“落霞与孤鹜齐飞，秋水共长天一色”一句，既具有诗的意境，又兼备画的情调，诗画统一，动静相映，意境浑融。文笔瑰丽，手法多样。句句含典，委婉言志。

逍遥游

◎庄　周

课内背诵

佳作推荐

奇特的想象和浪漫的色彩，寓说理于寓言和生动的比喻中，风格独特。一切顺乎自然，超脱于现实，提倡不滞于物，追求精神世界的绝对自由。

作家作品简介

庄子（约前369—前286），姓庄，名周，字子休，战国时期宋国蒙人，著名的思想家、哲学家和文学家，是继老子之后，战国时期道家学派的代表人物。《庄子》是他和他的门人以及后学所著，其中的名篇有《逍遥游》《齐物论》等。庄子的想象力极为丰富，语言运用自如，灵活多变，能把一些微妙难言的哲理说得引人入胜。他的作品被人称之为“文学的哲学，哲学的文学”。

北冥有鱼，其名为鲲。鲲之大，不知其几千里也；化而为鸟，其名为鹏。鹏之背，不知其几千里也；怒而飞，其翼若垂天之云。是鸟也，海运则将徙于南冥，——南冥者，天池也。《齐谐》者，志怪者也。《谐》之言曰：“鹏之徙于南冥也，水击三千里，抟扶摇而上者九万里，去以六月息者也。”野马也，尘埃也，生物之以息相吹也。天之苍苍，其正色邪？其远而无所至极邪？其视下也，亦若是则已矣。且夫水之积也不厚，则其负大舟也无力。覆杯水于坳堂之上，则芥为之舟，置杯焉则胶，水浅而舟大也。风之积也不厚，则其负大翼也无力。故九万里，则风斯在下矣，而后乃今培风；背负青天，而莫之夭阏者，而后乃今将图南。蜩与学鸠笑之曰：“我决起而飞，抢榆枋而止，时则不至，而控于地而已矣，奚以之九万里而南为？”适莽苍者，三餐而反，腹犹果然；适百里者，宿舂粮；适千里者，三月聚粮。之二虫又何知？

小知不及大知，小年不及大年。奚以知其然也？朝菌不知晦朔，蟪蛄不知春秋，此小年也。楚之南有冥灵者，以五百岁为春，五百岁为秋；上古有大椿者，以八千岁为春，八千岁为秋，此大年也。而彭祖乃今以久特闻，众人匹之，不亦悲乎！汤之问棘也是已。穷发之北，有冥海者，天池也。有鱼焉，其广数千里，未有知其修者，其名为鲲。有鸟焉，其名为鹏，背若泰山，翼若垂天之云，抟扶摇羊角而上者九万里，绝云气，负青天，然后图南，且适南冥也。斥鴳笑之曰："彼且奚适也？我腾跃而上，不过数仞而下，翱翔蓬蒿之间，此亦飞之至也。而彼且奚适也?"此小大之辩也。

故夫知效一官，行比一乡，德合一君，而征一国者，其自视也，亦若此矣。而宋荣子犹然笑之。且举世誉之而不加劝，举世非之而不加沮，定乎内外之分，辩乎荣辱之境，斯已矣。彼其于世，未数数然也。虽然，犹有未树也。夫列子御风而行，泠然善也，旬有五日而后反。彼于致福者，未数数然也。此虽免乎行，犹有所待者也。若夫乘天地之正，而御六气之辩，以游无穷者，彼且恶乎待哉？故曰：至人无己，神人无功，圣人无名。

导读赏析

作者大笔挥洒，以描写神奇莫测的鲲鹏开端，极言其大，展现了磅礴壮观的画面。他认为世间的大小、贵贱、寿夭、是非、得失、荣辱等都是相对的。无论大到鲲鹏还是小到尘埃，都有所待。只有"至人""神人""圣人"达到了"无己""无功""无名"的绝对的精神自由，才是"逍遥"的境界。这篇文章巧用寓言故事，文笔变化多端，富于浪漫主义色彩。想象丰富，意境开阔。运用夸张、比喻、拟人等多种修辞手法，形象生动，任情跌宕，不拘一格，飘逸而又洒脱。

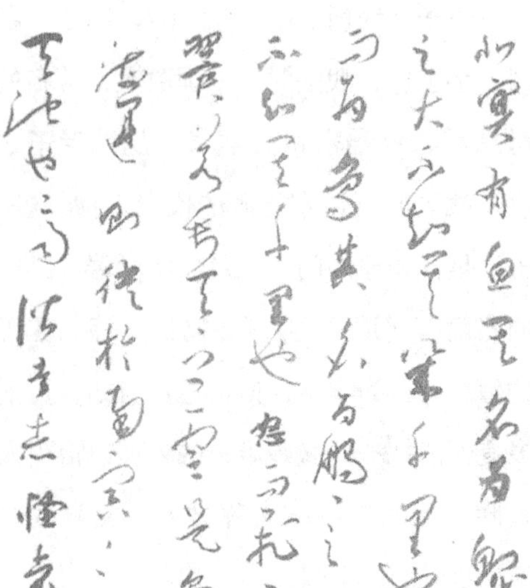

陈情表

◎李　密

课内背诵

佳作推荐

《孝经》上说“夫孝，天之经也，地之义也”。当忠孝难全之际，李密选择天经地义的孝。文章辞意恳切，委婉畅达。语言简洁生动，富有表现力与强烈的感染力。宋人赵与时说：“读诸葛亮《出师表》不流泪者必不忠，读李密《陈情表》不流泪者必不孝。”

作家作品简介

李密（224—287），一名虔，字令伯，晋犍为武阳（今四川彭山）人。幼年丧父，母何氏改嫁，由祖母抚养成人。后李密以对祖母孝敬甚笃而名扬于乡里。师事学者谯周，博览五经，尤精《春秋左传》。初仕蜀汉为尚书郎。蜀汉亡，晋武帝召为太子洗马，李密以祖母年老多病、无人供养而力辞。

臣密言：臣以险衅，夙遭闵凶。生孩六月，慈父见背；行年四岁，舅夺母志。祖母刘愍臣孤弱，躬亲抚养。臣少多疾病，九岁不行，零丁孤苦，至于成立。既无伯叔，终鲜兄弟，门衰祚薄，晚有儿息。外无期功强近之亲，内无应门五尺之僮，茕茕孑立，形影相吊。而刘夙婴疾病，常在床蓐，臣侍汤药，未曾废离。

逮奉圣朝，沐浴清化。前太守臣逵察臣孝廉，后刺史臣荣举臣秀才。臣以供养无主，辞不赴命。诏书特下，拜臣郎中，寻蒙国恩，除臣洗马。猥以微贱，当侍东宫，非臣陨首所能上报。臣具以表闻，辞不就职。诏书切峻，责臣逋慢。郡县逼迫，催臣上道；州司临门，急于星火。臣欲奉诏奔驰，则刘病日笃；欲苟顺私情，则告诉不许：臣之进退，实为狼狈。

伏惟圣朝以孝治天下，凡在故老，犹蒙矜育，况臣孤苦，特为尤甚。且臣少仕伪朝，历职郎署，本图宦达，不矜名节。今臣亡国贱俘，至微至陋，过蒙拔擢，宠命优渥，岂敢盘桓，有所希冀。但以刘日薄西山，气息奄奄，人命危浅，朝不虑夕。臣无祖母，无以至今日；祖母无臣，无以终余年。母、孙二人，更相为命，是以区区不能废远。

臣密今年四十有四，祖母今年九十有六，是臣尽节于陛下之日长，报养刘之日短也。乌鸟私情，愿乞终养。臣之辛苦，非独蜀之人士及二州牧伯所见明知，皇天后土实所共鉴。愿陛下矜悯愚诚，听臣微志，庶刘侥幸，保卒余年。臣生当陨首，死当结草。臣不胜犬马怖惧之情，谨拜表以闻。

导读赏析

《陈情表》所陈的情：苦情，文章开篇陈述的是作者不幸的命运，祖孙二人凄苦相依，也表露了他沧桑过后的人生感慨。苦情动心，真诚感人。难情 ，国恩难报，君情难违；养恩难忘，亲情难舍，实在进退两难。忠情，有先尽孝后尽忠的承诺，终有“生当陨首，死当结草”的誓言。忠君之情，溢于言表；感君之恩，动人心魄。孝情，乌鸟尚知反哺，何况人呢？文中以多种艺术手法渲染对祖母刘的孝情，达到感人至深的效果。

桃花源记

◎陶渊明

对接诵读

佳作推荐

桃花源，一个与污浊黑暗社会相对立的美好境界。它是虚构的世外仙境，但又仿佛实有其人，真有其事。武陵渔人缘溪行，机缘巧合闯入世外桃源，看似轻描淡写，却勾勒出一个令人神往的美好世界。

导读赏析

“芳草鲜美，落英缤纷”的桃林美好怡人，引导渔人走进一个质朴自然的世界。没有税赋，没有战乱，没有沽名钓誉，也没有钩心斗角。一切都是那么单纯，那么美好，人与人之间的关系也是那么平和，那么和谐。作者的简净笔触，恰如其分地表现出桃花源的氛围，使文章更富有感染力。本文通过对桃花源的安宁和乐、自由平等生活的描绘，表现了作者追求美好生活的理想和对现实生活的不满。

晋太元中，武陵人捕鱼为业。缘溪行，忘路之远近。忽逢桃花林，夹岸数百步，中无杂树，芳草鲜美，落英缤纷，渔人甚异之。复前行，欲穷其林。

林尽水源，便得一山，山有小口，仿佛若有光。便舍船，从口入。初极狭，才通人。复行数十步，豁然开朗。土地平旷，屋舍俨然，有良田美池桑竹之属。阡陌交通，鸡犬相闻。其中往来种作，男女衣着，悉如外人。黄发垂髫，并怡然自乐。

见渔人，乃大惊，问所从来。具答之。便要还家，设酒杀鸡作食。村中闻有此人，咸来问讯。自云先世避秦时乱，率妻子邑人来此绝境，不复出焉，遂与外人间隔。问今是何世，乃不知有汉，无论魏晋。此人一一为具言所闻，皆叹惋。余人各复延至其家，皆出酒食。停数日，辞去。此中人语云：“不足为外人道也。”

既出，得其船，便扶向路，处处志之。及郡下，诣太守，说如此。太守即遣人随其往，寻向所志，遂迷，不复得路。

南阳刘子骥，高尚士也，闻之，欣然规往。未果，寻病终，后遂无问津者。

送杜少府之任蜀州

◎王　勃

城阙辅三秦，风烟望五津。
与君离别意，同是宦游人。
海内存知己，天涯若比邻。
无为在歧路，儿女共沾巾。

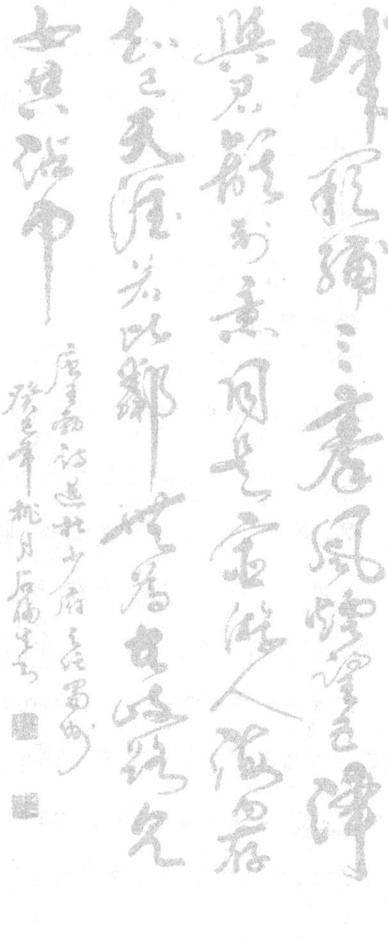

对接诵读

佳作推荐

话别离，少有叹息。诉友情，不见愁语。纵横捭阖，意境旷达。

导读赏析

此诗是送别的名作。诗意慰勉勿在离别之时悲哀。“海内存知已，天涯若比邻”，高度地概括了“友情深厚，江山难阻”的情景，传之千古，有口皆碑。全诗开合顿挫，气脉流通。一洗古送别诗中的悲凉凄怆之气，音调爽朗，清新高远，独树碑石。

山 中

◎王 勃

长江悲已滞，万里念将归。
况属高风晚，山山黄叶飞。

对接诵读

佳作推荐

远在异乡，归路迢迢。阻滞已久，心念归舟。江水悲咽客心忧，枯叶飘零秋意酬。小诗情景交融，或以景衬情，或以景寓情，即景点染，烘托了客居他乡的羁旅之愁。

导读赏析

这首小诗抒写旅愁乡思，首句起兴，诗人在蜀中山上望见长江逶迤东去，触动了长期滞留异乡的悲思。第二句抒情叙事，结尾以景结情。诗人在寥寥二十个字中，巧妙地借景抒情，表现出了一种悲凉浑壮的气势，创造了一个情景交融的开阔的意境。

庄子与惠子游于濠梁

◎庄 周

对接诵读

佳作推荐

庄子与惠子的对话，处处显露出智者的机敏、幽默与诙谐。轻松闲适，诗意盎然。一力辩，一巧辩；一求真，一尚美；一拘泥，一超然。让人读后会心一笑而沉思良久。

导读赏析

惠子好辩,重分析。对于事物有一种寻根究底的认知态度,重在知识的探讨;庄子智辩,重观赏,对外界的认识带有欣赏的态度,将主观的情意发挥到外物上而产生移情同感的作用。如果说惠子带有逻辑家的个性,那么庄子则具有艺术家的风貌。

庄子与惠子游于濠梁①之上。庄子曰:“儵鱼②出游从容③,是鱼之乐也。”惠子曰:“子非鱼,安知鱼之乐?”庄子曰:“子非我,安知我不知鱼之乐?”惠子曰:“我非子,固④不知子矣;子固非鱼也,子之不知鱼之乐全⑤矣!”庄子曰:“请循其本⑥。子曰‘汝安知鱼乐’云者⑦,既已知吾知之而问我,我知之濠上也。”

注 释

①濠梁:濠水的桥上。濠,水名,在现在安徽凤阳。

②儵(tiáo)鱼:一种淡水中的白色小鱼,喜欢在水层下面游动,又名白鲦。

③从容:悠闲自得。

④固:固然,本来。

⑤全:完全,确定是。

⑥循其本:意思是要从最初的话题说起。循:顺着。

⑦云者:如此如此。

译　文

庄子和惠子一起在濠水的桥上游玩。庄子说："鲦鱼在河水中游得多么悠闲自得，这是鱼的快乐啊。"惠子说："你又不是鱼，哪里知道鱼的快乐呢？"庄子说："你又不是我，怎么知道我不知道鱼儿的快乐呢？"惠子说："我不是你，固然就不知道你(的想法)；你本来就不是鱼，你不知道鱼的快乐，这是可以完全确定的。"庄子说："让我们回到最初的话题，你开始说的'你哪里知道鱼的快乐'这句话，就说明你已经知道我知道鱼的快乐才来问我的。现在我告诉你，我是在濠水的桥上知道的。"

与妻书

◎林觉民

对接诵读

佳作推荐

那一场血雨腥风像一页旧书签夹在厚厚的历史著作中，你的名字永远地镌刻在冰冷的石头上。百年前的辛亥三月，你柔情似水地眷恋着相濡以沫的爱妻，割舍不下龙钟的老父、孱弱的稚子，只为了“助天下爱其所爱”，“为天下人谋永福”，置生死于度外，慷慨赴死。你让天下人铭记：多情的丈夫，孝顺的儿子，伟岸的父亲，更是顶天立地的英雄。婉转千余字，读之断肠，催人泪下。

意映卿卿如晤：吾今以此书与汝永别矣！吾作此书时，尚为世中一人；汝看此书时，吾已成为阴间一鬼。吾作此书，泪珠和笔墨齐下，不能竟书而欲搁笔，又恐汝不察吾衷，谓吾忍舍汝而死，谓吾不知汝之不欲吾死也，故遂忍悲为汝言之。

吾至爱汝，即此爱汝一念，使吾勇于就死也。吾自遇汝以来，常愿天下有情人都成眷属；然遍地腥云，满街狼犬，称心快意，几家能彀？司马青衫，吾不能学太上之忘情也。语云：仁者“老吾老以及人之老，幼吾幼以及人之幼”。吾充吾爱汝之心，助天下人爱其所爱，所以敢先汝而死，不顾汝也。汝体吾此心，于啼泣之余，亦以天下人为念，当亦乐牺牲吾身与汝身之福利，为天下人谋永福也。汝其勿悲！

汝忆否？四五年前某夕，吾尝语曰：“与使吾先死也，无宁汝先吾而死。”汝初闻言而怒，后经吾婉解，虽不谓吾言为是，而亦无词相答。吾之意盖谓以汝之弱，必不能禁失吾之悲，吾先死留苦与汝，吾心不忍，故宁请汝先死，吾担悲也。嗟夫！谁知吾卒先汝而死乎？吾真真不能忘汝也！回忆后街之屋，入门穿廊，过前后厅，又三四折，有小厅，厅旁一室，为吾与汝双栖之所。初婚三四个月，适冬之望日前后，窗外疏梅筛月影，依稀掩映；吾与（汝）并肩携手，低低切切，何事不语？何情不诉？及今思之，空余泪痕。又回忆六七年前，吾之逃家复归也，汝泣告我："望今后有远行，必以告妾，妾愿随君行。"吾亦既许汝矣。前十余日回家，即欲乘便以此行之事语汝，及与汝相对，又不能启口，且以汝之有身也，更恐不胜悲，故惟日日呼酒买醉。嗟夫！当时余心之悲，盖不能以寸管形容之。

吾诚愿与汝相守以死。第以今日事势观之，天灾可以死，盗贼可以死，瓜分之日可以死，奸官污吏虐民可以死，吾辈处今日之中国，国中无地无时不可以死，到那时使吾眼睁睁看汝死，或使汝眼睁睁看我死，吾能之乎？抑汝能之乎？即可不死，而离散不相见，徒使两地眼成穿而骨化石，试问古来几曾见破镜能重圆？则较死为苦也，将奈之何？今日吾与汝幸双健。天下人之不当死而死与不愿离而离者，不可数计，钟情如我辈者，能忍之乎？此吾所以敢率性就死不顾汝也。吾今死无余憾，国事成不成自有同志者在。依新已五岁，转眼成人，汝其善抚之，使之肖我。汝腹中之物，吾疑其女也，女必像汝，吾心甚慰。或又是男，则亦教其以父志为志，则我死后尚有二意洞在也。甚幸，甚幸！吾家后日当甚贫，贫无所苦，清静过日而已。

吾今与汝无言矣。吾居九泉之下遥闻汝哭声，当哭相和也。吾平日不信有鬼，今则又望其真有。今人又言心电感应有道，吾亦望其言是实，则吾之死，吾灵尚依依旁汝也，汝不必以无侣悲。

吾生平未尝以吾所志语汝，是吾不是处；然语之，又恐汝日日为吾担忧。吾牺牲百死而不辞，而使汝担忧，的的非吾所忍。吾爱汝至，所以为汝谋者惟恐未尽。汝幸而偶我，又何不幸而生今日之中国！吾幸而得汝，又何不幸而生今日之中国！卒不忍独善其身。嗟夫！巾短情长，所未尽者，尚有万千，汝可模拟得之。吾今不能见汝矣！汝不能舍吾，其时时于梦中得我乎！一恸！

辛亥三月念六夜四鼓，意洞手书。

家中诸母皆通文，有不解处，望请其指教，当尽吾意为幸。

导读赏析

《与妻书》唯其感人，就在于它情真意切，字字泣血，到处都是浓得化不开的真情，缠绵悱恻而又充满激情，充满凛然正气。为国捐躯的激情与对爱妻的深情两相交融、相互辉映，叫人断肠落泪，而又撼人魂魄、令人感奋。虽然已时隔一个世纪，但文章的魅力依然，作者对爱妻的那份真情，那种"以天下人为念"、舍生取义的革命者的气度风范，依然令人动容，而且将流芳百世、名垂千古。

译　文

意映爱妻如见：我现在用这封信跟你永别了！我写这封信的时候，还是世上的一个人，你看到这封信的时候，我已经成为阴间的一个鬼。我写这封信时，泪珠和笔墨一起洒落下来，不忍写完而想搁笔，又担心你不能体察我的衷情，以为我忍心抛弃你而去死，以为我不了解你是多么希望我活下去，所以就强忍着悲痛给你写下去。

我极其爱你，就是这爱你的念头，使我勇敢地走向死亡啊。我自从遇到你以来，常常希望普天下的“有情人”都能够结成恩爱夫妻；然而遍地是腥血、满街是狼犬，有几家能够称心快意地过日子呢？人民的灾难使我和白居易那样泪湿青衫，我不能学古代圣人那样忘情。古语说：有仁爱心肠的人“尊敬我家里的长辈，从而推广到尊敬别人家里的长辈；爱护我家里的儿女，从而推广到爱护别人家里的儿女”。我扩充一片爱你的心，去帮助天下人也能爱自己所爱的人，所以我果敢决定在你死以前先死，只好忍心丢下你而不顾了。你要体谅我的一片苦心，在哭泣之余，也从全国人民的幸福着想，一定会乐于牺牲我和你个人的幸福，去为全国同胞谋求永久的幸福。你不要悲伤啊！

你记得吗？四五年前某个晚上，我曾经告诉你说：“与其使我先死，不如你比我先死。”你开始听了发怒，后来经过我委婉的解释，你虽然不认为我的话是对的，但也无言回答我。我的意思原是说凭你的纤弱，一定经受不住失掉我的悲痛，我先死把痛苦留给你，我是不忍心的，所以宁愿让你先死，我来担当一切苦难与悲痛。唉！哪里料到我终于死在你之前呢？

我确确实实不能忘记你啊！回忆后街上的家宅，进门，穿过长廊，经过前厅、后厅，再拐三四个弯，有个小厅，厅旁有个房间，就是我们夫妻住的地方。新婚后的三四个月，恰巧是冬天，一个望日前后，窗外月光透过稀疏的梅枝，照射下来，就好像从筛子的孔眼里漏出一样，月色和梅影迷朦相映；我跟你肩并肩，手拉手，轻声细语，何事不谈？何情不诉？现在想起来，只留下满面泪痕。又回想起六七年前，我离家归来，你哭着对我说：“希望你今后如有远行，一定事先告诉我，我愿意跟随你一起去。”我也答应了你。十几天前我回到家中，就想趁便把这次行动的事告诉你，等到跟你相对时，又不忍张口，而且因为你已经怀孕，更加担心你经受不住悲痛，所以只有天天喝酒以求醉。唉！那时我内心的悲痛，是不能用笔墨来形容的。

我确实是希望跟你共同生活到老，但拿今天的形势看来，天灾能够造成死亡，盗贼能够造成死亡，国家被列强瓜分那天起能够造成死亡，贪官污吏虐待平民百姓能够造成死亡，我们这代人身处今天的中国，国内每个地方，每时每刻，都可能造成死亡，到那个时候使我眼睁睁看你死，或者让你眼睁睁看我死，我能这样做吗？还是你能这样做？即使能够不死，而我们夫妻离散不能相会，白白地使两人望眼欲穿，身子变成石头，试问，自古以来有几对夫妻离散而又重新团聚？生离是比死别更为痛苦的，该怎么办呢？今天我跟你有幸健在。全国人民中不当死而死、不愿分离而被迫分离的，多得不能用数字来计算。像我们这样感情浓挚的人，能忍看这种惨状吗？这就是我断然干脆地为革命而死、舍你不顾的原因。我现在为革命死毫无遗恨，国家大事成与不成自有同志们在。依新现已五岁，转眼就要成人，你可要好好抚育他，使他像我一样也以天下国家为念。你腹中怀着的孩子，我猜是个女孩，女孩一定像你，（如果那样）我的内心感到非常宽慰。或许又是个男孩，那么也要教育他，以父亲的志向为志向，那么，我死了以后还有两个林觉民呢。幸运极了，幸运极了！我家以后的生活肯定非常贫困；贫困不要紧，清静些过日子罢了。

我要跟你说的话就这些。我在阴间远远地听到你的哭声，一定以哭相应和。我平时不相信有鬼，而今又希望它真有。现在有人提出死人与活人之间有心电感应，我也希望他们说的是事实，那么我死后，我的灵魂还依偎在你身旁，你不必因为失去伴侣而悲痛。

我平日从没有把我的志向告诉你，是我不对的地方；然而告诉了你，又恐怕你天天为我担忧。我对于牺牲，即使是死一百次我都不会推辞，可是让你为此担忧，确确实实不是我能忍心的。我爱你到了极点，所以为你考虑的只怕不周到。你有幸嫁了我，又如何不幸而生在今天的中国！我很幸运得到你，又如何不幸而生在今天的中国！我们总不能忍心只图自己幸福。唉！方巾短小而情意深长，没有表达完的，还有万万千千，你能够想象到的。我现在不能见到你了，你舍不得我，大约会常常在梦里见到我吧！悲痛极了！

辛亥年三月二十六日夜间四更时候，意洞亲手写。

家里的伯母叔母们都通晓文字，有不明白的地方，希望去请她们指教，应当把我的心意完全领会了就好。

五柳先生传

◎陶渊明

拓展阅读

佳作推荐

自况之作，托空寄意。潇洒澹逸，风度奇迈。不戚戚于贫贱，不汲汲于富贵，五柳先生者，真隐士也。

导读赏析

本文通过描写五柳先生抒发了作者的志趣。一个爱好读书、不慕荣利、安贫乐道、忘怀得失、率真自然的封建时代知识分子的形象。文章最后的设问："无怀氏之民欤？葛天氏之民欤？"既表达了作者对上古社会淳朴风尚的向往之情，又说明他是一位有着美好理想的隐士，同时也是对世风日下的黑暗现实的针砭与嘲讽。

先生不知何许人也，亦不详[1]其姓字，宅边有五柳树，因以为号焉。闲静少言，不慕荣利。好读书，不求甚解[2]；每有会意[3]，便欣然忘食。性嗜酒，家贫不能常得。亲旧[4]知其如此，或置酒而招之；造饮辄尽[5]，期在必醉。既醉而退，曾不吝情[6]去留。环堵萧然，不蔽风日；短褐穿结[7]，箪瓢屡空，晏如[8]也。常著文章自娱，颇示己志。忘怀得失，以此自终。

赞[9]曰：黔娄[10]之妻有言："不戚戚[11]于贫贱，不汲汲[12]于富贵。"其言兹若人之俦[13]乎？衔觞赋诗，以乐其志。无怀氏[14]之民欤？葛天氏之民欤？

注　释

①详：知道。

②不求甚解：这里指读书只求领会要旨，不在一字一句的解释上过分探究。

③会意：指对书中的内容有所体会。会，体会，领会。

④亲旧：亲戚朋友。亲，亲戚。旧，这里指旧交、旧友。

⑤造饮辄尽：去喝酒就喝个尽兴。造，

往，到。

⑥吝情：舍不得。

⑦短褐穿结：粗布短衣上打了补丁。短褐，用粗麻布做成的短上衣。穿结，粗布短衣上打了补丁。穿，破。结，缝补。

⑧晏如：安然自若的样子。

⑨赞：传记结尾的评论性文字。

⑩黔(qián)娄：战国时期齐稷下先生，齐国有名的隐士和著名的道家学，无意仕进，屡次辞去诸侯聘请。他死后，曾子前去吊丧，黔娄的妻子称赞黔娄："甘天下之淡味，安天下之卑位，不戚戚于贫贱，不汲汲于富贵。求仁而得仁，求义而得义。"

⑪戚戚：忧愁的样子。

⑫汲汲：心情急切的样子。

⑬其言兹若人之俦(chóu)乎：这话大概说的是五柳先生一类的人吧？若人，此人，指五柳先生。俦，辈，同类。

⑭无怀氏：与下面的"葛天氏"都是传说中的上古帝王。据说在那个时代，人民生活安乐，恬淡自足，社会风气淳厚朴实。

译　文

不知道五柳先生是什么地方的人，也不清楚他的姓字。因为住宅旁边有五棵柳树，就把这个作为号了。他安安静静，很少说话，也不羡慕荣华利禄。他喜欢读书，不在一字一句的解释上过分深究；每当对书中的内容有所领会的时候，就会高兴得连饭也忘了吃。他生性喜爱喝酒，家里穷经常没有酒喝。亲戚朋友知道他这种境况，有时摆了酒席叫他去喝。他去喝酒就喝个尽兴，每次必醉方休；喝醉了就回家，从不拘泥于去还是留。简陋的居室里空空荡荡，遮挡不住严寒和烈日，粗布短衣上打满了补丁，盛饭的篮子和饮水的水瓢里经常是空的，可是他还是安然自得。常常写文章来自娱自乐，也稍微透露出他的志趣。他从不把得失放在心上，从此过完自己的一生。

赞语说：黔娄的妻子曾经说过："不为贫贱而忧愁，不热衷于发财做官。"这话大概说的是五柳先生这一类的人吧？一边喝酒一边作诗，因为自己抱定的志向而感到无比的快乐。不知道他是无怀氏时代的人呢？还是葛天氏时代的人呢？

滕王阁诗

◎王　勃

拓展阅读

佳作推荐

高阁临江，雕梁画栋。珠帘卷暮雨，歌舞几时休。悠悠云影，难数几度星移，滚滚长江，流尽阁中帝子。时空交错，感慨至深，融情于景，意境深远。

导读赏析

本诗以滕王阁为中心，先写滕王阁的地理位置——居高临下，俯视长江。接着联想当年阁中歌舞升平的盛况，再回到眼前景，今昔对比，令人深思。最后以对偶设问句结，委婉地慨叹盛衰无常，更有一唱三叹、余味缠绕之感。其语言丰腴绮丽，有六朝余习，但又有永恒的哲理寓含其中，令人深思。

滕王高阁临江渚，佩玉鸣鸾[1]罢歌舞。
画栋朝飞南浦云，珠帘暮卷西山雨。
闲云潭影日悠悠，物换星移几度秋。
阁中帝子[2]今何在，槛外长江空自流。

注　释

①佩玉鸣鸾：身上佩戴的玉饰、响铃。

②帝子：指滕王李元婴(630—684)。

译　文

巍峨高耸的滕王阁建在江渚之滨，
当年滕王宴饮的华丽歌舞已不再。
南浦的云清晨飞上滕王阁的画栋，
西山的烟雨傍晚卷起滕王阁珠帘。
悠闲的彩云映在潭水中悠然漂浮，
斗转星移不知已经度过几个春秋。
昔日游赏阁中的滕王如今在何处，
只有那栏杆外滔滔江水空自奔流。

养生主（节选）

◎庄　子

拓展阅读

佳作推荐

养生之道重在顺应自然，忘却情感，生为自然，死也为自然。法自然，得养生。

导读赏析

“可以尽年”，指出养生最重要的是要做到“缘督以为经”，即秉承事物中虚之道，顺应自然的变化与发展。接着用寓言和典故进一步说明要听凭天命，顺应自然，“安时而处顺”的生活态度。本文字里行间虽是在谈论养生，实际上是在体现作者的哲学思想和生活旨趣。

吾生也有涯，而知[①]也无涯。以有涯随无涯，殆[②]已！已而为知者，殆而已矣！为善无近[③]名，为恶无近刑；缘督以为经[④]；可以保身，可以全生[⑤]，可以养亲，可以尽年。

……

公文轩见右师[⑥]而惊曰：“是何人也？恶乎介[⑦]也？天与，其人与？”曰：“天也，非人也。天之生是[⑧]使独也，人之貌有与也。以是知其天也，非人也。”

泽雉十步一啄，百步一饮，不蕲畜乎樊中[⑨]。神虽王[⑩]，不善也。

老聃死，秦失[⑪]吊之，三号而出。弟子[⑫]曰：“非夫子[⑬]之友邪？”曰：“然。”“然则吊焉若此可乎？”曰：“然。始也吾以为其人[⑭]也，而今非也。向吾入而吊焉，有老者哭之如哭其子；少者哭之如哭其母。彼其所以会之，必有不蕲[⑮]言而言，不蕲哭而哭者。是遁天倍情[⑯]，忘其所受[⑰]，古者谓之遁天之刑[⑱]。适来[⑲]，夫子时也；适去，夫子顺也。安时而处顺，哀乐不能入也，古者谓是帝之县解。[⑳]”

指[㉑]穷于为薪，火传也，不知其尽也。

注　释

①知(zhì):知识,才智。

②殆:危险,这里指疲困不堪,神伤体乏。

③近:接近,这里含有追求、贪图的意思。

④缘:顺着,遵循。督:中,正道。中医有奇经八脉之说,所谓督脉即身背之中脉,具有总督诸阳经之作用;"缘督"就是顺从自然之中道的含意。经:常。

⑤生:通"性","全生"意思是保全天性。

⑥公文轩:相传为宋国人,复姓公文,名轩。右师:官名,古人常有借某人之官名称谓其人的习惯。

⑦介:独,只有一只脚。

⑧是:此,指代形体上只有一只脚的情况。

⑨蕲(qí):祈求,希望。畜:养。樊:笼。

⑩王(wàng):通"旺",旺盛。

⑪秦失(yì):庄子虚拟的人物。

⑫弟子:指秦失的门人。

⑬夫子:指秦失。

⑭其:指老子。人:世俗之人。

⑮向:刚才。

⑯遁:逃避,违反。倍:通作"背",背弃的意思。一说"倍"讲作"加",是增益的意思。

⑰忘其所受:大意是忘掉了受命于天的道理。庄子认为人体秉承于自然,方才有生有死,如果好生恶死,这就忘掉了受命于天的道理。

⑱遁天之刑:意思是说感伤过度,势必违反自然之道而招来过失。刑,过失。一说"刑"即刑辱之意。

⑲适:偶然。来:来到世上,与下一句的"去"讲作离开人世相对立;这里的"来""去"实指人的生和死。

⑳帝:天,万物的主宰。县(xuán):同"悬"。"帝之县解"犹言"自然解脱"。在庄子看来,忧乐不能入,死生不能系,做到"安时而处顺",就自然地解除了困缚,犹如解脱了倒悬之苦。

㉑指:通"脂",脂膏。

译　文

人们的生命是有限的,而知识却是无限的。以有限的生命去追求无限的知识,势必体乏神伤,既然如此还在不停地追求知识,那可真是十分危险的了!做了世人所谓的善事却不去贪图名声,做了世人所谓的恶事却不至于面对刑戮的屈辱;遵从自然的中正之路并把它作为顺应事物的常法,这就可以护卫自身,就可以保全天性,就可以不给父母留下忧患,就可以终享天年。

公文轩见到右师大吃一惊,说:"这是什么

人？怎么只有一只脚呢？是天生只有一只脚，还是人为地失去一只脚呢？”公文轩自答说：“天生成的，不是人为的。天命使他只有一只脚，人的外观完全是上天所赋予的。所以知道是天生的，不是人为的。”

沼泽边的野鸡走上十步才能啄到一口食物，走上百步才能喝到一口水，可是它丝毫也不会祈求畜养在笼子里。生活在樊笼里虽然不必费力寻食，但精力即使十分旺盛，那也是很不快意的。

老聃死了，他的朋友秦失去吊丧，大哭几声便离开了。秦失的弟子问道：“他不是先生的朋友吗？”秦失说：“是的。”弟子们又问：“那么吊唁朋友像这样，行吗？”秦失说：“行。起初我以为老聃是世俗之人，现在看来并不是这样的。刚才我进入灵房去吊唁，有老年人在哭他，像做父母的哭自己的孩子；有年轻人在哭他，像做孩子的哭自己的父母。吊唁的众人之所以会和到此哭老聃，一定会边称美边痛哭，这并不是老聃当时所期望的。如此逃遁天理、背弃情实，忘掉了人是秉承于自然、受命于天的道理，古时候人们称这种做法为背离自然的过失。偶然来到世上，老聃他应时而生；偶然离开人世，老聃他顺依而死。老聃能安于天理和常分，顺从自然和变化，哀伤和欢乐便都不能进入心怀，古时候人们称这种做法为天常解人于倒悬。”

脂膏作为烛薪终会燃尽，而火种却可以传续下来，永远不会熄灭。

李密传

◎《晋书》

拓展阅读

佳作推荐

曾以至真至孝而闻名当时，曾以治学勤奋而受人尊敬，曾以清廉谨慎而免遭弹劾，然而却因耿介自守而不受重用。多才的李密，也是注定了孤独寂寞的李密。

导读赏析

本文从“至孝”“为学”“清廉”“耿直”几个方面来写李密。人物形象丰满而生动。通过语言描写和正侧描写结合的方法，突出了李密的丰富的才学、耿直的个性和清廉的品格。这篇文章使我们在被《陈情表》孝情感动的同时，对这位历史名人有了更加全面的了解。

李密，字令伯，犍为武阳人也，一名虔。父早亡，母何氏改醮[1]。密时年数岁，感恋弥至，烝烝[2]之性，遂以成疾。祖母刘氏，躬自抚养，密奉事以孝谨闻。刘氏有疾，则涕泣侧息，未尝解衣，饮膳汤药必先尝后进。有暇则讲学忘疲，而师事谯周，周门人方之游夏[3]。

少仕蜀，为郎。数使吴，有才辩，吴人称之。蜀平，泰始初，诏征为太子洗马。密以祖母年高，无人奉养，遂不应命。乃上疏《陈情表》。

帝览之曰：“士之有名，不虚然哉！”乃停召。

后刘终，服阕，复以洗马征至洛。司空张华问之曰：“安乐公何如？”密曰：“可次齐桓。”华问其故，对曰：“齐桓得管仲而霸，用竖刁而虫流[4]。安乐公[5]得诸葛亮而抗魏，任黄皓而丧国，是知成败一也。”次问：“孔明言教何碎？”密曰：“昔舜、禹、皋陶相与语，故得简雅；《大诰》与凡人言，宜碎。孔明与言者无己敌，言教是以碎耳。”华善之。

出为温令，而憎疾从事，尝与人书曰：“庆父不死，鲁难未已。”从事白其书司隶，司隶以密在县清慎，弗之劾也。密有才能，常望内转，而朝廷无援，乃迁汉中太守，自以失分怀怨。及赐饯东堂。诏密令赋诗，末章曰:“人亦有言,有因有缘。官无中人,不如归田。明明在上,斯语岂然!”武帝忿之,于是都官从事奏免密官。后卒于家。二子:赐、兴。

注　释

①醮(jiào):改嫁。

②烝烝(zhēngzhēng):热切的样子,形容李密对母亲思念之深。

③游夏:孔子的学生子游、子夏,品格好,资质高。

④虫流:比喻战死的将士或因战乱而死的人民。此指死亡。

⑤安乐公:刘备之子刘禅。

译　文

李密,字令伯,犍为武阳人,一名虔。父亲很早就去世了,母亲何氏改嫁他人。当时李密只有几岁,他恋母情深,性情淳厚,思念成疾。祖母刘氏亲自抚养他。李密侍奉祖母以孝顺和恭敬闻名当时。祖母刘氏一有病,他就哭泣,侍候祖母身旁,夜里未曾脱衣。为祖母端饭菜、端汤药,他总要尝过后才让祖母用。有空闲的时候就研究学问学忘记疲劳,以谯周为老师,谯周的学生把他比作子游和子夏那样的人。

他年少时在蜀汉做郎官。多次出使吴国,颇有辩才。吴人称赞他。蜀汉平定后,泰始初年,晋武帝委任他为太子洗马。他因为祖母年高,无人奉养,没有接受官职。于是上疏《陈情表》。

皇帝看了以后说:“(这个)读书人有名节,不是徒有虚名啊。”于是就停止征召(他)。

后来(他的祖母)刘去世了,(他)服完丧,又以洗马的身份被征召到洛阳。当时(有个叫)张华的司空问他说:“(你认为)安乐公这个人怎么样?”李密说:“可以与齐桓公相并列。”张华问其中的原因,他回答说:“齐桓公得到管仲(的辅助)而称霸,任用竖刁而使自己死了不得埋葬,尸虫流出户外。安乐公得到诸葛亮的帮助而能抵抗魏国,任用黄皓而亡国,从这可知成败的原因是一样的。”又问:“孔明的规劝提醒的话为什么那么琐碎?”李密说:“过去舜、禹、皋陶在一起谈话,所以能够简洁高雅;《大诰》是说给普通人听的,应该具体琐碎一点。孔明和对话的人水平不相等,他的言论教导因此具体琐碎。”张华认为他说得很有道理。

(后来)李密到外地做温县的县令,很讨厌下属官吏,曾经给人写信说:“庆父这种人不死,鲁国的灾难不会停止。”他的下属把信的内容禀告了司隶,司隶因为李密在县城的名声清廉谨慎,没有弹劾他。李密有才能,常盼望转回朝廷做官，可是朝廷中无人为他说话，于是被调到汉中升作太守，他自己因为不如意而心怀怨恨。等到皇帝在东堂赏赐酒席，让李密作诗时，他在诗的末尾说：“我这人也有心里话，说来话长。做官却朝中无人，不如回家种田。圣明的皇帝高高在上，(我的)这番话哪会正确啊！”武帝对此很生气，于是都官从事马上奏请罢免李密的官职。后来在家里去世。有两个儿子：李赐、李兴。

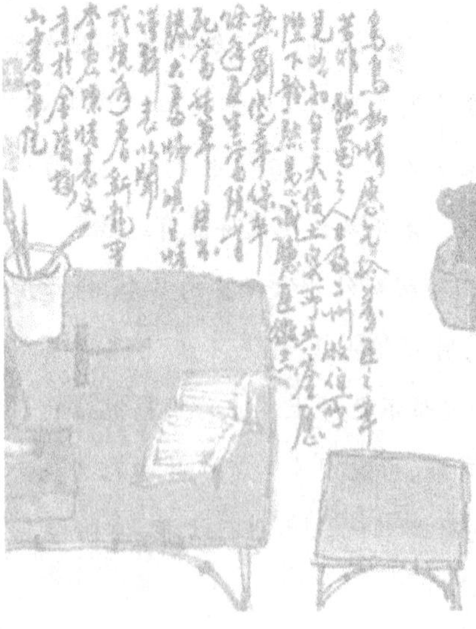

CHAPTER 6

经典诗文背诵导读

XIN BIAN

高中选修

莲花诗韵香清远 校园文华气正刚

请珍惜每秒每分

TIME LOST CAN NOT BE RECALLED

岁月不请自来,青春不告而别

课内背诵
拟行路难（其四）
蜀相
书愤
咏怀八十二首（其一）
杂诗十二首（其二）
越中览古
一剪梅
春江花月夜
夜归鹿门歌
梦游天姥吟留别
登岳阳楼
菩萨蛮（其二）
积雨辋川庄作
旅夜书怀
新城道中（其一）
扬州慢
长相思
将进酒
李凭箜篌引
虞美人
苏幕遮
菩萨蛮
阿房宫赋

拟行路难（其四）

◎鲍 照

🔔 课内背诵

泻水置平地，各自东西南北流。
人生亦有命，安能行叹复坐愁？
酌酒以自宽，举杯断绝歌路难。
心非木石岂无感？吞声踯躅不敢言。

佳作推荐

前路遥遥，空怀理想。人生际遇看门第，个人出身定前程。虽满腹经纶，却无处施展，只有借酒浇愁，悲怆难抑。

作家作品介绍

鲍照（约415—470），字明远，东海（今山东郯城西南）人，南朝宋杰出的文学家、诗人。鲍照与颜延之、谢灵运同为宋元嘉时代的著名诗人，合称“元嘉三大家”，其诗歌往往描写山水，讲究对仗和辞藻。他长于乐府诗，其七言诗对唐代诗歌的发展起了重要作用。

导读赏析

魏晋时期政治黑暗，门阀制度森严，正所谓“上品无寒士，下品无士族”，鲍照这首诗道出了寒士心中的悲哀。这首诗前四句以平地水流为喻，哀叹命由天定，自我宽慰要听天由命。后四句先言借酒取醉，本意狂歌却又声断无言，留下疑惑，再以心中有感却“吞声踯躅不敢言”作结，读来令人触目惊心，曲折地表达了诗人悲愤抑郁之情。诗中托物言志，情感抒发曲折回环，虽不言愁，却愁云惨淡，意味深远。

蜀相

◎杜　甫

课内背诵

丞相祠堂何处寻？锦官城外柏森森。
映阶碧草自春色，隔叶黄鹂空好音。
三顾频烦天下计，两朝开济老臣心。
出师未捷身先死，长使英雄泪满襟。

佳作推荐

前贤盖世功业，几人能比？今生绝伦才华，无处可施。明主，贤相，三顾茅庐，天下定计，令乱世才子无比仰慕，联想自身有无限惆怅。忧国伤民，泪湿衣襟。

导读赏析

此为杜甫寓居成都时所作的怀古诗，诗人少有"致君尧舜上，而使风俗淳"之志。时安史之乱未定，国势艰危，中原涂炭，此拜祭先贤，引发了作者无限感慨。

诗歌前四句突兀一问，又自答武侯祠的位置及环境，"何处寻"，非为无处可寻，而是强调其易寻，松柏碧草渲染出庄严肃穆氛围，尽显诸葛亮为蜀人敬慕。

后四句先追忆诸葛亮的主要功绩，再以"出师未捷身先死"结句，不仅写出诸葛亮的遗憾，也写出诗人仰慕先贤却报国无门的无限悲哀。

诗歌对仗工整精严，不着痕迹，时空跨越极大，感情跌宕起伏，巧妙地浓缩于数十言中，为杜诗七律的精品之一。

书　愤

◎陆　游

课内背诵

早岁那知世事艰，中原北望气如山。
楼船夜雪瓜洲渡，铁马秋风大散关。
塞上长城空自许，镜中衰鬓已先斑。
出师一表真名世，千载谁堪伯仲间！

佳作推荐

气壮徒有恢复志，鬓衰才知世事艰。平生以抗金为己任，自许万里长城，羡诸葛出师。无奈岁月蹉跎，一腔爱国血，满篇悲愤情，一声叹息！

导读赏析

“愤”，愤懑，不平之气也。陆游因力主抗金复土，罢黜赋闲五年，创作此诗时，诗人已61岁，人生几何，岂能无感？

诗歌起句慨叹报国艰难，再写早年南宋两次大捷（其中大散关一役，诗人时参赞军事，为从军最辉煌之时，在他的其他作品中屡屡提到这段经历），干戈相击纸上，何等豪迈。然随之笔锋急转直下，慨叹英雄迟暮，功名难就，唯有追慕古人，表达心中无限悲愤。整首诗无一“愤”字，却句句写“愤”，对句工整，情感郁怒喷涌却又了无痕迹，展现了诗人复杂的内心世界。

咏怀八十二首（其一）

◎阮　籍

课内背诵

夜中不能寐，起坐弹鸣琴。
薄帷鉴明月，清风吹我襟。
孤鸿号外野，翔鸟鸣北林。
徘徊将何见，忧思独伤心。

佳作推荐

月光皎洁，清风徐徐，那只孤鸿在徘徊哀号，正是诗人孤独、失望的影子。悲凄的琴声在倾诉无尽的愁闷。

作家作品介绍

阮籍（210—263），字嗣宗，陈留尉氏（今河南尉氏）人。三国时期魏国诗人，“建安七子”之一，阮瑀的儿子，“竹林七贤”之一。阮籍崇奉老庄之学，政治上则采取谨慎避祸的态度，是“正始之音”的代表作家，其《咏怀》诗现存五言诗八十二首，四言诗十三首，非一时一地之作，主要写诗人在魏晋易代的黑暗现实生活中的各种感慨。

导读赏析

魏晋交替，士人蒙难，本诗为八十二首《咏怀》诗的第一篇，实为这些诗的总开端，如同序诗，抒写了诗人卷入政治斗争漩涡的孤独与彷徨。前四句写心中焦躁难眠，寒月入室，清风入怀，本有清净悲凉之感，抚琴本为悠闲高雅之事，此处却反衬出诗人内心的不安。后四句以“孤鸿”“翔鸟”自况，进一步写出此时的孤独和犹豫。这首诗托物言志，虚实互见，奠定了《咏怀》组诗的忧伤基调。

杂诗十二首（其二）

◎陶渊明

课内背诵

佳作推荐

素月清辉，春去秋来。知交零落，有志难成。光阴飞逝不舍昼夜，人生短暂悲从中来。诗人的志向在于兼济天下，可是时光催人老。志士悲怀，深沉激烈。

白日沦西河，素月出东岭。
遥遥万里晖，荡荡空中景。
风来入房户，夜中枕席冷。
气变悟时易，不眠知夕永。
欲言无予和，挥杯劝孤影。
日月掷人去，有志不获骋。
念此怀悲凄，终晓不能静。

导读赏析

陶渊明给人的印象多为隐逸和逃避，但隐有不得已之隐，并非丧失斗志理想，这一点在陶诗中多有反映（“刑天舞干戚，猛志固常存”），《杂诗十二首》即为他内心世界的另一类表现。

“自古秋风悲寂寥”，本诗从秋夜不眠入手，感叹时光易逝，志业难成，写景抒情由阔大而渐至内心感怀，在大背景中更见人生之匆促，志向难成之悲凄，虽有悲伤之情，却促人奋起。

越中览古

◎李　白

课内背诵

佳作推荐

卧薪尝胆时砥砺意志，志得意满后骄纵任情。天地恒久，盛衰无常。以史为鉴可以知兴替，今人览古，更应该深刻反思。

越王勾践破吴归，战士还家尽锦衣。
宫女如花满春殿，只今惟有鹧鸪飞。

导读赏析

这首怀古诗构思精巧，前三句全力刻画勾践灭吴后的热烈骄奢场景，结句突然转到现实的荒凉景象，前后对比反差极大。诗歌感叹人事变化，盛衰无常，引发读者思考越国迅速灭亡的背后原因，具有极强的现实意义。

一剪梅

◎李清照

课内背诵

红藕香残玉簟秋。轻解罗裳，独上兰舟。云中谁寄锦书来？雁字回时，月满西楼。

花自飘零水自流。一种相思，两处闲愁。此情无计可消除，才下眉头，却上心头。

佳作推荐

愁有色彩，在红藕花落的流水中；愁有味道，在香残清冷的秋夜里；愁有触觉，在玉簟初凉的无眠时；愁有形状，在云中匆匆的雁阵间。季节轮回， 时光老去。相思的人呢，人居两地，情发一心，闲愁两相同，相思两相知。

导读赏析

这首词意在感怀思人，起句点明秋节花残，枕席生凉，既是秋景，也是悲欢离合的内心感受，多为后人赞赏。

上阕六句，由白日独自泛舟，怅望归雁，勾起怀远之思，以“月满西楼”承接上下文，点出日夜相思之苦。下阕首句“花自飘零水自流”，由“无可奈何花落去”之叹，引出后面的抒情。“一种相思，两处闲愁”，更是推己及人，足见两心相印的感情之深（这种笔法在“遥知兄弟登高处，遍插茱萸少一人”中可见）。最后将这种无可排遣的愁绪物化，感情细腻，用心工巧，与“两处闲愁”相互映衬，把相思情写得委婉曲折，却又惊心动魄。

春江花月夜

◎张若虚

课内背诵

佳作推荐

春江花朝，良辰美景，江月朗照，时空永恒。游子思乡之情绵延千载，家，永远是叶落的根。思妇的牵挂化作无尽的幽怨，爱，那么纯真、深远，穿越古今。“孤篇压全唐”只凭情、景、理交融的绝美意境。

作家作品介绍

张若虚（生卒年不详），扬州（今属江苏）人，初唐诗人。以《春江花月夜》著名。曾任兖州兵曹，唐中宗神龙年间与贺之章等以吴越文士扬名京都。开元初与贺知章、张旭、包融并称为“吴中四士”。

春江潮水连海平，海上明月共潮生。
滟滟随波千万里，何处春江无月明！
江流宛转绕芳甸，月照花林皆似霰；
空里流霜不觉飞，汀上白沙看不见。
江天一色无纤尘，皎皎空中孤月轮。
江畔何人初见月？江月何年初照人？
人生代代无穷已，江月年年望相似。
不知江月待何人，但见长江送流水。
白云一片去悠悠，青枫浦上不胜愁。
谁家今夜扁舟子？何处相思明月楼？
可怜楼上月徘徊，应照离人妆镜台。
玉户帘中卷不去，捣衣砧上拂还来。
此时相望不相闻，愿逐月华流照君。
鸿雁长飞光不度，鱼龙潜跃水成文。
昨夜闲潭梦落花，可怜春半不还家。
江水流春去欲尽，江潭落月复西斜。
斜月沉沉藏海雾，碣石潇湘无限路。
不知乘月几人归，落月摇情满江树。

导读赏析

这首抒情诗被誉为“孤篇横绝全唐”，更被闻一多先生赞为“诗中的诗，顶峰上的顶峰”，千余年来令无数读者倾倒。

诗歌抓住“春、江、花、月、夜”五个事物，按景情理依次展开。前十六句先写月下春江，以月光笼罩大江、花树，由大及小，由远及近，创造了一幅皎洁如梦般的世界，再写从中感悟到的人生哲理，虽有人生短暂的感伤情绪，更有人类与自然永存的欣慰，格调高昂，这正是初唐气象的回响。

后十八句转入人间男女相思愁绪，月光摇曳不定，流水落花，潇湘碣石，将两地相思的惆怅、迷惘和孤寂，写得绵绵不绝，令人目眩神摇。

这首诗可谓集绘画音乐文学于一体，达到了后人难以企及的高度，对盛唐新诗体的内容思想及表达手法均有着典范作用。

夜归鹿门歌

◎孟浩然

课内背诵

山寺钟鸣昼已昏，渔梁渡头争渡喧。
人随沙岸向江村，余亦乘舟归鹿门。
鹿门月照开烟树，忽到庞公栖隐处。
岩扉松径长寂寥，惟有幽人自来去。

佳作推荐

诗人归鹿门，世人向江村，两相对比，两种境界。月色朦胧，松径寂寥，幽人独行。这孤独的身影，多么恬然洒脱，多么孤高自得。

作家作品介绍

孟浩然（689—740），名浩，字浩然，襄州襄阳（今湖北襄樊）人，世称孟襄阳。因他未曾入仕，又称之为孟山人，是唐代著名的山水田园派诗人。

导读赏析

孟浩然是位隐逸诗人，诗风清新自然，不事雕琢，这首古体诗以素描式手法，写出他决意归隐时的心路。

诗歌前四句运用对比，将山中与尘世、幽静与喧闹置于一处，展现了诗人与世俗的完全不同的道路选择。一个“亦”字，不难见到诗人对尘世生活的难以割舍，隐约写出隐居的被迫无奈。

后四句明写月下山行的自在和忘情，但一个“寂寥”，却正是诗人此时归隐的内心独白，反映了他消极避世的孤独寂寞，这一点与陶渊明是有很大差异的，读者不可不察。

梦游天姥吟留别

◎李　白

课内背诵

佳作推荐

神秘高俊的天姥山，多情朦胧的镜湖月，清幽寂静的剡溪水，离奇险怪的山中景，壮丽辉煌的神仙府，谪仙人的浪漫一梦，驰骋想象，极尽夸张，梦出了屹立千年的不摧眉权贵的腰杆，也梦出了流传万代的潇洒豪爽的别离情。

导读赏析

这首游仙诗，以梦境展示对山水的热爱，表达对现实的抗议。一句“安能摧眉折腰事权贵，使我不得开心颜”，点亮了全诗，以一种不卑不亢的姿态睥睨封建统治者。作者以恣肆纵横的笔法，创造出奇幻莫测的画面，融古体、杂言和骚体于一炉，体现了诗人独特的浪漫主义风格。

海客谈瀛洲，烟涛微茫信难求；越人语天姥，云霞明灭或可睹。天姥连天向天横，势拔五岳掩赤城。天台四万八千丈，对此欲倒东南倾。

我欲因之梦吴越，一夜飞度镜湖月。湖月照我影，送我至剡溪。谢公宿处今尚在，渌水荡漾清猿啼。脚著谢公屐，身登青云梯。半壁见海日，空中闻天鸡。千岩万转路不定，迷花倚石忽已暝。熊咆龙吟殷岩泉，栗深林兮惊层巅。云青青兮欲雨，水澹澹兮生烟。列缺霹雳，丘峦崩摧。洞天石扉，訇然中开。青冥浩荡不见底，日月照耀金银台。霓为衣兮风为马，云之君兮纷纷而来下。虎鼓瑟兮鸾回车，仙之人兮列如麻。忽魂悸以魄动，恍惊起而长嗟。惟觉时之枕席，失向来之烟霞。

世间行乐亦如此，古来万事东流水。别君去兮何时还？且放白鹿青崖间。须行即骑访名山。安能摧眉折腰事权贵，使我不得开心颜？

登岳阳楼

◎杜　甫

课内背诵

昔闻洞庭水，今上岳阳楼。
吴楚东南坼，乾坤日月浮。
亲朋无一字，老病有孤舟。
戎马关山北，凭轩涕泗流。

佳作推荐

浩瀚洞庭，吞吐日月，每一处波澜都蕴含着诗人的家国之愁。个人的穷困潦倒，漂泊无依不足恨，国家的戎马纷争，百姓流离让人心忧如焚。

导读赏析

本诗作于诗人去世前两年，一家人漂泊无依，诗中既有登楼之喜，又有自我伤悼，更有对国事艰难的忧虑，情绪沉郁悲凉，画面雄浑壮阔，被誉为“盛唐五律第一”。

首联今昔相对，本应喜悦之事，却有悲怆之音，“今昔”二字拉开了时间距离，引发了下面对世事变迁的无限感慨；颔联赋予眼前景物以广阔的背景空间，雄浑壮丽，对此本应胸襟开阔，喜不自禁，但颈联突然转到个人身世，悲从中来，在浩渺天地之间，更见个人的渺小和孤苦，尾联再由个人转到国事，视野投到远方，又作一振，想到兵戈未息的可悲现实，不由得伤心已极，涕泗滂沱。

这首诗时空跳跃极大，感情变化复杂，多种表达方式融为一体，却又不着痕迹，气象闳放，涵蓄深远，纵横捭阖，极变化之妙，盛誉当之无愧。

菩萨蛮（其二）

◎韦　庄

课内背诵

人人尽说江南好，游人只合江南老。春水碧于天，画船听雨眠。

垆边人似月，皓腕凝霜雪。未老莫还乡，还乡须断肠。

佳作推荐

江南好：景色好，水天澈澄，生活好，悠闲自得；人物好，美丽窈窕。他乡再好不如家，有家难归怎不悲苦难抑。

作家作品介绍

韦庄（836—910），字端己，京兆杜陵（今陕西西安东南）人，晚唐诗人、词人，唐诗人韦应物四世孙，五代时前蜀宰相，他在词坛上与温庭筠并名，并称“温韦”，是“花间派”词人的代表作家，有《浣花集》。

导读赏析

这首小令开篇直劝客人留住江南，只因江南景美如画，人艳如花，可收尾两句却耐人寻味。此时唐末北方战乱未休，韦庄避难求仕于蜀中，行程万里，一耽七年，了无所获，此时心态可想而知。“人人尽说江南好”，但快乐只是他们的，作者依然眷恋着故乡，江南美景在作者看来并不值得留恋，一句“未老莫还乡”，既是他人的婉劝，又何尝不是诗人的自我宽慰呢？这首词感情迂回曲折，寓沉痛于美景中，细思却有无限悲哀。

积雨辋川庄作

◎王　维

课内背诵

积雨空林烟火迟，蒸藜炊黍饷东菑。
漠漠水田飞白鹭，阴阴夏木啭黄鹂。
山中习静观朝槿，松下清斋折露葵。
野老与人争席罢，海鸥何事更相疑。

佳作推荐

水田薄雾蒙蒙，视野苍茫；夏木茂密阴阴，境界幽深。飨田的妇人给单调的画幅增添了祥和的气韵，倦了的诗人在旷达淡泊中悟透了别样的人生。

导读赏析

此诗作为王维的田园诗代表作之一，形象鲜明，兴味深远。诗人把自己幽雅清淡的禅寂生活与辋川恬静优美的田园风光结合起来描写，创造了一个物我相惬、情景交融的意境，表现了诗人隐居山林、脱离尘俗的闲情逸致，流露出诗人对淳朴田园生活的深深眷爱。

旅夜书怀

◎杜　甫

课内背诵

细草微风岸，危樯独夜舟。
星垂平野阔，月涌大江流。
名岂文章著，官应老病休。
飘飘何所似，天地一沙鸥。

佳作推荐

星空低垂，平野广阔，月随波涌，大江东流。漂泊的诗人啊，像细草一样渺小，像孤舟一般孤寂。虽名满天下，却壮志难酬。水宽天远，哪里是你沙鸥似的诗人的栖所？

导读赏析

这首诗内容深刻，格调清丽，结构谨严，意境雄浑，气象万千。诗人用景物之间的对比，烘托出一个独立于天地之间的飘零形象，使全诗弥漫着深沉凝重的孤独感。全诗既写旅途风情，更感伤老年多病、漂泊无依的心境，景中有情，融情于景，互藏其宅，是杜甫诗歌中的经典作品。

新城道中（其一）

◎苏　轼

课内背诵

东风知我欲山行，吹断檐间积雨声。
岭上晴云披絮帽，树头初日挂铜钲。
野桃含笑竹篱短，溪柳自摇沙水清。
西崦人家应最乐，煮芹烧笋饷春耕。

佳作推荐

山岭白云缭绕，树梢朝阳悬挂，野桃笑脸迎人，溪柳摇曳多姿，溪水清澈见底，风雨知人意，山水满含情。情景相融，诗意盎然，春天的生机融化在诗人的喜悦的心情里。

导读赏析

全诗意境优美，用新奇的比喻，巧妙的拟人，描绘了山野花木之美，烘托了诗人山行之乐，并将充满生机的景色、西山人家煮芹烧笋喜闹春耕的生动场面以及诗人欢快的心情交织在一起，散发着泥土的馨香、生活的气息，向读者展现出一幅诗意盎然的山村风物画。

扬州慢

◎姜 夔

课内背诵

佳作推荐

波心荡冷月，红药空自妍。繁华已成历史，清角吹破暮寒。俊赏的杜郎，当你看到这青青的荠麦，寂寂的空城，定会和词人一样悲国破家亡，恨胡马纵横，痛民不聊生。

作家作品介绍

姜夔（1154—约1221），字尧章，号白石道人，饶州鄱阳（今江西鄱阳）人。南宋文学家。他少年孤贫，屡试不第，终生未仕，一生转徙江湖。他工诗词、善书法、精音律，其作品素以空灵含蓄著称。

本词中抒发了词人虽然流落江湖，但不忘君国的感时伤世的思想。

淳熙丙申至日，予过维扬。夜雪初霁，荠麦弥望。入其城，则四顾萧条，寒水自碧，暮色渐起，戍角悲吟。予怀怆然，感慨今昔，因自度此曲。千岩老人以为有《黍离》之悲也。

淮左名都，竹西佳处，解鞍少驻初程。过春风十里，尽荠麦青青。自胡马窥江去后，废池乔木，犹厌言兵。渐黄昏，清角吹寒，都在空城。

杜郎俊赏，算而今重到须惊。纵豆蔻词工，青楼梦好，难赋深情。二十四桥仍在，波心荡，冷月无声。念桥边红药，年年知为谁生？

导读赏析

诗人路过扬州，目睹了战争洗劫后扬州的萧条景象，抚今追昔，用昔日的繁荣兴盛景象对比当时的凋残破败惨状，寄托诗人对扬州昔日繁华的怀念和对今日山河破的哀思。笔法空灵，寄寓深长，具有清刚峭拔之气势，冷僻幽独之情怀。

长相思

◎纳兰性德

课内背诵

山一程，水一程，身向榆关那畔行，夜深千帐灯。

风一更，雪一更，聒碎乡心梦不成，故园无此声。

佳作推荐

漫长的征程，艰难曲折。荒寒的塞外，风雪弥漫。故园越来越远，心里越来越痛。本词格调清淡朴素，自然雅致，直抒胸臆，毫无雕琢痕迹。

作家作品介绍

纳兰性德（1655—1685），叶赫那拉氏，字容若，号楞伽山人，满洲正黄旗人，清朝初年词人，原名纳兰成德。他的词以“真”取胜，写景逼真传神，词风“清丽婉约，哀感顽艳，格高韵远，独具特色”。著有《通志堂集》《侧帽集》《饮水词》等。

导读赏析

全词用自然真切、简朴清爽的白描语句，以具体的时空推移过程，及视听感受，既表现景象的宏阔观感，更抒发情思深苦的绵长心境，是即小见大的佳作。词中描写将士在外对故乡的思念，抒写了词人羁旅关外，思念故乡的情怀，柔婉缠绵中见慷慨沉雄。整首词无一句写思乡，却句句渗透着对家乡的思念。

将进酒

◎李　白

课内背诵

佳作推荐

“兴酣落笔摇五岳”，酒入豪肠，诗情万丈，如滔滔奔腾不绝的黄河之水，倾泻着年华逝去的悲慨，渴望用世的自信，怀才不遇的愤懑，蔑视权贵的傲岸。一首劝酒歌，激情四射，使不羁的诗人更狂放，飘逸的诗风更豪纵。

君不见黄河之水天上来，奔流到海不复回。君不见高堂明镜悲白发，朝如青丝暮成雪。人生得意须尽欢，莫使金樽空对月。天生我材必有用，千金散尽还复来。烹羊宰牛且为乐，会须一饮三百杯。

岑夫子，丹丘生，将进酒，杯莫停。与君歌一曲，请君为我倾耳听。钟鼓馔玉不足贵，但愿长醉不用醒。古来圣贤皆寂寞，惟有饮者留其名。陈王昔时宴平乐，斗酒十千恣欢谑。主人何为言少钱，径须沽取对君酌。五花马、千金裘，呼儿将出换美酒，与尔同销万古愁。

导读赏析

在这首诗里，诗人豪饮高歌，借酒消愁，抒发了忧愤深广的人生感慨。诗中交织着失望与自信、悲愤与抗争的情怀，体现出诗人豪纵狂放的个性。全诗情感饱满，抒情有力，变化剧烈；在手法上多用夸张，表现出诗人豪迈洒脱的情怀；在结构上大开大阖，充分体现了李白诗歌“深远岩逸之神”（沈德潜《唐诗别裁集》）。

李凭箜篌引

◎李　贺

课内背诵

吴丝蜀桐张高秋，空山凝云颓不流。
江娥啼竹素女愁，李凭中国弹箜篌。
昆山玉碎凤凰叫，芙蓉泣露香兰笑。
十二门前融冷光，二十三丝动紫皇。
女娲炼石补天处，石破天惊逗秋雨。
梦入神山教神妪，老鱼跳波瘦蛟舞。
吴质不眠倚桂树，露脚斜飞湿寒兔。

佳作推荐

能让行云止步，湘女啼竹，女娲恍惚，神妪求教，玉兔不眠，这是箜篌神奇的魔力，是李凭高超的技艺。传神的比喻，峭丽的语言，大胆的想象，将抽象的音乐，描绘得可视、可闻、可感。

作家作品介绍

李贺（791—817），字长吉，陇西成纪（今甘肃秦安）人，是唐宗室郑王李亮后裔，有“诗鬼”之称。李贺是中唐的浪漫主义诗人，与李白、李商隐称为“唐代三李”，是中唐到晚唐诗风转变期的代表诗人。

导读赏析

李贺此诗的最大特点是想象奇特，形象鲜明，充满了浪漫主义色彩。诗人运用一连串比喻，传神地再现了李凭创造的诗意浓郁的音乐境界，生动地记录下李凭弹奏箜篌的高超技艺。这些饱含思想感情的优美形象，深深地印在读者心中，逗人情思，发人联想。

虞美人

◎李　煜

课内背诵

春花秋月何时了？往事知多少。小楼昨夜又东风，故国不堪回首月明中。

雕栏玉砌应犹在，只是朱颜改。问君能有几多愁？恰似一江春水向东流。

佳作推荐

举头问天天不应，俯身求水水无声。一个处在刀俎上的亡国之君，在东风和煦、皓月当空的时刻，睹物思国，吐露心中万斛愁恨。以水喻愁，江水不尽，愁思永无止息。

作家作品介绍

李煜（937—978），南唐中主李璟第六子，初名从嘉，字重光，号钟隐、莲峰居士，南唐最后一位国君，史称南唐后主。李煜善诗文，精书法、工绘画、通音律，尤以词的成就最高。

导读赏析

全词以明净、凝练、优美、清新的语言，运用比喻、对比、设问等多种修辞手法，淋漓尽致地表达了诗人的真情实感。词中虚设回答，在问答中又紧扣回首往事，感慨今昔写得自然而一气流注，最后进入语尽意不尽的境界，使词境阔大雄伟。

苏幕遮

◎周邦彦

课内背诵

燎沉香，消溽暑。鸟雀呼晴，侵晓窥檐语。叶上初阳干宿雨，水面清圆，一一风荷举。

故乡遥，何日去？家住吴门，久作长安旅。五月渔郎相忆否？小楫轻舟，梦入芙蓉浦。

佳作推荐

雨后天晴，鸟雀欢呼雀跃；荷叶饱满清新，亭亭玉立，摇曳多姿。这多像故乡风景啊！五月，轻舟，还有荷花开遍的水面。梦中的故乡是否还记得我这个宦游的赤子？本词构思巧妙，风格清新活泼，境界淡远高超。

作家作品介绍

周邦彦（1057—1121），字美成，号清真居士，钱塘（今浙江杭州）人。精通音律，善于作词。作品多写闺情、羁旅，也有咏物之作。格律谨严，语言曲丽精雅，长调尤善铺叙，为后来格律词派词人所宗。作品在婉约词人中长期被尊为“正宗”。旧时词论称他为“词家之冠”或“词中老杜”，是公认“负一代词名”的词人，在宋代词坛影响甚大。

导读赏析

这首词写景写人写情写梦皆语出自然，不加雕饰而风情万种，它以质朴无华的语言，通过对清圆的荷叶、五月的江南、渔郎的轻舟这些情景进行虚实变幻的描写，准确而又生动地表现出荷花的风神与词人的乡愁，这在周邦彦以雕饰取胜的词作中当为别具一格之作。

菩萨蛮

◎温庭筠

课内背诵

佳作推荐

美好的环境，柔美的鬓发，雪白的肌肤，美丽的装饰，妙龄的女子，她在精心地装扮着自己。那绣罗襦上双飞的鹧鸪，泄露了女主人公内心的秘密——鸟儿恩爱双栖宿，人却顾影自孤独。见物生情，独自哀伤。

作家作品介绍

温庭筠（812—870），原名岐，字飞卿，太原祁（今山西祁县）人，晚唐时期诗人、词人。温庭筠多次考进士均落榜，行为放浪，终生不得志。精通音律、工诗，与李商隐齐名，时称“温李”；与韦庄并称“温韦”。其诗辞藻华丽，浓艳精致。其词艺术成就在晚唐诸词人之上，为“花间派”首要词人，对词的发展影响较大。

小山重叠金明灭，
鬓云欲度香腮雪。
懒起画蛾眉，弄妆梳洗迟。
照花前后镜，花面交相映。
新帖绣罗襦，双双金鹧鸪。

导读赏析

此词通过对人物肖像、细节、着装等的描写，以绮丽香艳、婉约柔媚的风格，描绘了一位错彩镂金、精致艳丽的贵族女子在闺中的生活情态，为我们构筑了一个富于视觉之美的境界，含而不露地写尽了闺中人的恹恹情态和寂寞心怀。

阿房宫赋

◎杜　牧

课内背诵

佳作推荐

阿房宫，三百里，楼台亭阁尽华丽；六国灭，秦统一，宫女如云竞奢靡；稀世珍，几代聚，秦人视之如沙砾；施暴政，民怨蓄，戍卒振臂毁一炬；前代事，后事师，为国勤政力图治。

作家作品介绍

杜牧（803—852），字牧之，号樊川居士，京兆万年（今陕西西安）人。杜牧是唐代杰出的诗人、散文家，其诗歌以七言绝句著称，内容以咏史抒怀为主，其诗英发俊爽，多切经世之物，在晚唐成就颇高。杜牧人称“小杜”，以别于杜甫之“大杜”。与李商隐并称“小李杜”。

六王毕，四海一，蜀山兀，阿房出。覆压三百余里，隔离天日。骊山北构而西折，直走咸阳。二川溶溶，流入宫墙。五步一楼，十步一阁；廊腰缦回，檐牙高啄；各抱地势，钩心斗角。盘盘焉，囷囷焉，蜂房水涡，矗不知其几千万落。长桥卧波，未云何龙？复道行空，不霁何虹？高低冥迷，不知西东。歌台暖响，春光融融；舞殿冷袖，风雨凄凄。一日之内，一宫之间，而气候不齐。

妃嫔媵嫱，王子皇孙，辞楼下殿，辇来于秦。朝歌夜弦，为秦宫人。明星荧荧，开妆镜也；绿云扰扰，梳晓鬟也；渭流涨腻，弃脂水也；烟斜雾横，焚椒兰也。雷霆乍惊，宫车过也；辘辘远听，杳不知其所之也。一肌一容，尽态极妍，缦立远视，而望幸焉。有不见者，三十六年。燕赵之收藏，韩魏之经营，齐楚之精英，几世几年，剽掠其人，倚叠如山。一旦不能有，输来其间。鼎铛玉石，金块珠砾，弃掷逦迤，秦人视之，亦不甚惜。

嗟乎！一人之心，千万人之心也。秦爱纷奢，人亦念其家。奈何取之尽锱铢，用之如泥沙？使负栋之柱，多于南亩之农夫；架梁之椽，多于机上之工女；钉头磷磷，多于在庾之粟粒；瓦缝参差，多于周身之帛缕；直栏横槛，多于九土之城郭；管弦呕哑，多于市人之言语。使天下之人，不敢言而敢怒。独夫之心，日益骄固。戍卒叫，函谷举，楚人一炬，可怜焦土！

鸣呼！灭六国者六国也，非秦也；族秦者秦也，非天下也。嗟乎！使六国各爱其人，则足以拒秦；使秦复爱六国之人，则递三世可至万世而为君，谁得而族灭也？秦人不暇自哀，而后人哀之；后人哀之而不鉴之，亦使后人而复哀后人也。

导读赏析

这是一篇借古讽今的赋体散文，文句奇偶错落，骈散互用，长短结合，融叙述、描写、议论于一体，全文洋溢着史论的理性风采，又焕发着诗意灵动的光芒。作者通过描写阿房宫的兴建及其毁灭，生动形象地总结了秦朝统治者骄奢亡国的历史经验，并向唐朝统治者发出了警告，表现出一个封建时代正直的文人忧国忧民、匡世济俗的情怀。

经典诗文背诵导读

XIN BIAN

高考必背·初中内容

莲花诗韵香清远　校园文华气正刚

请珍惜每秒每分

TIME LOST CAN NOT BE RECALLED

岁月不请自来,青春不告而别

关雎　《诗经·周南》

关关雎鸠，在河之洲。窈窕淑女，君子好逑。
参差荇菜，左右流之。窈窕淑女，寤寐求之。
求之不得，寤寐思服。悠哉悠哉，辗转反侧。
参差荇菜，左右采之。窈窕淑女，琴瑟友之。
参差荇菜，左右芼之。窈窕淑女，钟鼓乐之。

蒹葭　《诗经·秦风》

蒹葭苍苍，白露为霜。所谓伊人，在水一方。
溯洄从之，道阻且长。溯游从之，宛在水中央。
蒹葭萋萋，白露未晞。所谓伊人，在水之湄。
溯洄从之，道阻且跻。溯游从之，宛在水中坻。
蒹葭采采，白露未已。所谓伊人，在水之涘。
溯洄从之，道阻且右。溯游从之，宛在水中沚。

十五从军行　汉乐府

十五从军征，八十始得归。道逢乡里人："家中有阿谁？"
"遥看是君家，松柏冢累累。"兔从狗窦入，雉从梁上飞，
中庭生旅谷，井上生旅葵。舂谷持作饭，采葵持作羹。
羹饭一时熟，不知贻阿谁。出门东向看，泪落沾我衣。

观沧海　曹　操

东临碣石，以观沧海。
水何澹澹，山岛竦峙。
树木丛生，百草丰茂。
秋风萧瑟，洪波涌起。
日月之行，若出其中；
星汉灿烂，若出其里。
幸甚至哉，歌以咏志。

饮　酒（其五）　陶渊明

结庐在人境，而无车马喧。
问君何能尔？心远地自偏。
采菊东篱下，悠然见南山。
山气日夕佳，飞鸟相与还。
此中有真意，欲辨已忘言。

木兰诗　北朝民歌

唧唧复唧唧，木兰当户织。不闻机杼声，唯闻女叹息。

问女何所思，问女何所忆。女亦无所思，女亦无所忆。昨夜见军帖，可汗大点兵，军书十二卷，卷卷有爷名。阿爷无大儿，木兰无长兄，愿为市鞍马，从此替爷征。

东市买骏马，西市买鞍鞯，南市买辔头，北市买长鞭。旦辞爷娘去，暮宿黄河边，不闻爷娘唤女声，但闻黄河流水鸣溅溅。旦辞黄河去，暮至黑山头，不闻爷娘唤女声，但闻燕山胡骑鸣啾啾。

万里赴戎机，关山度若飞。朔气传金柝，寒光照铁衣。将军百战死，壮士十年归。

归来见天子，天子坐明堂。策勋十二转，赏赐百千强。可汗问所欲，木兰不用尚书郎，愿驰千里足，送儿还故乡。

爷娘闻女来，出郭相扶将；阿姊闻妹来，当户理红妆；小弟闻姊来，磨刀霍霍向猪羊。开我东阁门，坐我西阁床。脱我战时袍，著我旧时裳。当窗理云鬓，对镜帖花黄。出门看火伴，火伴皆惊忙：同行十二年，不知木兰是女郎。

雄兔脚扑朔，雌兔眼迷离；双兔傍地走，安能辨我是雄雌？

送杜少府之任蜀州　王　勃

城阙辅三秦，风烟望五津。
与君离别意，同是宦游人。
海内存知己，天涯若比邻。
无为在歧路，儿女共沾巾。

登幽州台歌　陈子昂

前不见古人，后不见来者。
念天地之悠悠，独怆然而涕下！

次北固山下　王　湾

客路青山外，行舟绿水前。
潮平两岸阔，风正一帆悬。
海日生残夜，江春入旧年。
乡书何处达？归雁洛阳边。

使至塞上　王　维

单车欲问边，属国过居延。
征蓬出汉塞，归雁入胡天。
大漠孤烟直，长河落日圆。
萧关逢候骑，都护在燕然。

闻王昌龄左迁龙标遥有此寄　李　白

杨花落尽子规啼，闻道龙标过五溪。
我寄愁心与明月，随君直到夜郎西。

行路难(其一)　李　白

金樽清酒斗十千，玉盘珍羞直万钱。
停杯投箸不能食，拔剑四顾心茫然。
欲渡黄河冰塞川，将登太行雪满山。
闲来垂钓碧溪上，忽复乘舟梦日边。
行路难！行路难！多歧路，今安在？
长风破浪会有时，直挂云帆济沧海。

黄鹤楼　崔　颢

昔人已乘黄鹤去，此地空余黄鹤楼。
黄鹤一去不复返，白云千载空悠悠。
晴川历历汉阳树，芳草萋萋鹦鹉洲。
日暮乡关何处是？烟波江上使人愁。

望　岳　杜　甫

岱宗夫如何？齐鲁青未了。
造化钟神秀，阴阳割昏晓。
荡胸生曾云，决眦入归鸟。
会当凌绝顶，一览众山小。

春　望　杜　甫

国破山河在，城春草木深。
感时花溅泪，恨别鸟惊心。
烽火连三月，家书抵万金。
白头搔更短，浑欲不胜簪。

茅屋为秋风所破歌　杜　甫

八月秋高风怒号，卷我屋上三重茅。茅飞渡江洒江郊，高者挂罥长林梢，下者飘转沉塘坳。

南村群童欺我老无力，忍能对面为盗贼。公然抱茅入竹去，唇焦口燥呼不得，归来倚杖自叹息。

俄顷风定云墨色，秋天漠漠向昏黑。布衾多年冷似铁，娇儿恶卧踏里裂。床头屋漏无干处，雨脚如麻未断绝。自经丧乱少睡眠，长夜沾湿何由彻！

安得广厦千万间，大庇天下寒士俱欢颜！风雨不动安如山。呜呼！何时眼前突兀见此屋，吾庐独破受冻死亦足！

白雪歌送武判官归京　岑　参

北风卷地白草折，胡天八月即飞雪。
忽如一夜春风来，千树万树梨花开。
散入珠帘湿罗幕，狐裘不暖锦衾薄。
将军角弓不得控，都护铁衣冷难着。
瀚海阑干百丈冰，愁云惨淡万里凝。
中军置酒饮归客，胡琴琵琶与羌笛。
纷纷暮雪下辕门，风掣红旗冻不翻。
轮台东门送君去，去时雪满天山路。
山回路转不见君，雪上空留马行处。

酬乐天扬州初逢席上见赠　刘禹锡

巴山楚水凄凉地，二十三年弃置身。
怀旧空吟闻笛赋，到乡翻似烂柯人。
沉舟侧畔千帆过，病树前头万木春。
今日听君歌一曲，暂凭杯酒长精神。

卖炭翁　白居易

卖炭翁，伐薪烧炭南山中。满面尘灰烟火色，两鬓苍苍十指黑。卖炭得钱何所营？身上衣裳口中食。可怜身上衣正单，心忧炭贱愿天寒。夜来城外一尺雪，晓驾炭车辗冰辙。牛困人饥日已高，市南门外泥中歇。翩翩两骑来是谁？黄衣使者白衫儿。手把文书口称敕，回车叱牛牵向北。一车炭，千余斤，宫使驱将惜不得。半匹红绡一丈绫，系向牛头充炭直。

钱塘湖春行　白居易

孤山寺北贾亭西，水面初平云脚低。
几处早莺争暖树，谁家新燕啄春泥。
乱花渐欲迷人眼，浅草才能没马蹄。
最爱湖东行不足，绿杨阴里白沙堤。

雁门太守行　李　贺

黑云压城城欲摧，甲光向日金鳞开。
角声满天秋色里，塞上燕脂凝夜紫。
半卷红旗临易水，霜重鼓寒声不起。
报君黄金台上意，提携玉龙为君死。

赤　壁　杜　牧

折戟沉沙铁未销，自将磨洗认前朝。
东风不与周郎便，铜雀春深锁二乔。

泊秦淮　杜　牧

烟笼寒水月笼沙，夜泊秦淮近酒家。
商女不知亡国恨，隔江犹唱后庭花。

夜雨寄北　李商隐

君问归期未有期，巴山夜雨涨秋池。
何当共剪西窗烛，却话巴山夜雨时。

无　题　李商隐

相见时难别亦难，东风无力百花残。
春蚕到死丝方尽，蜡炬成灰泪始干。
晓镜但愁云鬓改，夜吟应觉月光寒。
蓬山此去无多路，青鸟殷勤为探看。

相见欢　李　煜

无言独上西楼，月如钩。寂寞梧桐深院锁清秋。　剪不断，理还乱，是离愁，别是一般滋味在心头。

渔家傲·秋思　范仲淹

塞下秋来风景异，衡阳雁去无留意。四面边声连角起，千嶂里，长烟落日孤城闭。浊酒一杯家万里，燕然未勒归无计。羌管悠悠霜满地，人不寐，将军白发征夫泪。

浣溪沙　晏　殊

一曲新词酒一杯。去年天气旧亭台。夕阳西下几时回？　无可奈何花落去，似曾相识燕归来。小园香径独徘徊。

登飞来峰　王安石

飞来山上千寻塔，闻说鸡鸣见日升。
不畏浮云遮望眼，自缘身在最高层。

江城子·密州出猎　苏　轼

老夫聊发少年狂，左牵黄，右擎苍，锦帽貂裘，千骑卷平冈。为报倾城随太守，亲射虎，看孙郎。　酒酣胸胆尚开张。鬓微霜，又何妨！持节云中，何日遣冯唐？会挽雕弓如满月，西北望，射天狼。

水调歌头　苏　轼

丙辰中秋，欢饮达旦，大醉，作此篇，兼怀子由。

明月几时有？把酒问青天。不知天上宫阙，今夕是何年。我欲乘风归去，又恐琼楼玉宇，高处不胜寒。起舞弄清影，何似在人间。　转朱阁，低绮户，照无眠。不应有恨，何事长向别时圆？人有悲欢离合，月有阴晴圆缺，此事古难全。但愿人长久，千里共婵娟。

渔家傲　李清照

天接云涛连晓雾，星河欲转千帆舞。仿佛梦魂归帝所，闻天语，殷勤问我归何处。
我报路长嗟日暮，学诗谩有惊人句。九万里风鹏正举。风休住，蓬舟吹取三山去！

游山西村　陆　游

莫笑农家腊酒浑，丰年留客足鸡豚。

山重水复疑无路,柳暗花明又一村。
箫鼓追随春社近,衣冠简朴古风存。
从今若许闲乘月,拄杖无时夜叩门。

南乡子·登京口北固亭怀古　辛弃疾

何处望神州?满眼风光北固楼。千古兴亡多少事?悠悠。不尽长江滚滚流。
年少万兜鍪,坐断东南战未休。天下英雄谁敌手?曹刘。生子当如孙仲谋。

破阵子·为陈同甫赋壮词以寄之　辛弃疾

醉里挑灯看剑,梦回吹角连营。八百里分麾下炙,五十弦翻塞外声,沙场秋点兵。
马作的卢飞快,弓如霹雳弦惊。了却君王天下事,赢得生前身后名。可怜白发生!

过零丁洋　文天祥

辛苦遭逢起一经,干戈寥落四周星。
山河破碎风飘絮,身世浮沉雨打萍。
惶恐滩头说惶恐,零丁洋里叹零丁。
人生自古谁无死?留取丹心照汗青。

天净沙·秋思　马致远

枯藤老树昏鸦,小桥流水人家,古道西风瘦马。夕阳西下,断肠人在天涯。

山坡羊·潼关怀古　张养浩

峰峦如聚，波涛如怒，山河表里潼关路。望西都，意踌躇。　伤心秦汉经行处，宫阙万间都做了土。兴，百姓苦；亡，百姓苦。

己亥杂诗　龚自珍

浩荡离愁白日斜，吟鞭东指即天涯。
落红不是无情物，化作春泥更护花。

满江红　秋　瑾

小住京华，早又是、中秋佳节。为篱下、黄花开遍，秋容如拭。四面歌残终破楚，八年风味徒思浙。苦将侬、强派作蛾眉，殊未屑。　身不得，男儿列；心却比，男儿烈。算平生肝胆，因人常热。俗子胸襟谁识我？英雄末路当磨折。莽红尘、何处觅知音？青衫湿！

《论语》十二章

子曰："学而时习之，不亦说乎？有朋自远方来，不亦乐乎？人不知而不愠，不亦君子乎？"（《学而》）

曾子曰："吾日三省吾身：为人谋而不忠乎？与朋友交而不信乎？传不习乎？"（《学而》）

子曰："吾十有五而志于学，三十而立，四十而不惑，五十而知天命，六十而耳顺，七十而从心所欲，不逾矩。"（《为政》）

子曰："温故而知新，可以为师矣。"（《为政》）

子曰："学而不思则罔，思而不学则殆。"（《为政》）

子曰："贤哉，回也！一箪食，一瓢饮，在陋巷，人不堪其忧，回也不改其乐。贤哉，回

也!”(《雍也》)

子曰:“知之者不如好之者,好之者不如乐之者。”(《雍也》)

子曰:“饭疏食,饮水,曲肱而枕之,乐亦在其中矣。不义而富且贵,于我如浮云。”《述而》

子曰:“三人行,必有我师焉。择其善者而从之,其不善者而改之。”(《述而》)

子在川上曰:“逝者如斯夫,不舍昼夜。”(《子罕》)

子曰:“三军可夺帅也,匹夫不可夺志也。”(《子罕》)

子夏曰:“博学而笃志,切问而近思,仁在其中矣。”(《子张》)

曹刿论战 《左传》

十年春,齐师伐我。公将战,曹刿请见。其乡人曰:“肉食者谋之,又何间焉?”刿曰:“肉食者鄙,未能远谋。”乃入见。问:“何以战?”公曰:“衣食所安,弗敢专也,必以分人。”对曰:“小惠未徧,民弗从也。”公曰:“牺牲玉帛,弗敢加也,必以信。”对曰:“小信未孚,神弗福也。”公曰:“小大之狱,虽不能察,必以情。”对曰:“忠之属也。可以一战。战则请从。”

公与之乘,战于长勺。公将鼓之。刿曰:“未可。”齐人三鼓。刿曰:“可矣。”齐师败绩。公将驰之。刿曰:“未可。”下视其辙,登轼而望之,曰:“可矣。”遂逐齐师。

既克,公问其故。对曰:“夫战,勇气也。一鼓作气,再而衰,三而竭。彼竭我盈,故克之。夫大国,难测也,惧有伏焉。吾视其辙乱,望其旗靡,故逐之。”

《孟子》三则 《孟子》

鱼我所欲也

鱼,我所欲也;熊掌,亦我所欲也。二者不可得兼,舍鱼而取熊掌者也。生,亦我所欲也;义,亦我所欲也。二者不可得兼,舍生而取义者也。生亦我所欲,所欲有甚于生者,故不为苟得也;死亦我所恶,所恶有甚于死者,故患有所不辟也。如使人之所欲莫甚于生,则凡可以得生者何不用也?使人之所恶莫甚于死者,则凡可以辟患者何不为也?由是则生而有不用也，由是则可以辟患而有不为也。是故所欲有甚于生者，所恶有甚于死者。非独贤者有是心也，人皆有之，贤者能勿丧耳。

一箪食，一豆羹，得之则生，弗得则死。呼尔而与之，行道之人弗受；蹴尔而与之，乞人不屑也。万钟则不辩礼义而受之，万钟于我何加焉！为宫室之美，妻妾之奉，所识穷乏者得我与？乡为身死而不受，今为宫室之美为之；乡为身死而不受，今为妻妾之奉为之；乡为身死而不受，今为所识穷乏者得我而为之：是亦不可以已乎？此之谓失其本心。

富贵不能淫

景春曰："公孙衍、张仪岂不诚大丈夫哉？一怒而诸侯惧，安居而天下熄。"

孟子曰："是焉得为大丈夫乎？子未学礼乎？丈夫之冠也，父命之；女子之嫁也，母命之，往送之门，戒之曰：'往之女家，必敬必戒，无违夫子！'以顺为正者，妾妇之道也。居天下之广居，立天下之正位，行天下之大道。得志，与民由之；不得志，独行其道。富贵不能淫，贫贱不能移，威武不能屈。此之谓大丈夫。"

生于忧患，死于安乐

舜发于畎亩之中，傅说举于版筑之间，胶鬲举于鱼盐之中，管夷吾举于士，孙叔敖举于海，百里奚举于市。故天将降大任于是人也，必先苦其心志，劳其筋骨，饿其体肤，空乏其身，行拂乱其所为，所以动心忍性，曾益其所不能。

人恒过，然后能改；困于心，衡于虑，而后作；征于色，发于声，而后喻。入则无法家拂士，出则无敌国外患者，国恒亡。然后知生于忧患而死于安乐也。

逍遥游（节选）　庄　周

北冥有鱼，其名为鲲。鲲之大，不知其几千里也；化而为鸟，其名为鹏。鹏之背，不知其几千里也；怒而飞，其翼若垂天之云。是鸟也，海运则将徙于南冥，——南冥者，天池也。《齐谐》者，志怪者也。《谐》之言曰："鹏之徙于南冥也，水击三千里，抟扶摇而上者九万里，去以六月息者也。”野马也，尘埃也，生物之以息相吹也。天之苍苍，其正色邪？其远而无所至极邪？其视下也，亦若是则已矣。

虽有佳肴 《礼记》

虽有佳肴，弗食，不知其旨也；虽有至道，弗学，不知其善也。是故学然后知不足，教然后知困。知不足，然后能自反也；知困，然后能自强也。故曰：教学相长也。《兑命》曰："学学半。"其此之谓乎？

伯牙善鼓琴 《列子》

伯牙善鼓琴，钟子期善听。伯牙鼓琴，志在登高山，钟子期曰："善哉，峨峨兮若泰山。"志在流水，钟子期曰："善哉，洋洋兮若江河。"伯牙所念，钟子期必得之。伯牙游于泰山之阴，卒逢暴雨，止于岩下，心悲，乃援琴而鼓之。初为霖雨之操，更造崩山之音，曲每奏，钟子期辄穷其趣。伯牙乃舍琴而叹曰："善哉，善哉，子之听夫志，想象犹吾心也。吾于何逃声哉？"

邹忌讽齐王纳谏 《战国策》

邹忌修八尺有余，而形貌昳丽。朝服衣冠，窥镜，谓其妻曰："我孰与城北徐公美？"其妻曰："君美甚，徐公何能及君也？"城北徐公，齐国之美丽者也。忌不自信，而复问其妾曰："吾孰与徐公美？"妾曰："徐公何能及君也？"旦日，客从外来，与坐谈，问之客曰："吾与徐公孰美？"客曰："徐公不若君之美也。"明日徐公来，孰视之，自以为不如；窥镜而自视，又弗如远甚。暮寝而思之，曰："吾妻之美我者，私我也；妾之美我者，畏我也；客之美我者，欲有求于我也。"

于是入朝见威王，曰："臣诚知不如徐公美。臣之妻私臣，臣之妾畏臣，臣之客欲有求于臣，皆以美于徐公。今齐地方千里，百二十城，宫妇左右莫不私王，朝廷之臣莫不畏王，四境之内莫不有求于王：由此观之，王之蔽甚矣。"

王曰："善。"乃下令："群臣吏民能面刺寡人之过者，受上赏；上书谏寡人者，受中赏；能谤讥于市朝，闻寡人之耳者，受下赏。”令初下，群臣进谏，门庭若市；数月之后，时时而间进；期年之后，虽欲言，无可进者。燕、赵、韩、魏闻之，皆朝于齐。此所谓战胜于朝廷。

出师表　诸葛亮

先帝创业未半而中道崩殂，今天下三分，益州疲弊，此诚危急存亡之秋也。然侍卫之臣不懈于内，忠志之士忘身于外者，盖追先帝之殊遇，欲报之于陛下也。诚宜开张圣听，以光先帝遗德，恢弘志士之气，不宜妄自菲薄，引喻失义，以塞忠谏之路也。

宫中府中，俱为一体，陟罚臧否，不宜异同。若有作奸犯科及为忠善者，宜付有司论其刑赏，以昭陛下平明之理，不宜偏私，使内外异法也。

侍中、侍郎郭攸之、费祎、董允等，此皆良实，志虑忠纯，是以先帝简拔以遗陛下。愚以为宫中之事，事无大小，悉以咨之，然后施行，必能裨补阙漏，有所广益。

将军向宠，性行淑均，晓畅军事，试用于昔日，先帝称之曰能，是以众议举宠为督。愚以为营中之事，悉以咨之，必能使行阵和睦，优劣得所。

亲贤臣，远小人，此先汉所以兴隆也；亲小人，远贤臣，此后汉所以倾颓也。先帝在时，每与臣论此事，未尝不叹息痛恨于桓、灵也。侍中、尚书、长史、参军，此悉贞良死节之臣，愿陛下亲之信之，则汉室之隆，可计日而待也。

臣本布衣，躬耕于南阳，苟全性命于乱世，不求闻达于诸侯。先帝不以臣卑鄙，猥自枉屈，三顾臣于草庐之中，咨臣以当世之事，由是感激，遂许先帝以驱驰。后值倾覆，受任于败军之际，奉命于危难之间，尔来二十有一年矣。

先帝知臣谨慎，故临崩寄臣以大事也。受命以来，夙夜忧叹，恐付托不效，以伤先帝之明，故五月渡泸，深入不毛。今南方已定，兵甲已足，当奖率三军，北定中原，庶竭驽钝，攘除奸凶，兴复汉室，还于旧都。此臣所以报先帝而忠陛下之职分也。至于斟酌损益，进尽忠言，则攸之、祎、允之任也。

愿陛下托臣以讨贼兴复之效，不效，则治臣之罪，以告先帝之灵。若无兴德之言，则责攸之、祎、允等之慢，以彰其咎；陛下亦宜自谋，以咨诹善道，察纳雅言。深追先帝遗诏，臣不胜受恩感激。

今当远离，临表涕零，不知所言。

桃花源记　陶渊明

晋太元中，武陵人捕鱼为业。缘溪行，忘路之远近。忽逢桃花林，夹岸数百步，中无杂树，芳草鲜美，落英缤纷。渔人甚异之。复前行，欲穷其林。

林尽水源，便得一山，山有小口，仿佛若有光。便舍船，从口入。初极狭，才通人。复行数十步，豁然开朗。土地平旷，屋舍俨然，有良田美池桑竹之属。阡陌交通，鸡犬相闻。其中往来种作，男女衣着，悉如外人。黄发垂髫，并怡然自乐。

见渔人，乃大惊，问所从来。具答之。便要还家，设酒杀鸡作食。村中闻有此人，咸来问讯。自云先世避秦时乱，率妻子邑人来此绝境，不复出焉，遂与外人间隔。问今是何世，乃不知有汉，无论魏晋。此人一一为具言所闻，皆叹惋。余人各复延至其家，皆出酒食。停数日，辞去。此中人语云："不足为外人道也。"

既出，得其船，便扶向路，处处志之。及郡下，诣太守，说如此。太守即遣人随其往，寻向所志，遂迷，不复得路。

南阳刘子骥，高尚士也，闻之，欣然规往。未果，寻病终。后遂无问津者。

答谢中书书　陶弘景

山川之美，古来共谈。高峰入云，清流见底。两岸石壁，五色交辉。青林翠竹，四时俱备。晓雾将歇，猿鸟乱鸣；夕日欲颓，沉鳞竞跃。实是欲界之仙都。自康乐以来，未复有能与其奇者。

三峡　郦道元

自三峡七百里中，两岸连山，略无阙处。重岩叠嶂，隐天蔽日，自非亭午夜分，不见曦月。

至于夏水襄陵，沿溯阻绝。或王命急宣，有时朝发白帝，暮到江陵，其间千二百里，虽乘奔御风，不以疾也。

春冬之时，则素湍绿潭，回清倒影，绝巘多生怪柏，悬泉瀑布，飞漱其间，清荣峻茂，良多趣味。

每至晴初霜旦，林寒涧肃，常有高猿长啸，属引凄异，空谷传响，哀转久绝。故渔者歌曰："巴东三峡巫峡长，猿鸣三声泪沾裳。"

马说　韩　愈

世有伯乐，然后有千里马。千里马常有，而伯乐不常有。故虽有名马，祇辱于奴隶人之手，骈死于槽枥之间，不以千里称也。

马之千里者，一食或尽粟一石。食马者不知其能千里而食也。是马也，虽有千里之能，食不饱，力不足，才美不外见，且欲与常马等不可得，安求其能千里也？

策之不以其道，食之不能尽其材，鸣之而不能通其意，执策而临之，曰："天下无马！"呜呼！其真无马邪？其真不知马也。

陋室铭　刘禹锡

山不在高，有仙则名。水不在深，有龙则灵。斯是陋室，惟吾德馨。苔痕上阶绿，草色入帘青。谈笑有鸿儒，往来无白丁。可以调素琴，阅金经。无丝竹之乱耳，无案牍之劳形。南阳诸葛庐，西蜀子云亭。孔子云：何陋之有？

小石潭记　柳宗元

从小丘西行百二十步，隔篁竹，闻水声，如鸣珮环，心乐之。伐竹取道，下见小潭，水尤清冽。全石以为底，近岸，卷石底以出，为坻，为屿，为嵁，为岩。青树翠蔓，蒙络摇缀，参差披拂。

潭中鱼可百许头，皆若空游无所依，日光下澈，影布石上。佁然不动，俶尔远逝，往来翕忽。似与游者相乐。

潭西南而望，斗折蛇行，明灭可见。其岸势犬牙差互，不可知其源。

坐潭上，四面竹树环合，寂寥无人，凄神寒骨，悄怆幽邃。以其境过清，不可久居，乃记之而去。

同游者:吴武陵，龚古，余弟宗玄。隶而从者，崔氏二小生:曰恕己，曰奉壹。

岳阳楼记　范仲淹

庆历四年春，滕子京谪守巴陵郡。越明年，政通人和，百废具兴。乃重修岳阳楼，增其旧制，刻唐贤今人诗赋于其上。属予作文以记之。

予观夫巴陵胜状，在洞庭一湖。衔远山，吞长江，浩浩汤汤，横无际涯；朝晖夕阴，气象万千。此则岳阳楼之大观也，前人之述备矣。然则北通巫峡，南极潇湘，迁客骚人，多会于此，览物之情，得无异乎？

若夫淫雨霏霏，连月不开，阴风怒号，浊浪排空；日星隐曜，山岳潜形；商旅不行，樯倾楫摧；薄暮冥冥，虎啸猿啼。登斯楼也，则有去国怀乡，忧谗畏讥，满目萧然，感极而悲者矣。

至若春和景明，波澜不惊，上下天光，一碧万顷；沙鸥翔集，锦鳞游泳；岸芷汀兰，郁郁青青。而或长烟一空，皓月千里，浮光跃金，静影沉璧，渔歌互答，此乐何极！登斯楼也，则有心旷神怡，宠辱偕忘，把酒临风，其喜洋洋者矣。

嗟夫！予尝求古仁人之心，或异二者之为，何哉？不以物喜，不以己悲；居庙堂之高则忧其民；处江湖之远则忧其君。是进亦忧，退亦忧。然则何时而乐耶？其必曰“先天下之忧而忧，后天下之乐而乐”乎。噫！微斯人，吾谁与归？

时六年九月十五日。

醉翁亭记　欧阳修

环滁皆山也。其西南诸峰，林壑尤美，望之蔚然而深秀者，琅琊也。山行六七里，渐闻水声潺潺而泻出于两峰之间者，酿泉也。峰回路转，有亭翼然临于泉上者，醉翁亭也。作亭者谁？山之僧智仙也。名之者谁？太守自谓也。太守与客来饮于此，饮少辄醉，而年又最高，故自号曰醉翁也。醉翁之意不在酒，在乎山水之间也。山水之乐，得之心而寓之酒也。

若夫日出而林霏开，云归而岩穴暝，晦明变化者，山间之朝暮也。野芳发而幽香，佳木秀而繁阴，风霜高洁，水落而石出者，山间之四时也。朝而往，暮而归，四时之景不同，而乐亦无穷也。

至于负者歌于途，行者休于树，前者呼，后者应，伛偻提携，往来而不绝者，滁人游也。临溪而渔，溪深而鱼肥，酿泉为酒，泉香而酒洌，山肴野蔌，杂然而前陈者，太守宴也。宴酣之乐，非丝非竹，射者中，弈者胜，觥筹交错，起坐而喧哗者，众宾欢也。苍颜白发，颓然乎其间者，太守醉也。

已而夕阳在山，人影散乱，太守归而宾客从也。树林阴翳，鸣声上下，游人去而禽鸟乐也。然而禽鸟知山林之乐，而不知人之乐；人知从太守游而乐，而不知太守之乐其乐也。醉能同其乐，醒能述以文者，太守也。太守谓谁？庐陵欧阳修也。

爱莲说　周敦颐

水陆草木之花，可爱者甚蕃。晋陶渊明独爱菊。自李唐来，世人盛爱牡丹。予独爱莲之出淤泥而不染，濯清涟而不妖，中通外直，不蔓不枝，香远益清，亭亭净植，可远观而不可亵玩焉。

予谓菊，花之隐逸者也；牡丹，花之富贵者也；莲，花之君子者也。噫！菊之爱，陶后鲜有闻。莲之爱，同予者何人？牡丹之爱，宜乎众矣。

记承天寺夜游　苏　轼

元丰六年十月十二日夜，解衣欲睡，月色入户，欣然起行。念无与为乐者，遂至承天寺寻张怀民。怀民亦未寝，相与步于中庭。庭下如积水空明，水中藻、荇交横，盖竹柏影也。何夜无月？何处无竹柏？但少闲人如吾两人者耳。

送东阳马生序（节选）　宋　濂

余幼时即嗜学。家贫，无从致书以观，每假借于藏书之家，手自笔录，计日以还。天大寒，砚冰坚，手指不可屈伸，弗之怠。录毕，走送之，不敢稍逾约。以是人多以书假余，余因得遍观群书。既加冠，益慕圣贤之道。又患无硕师名人与游，尝趋百里外，从乡之先达执经叩问。先达德隆望尊，门人弟子填其室，未尝稍降辞色。余立侍左右，援疑质理，俯身倾耳以请；或遇其叱咄，色愈恭，礼愈至，不敢出一言以复；俟其欣悦，则又请焉。故余虽愚，卒获有所闻。

当余之从师也，负箧曳屣行深山巨谷中。穷冬烈风，大雪深数尺，足肤皲裂而不知。至舍，四支僵劲不能动，媵人持汤沃灌，以衾拥覆，久而乃和。寓逆旅，主人日再食，无鲜肥滋味之享。同舍生皆被绮绣，戴朱缨宝饰之帽，腰白玉之环，左佩刀，右备容臭，烨然若神人；余则缊袍敝衣处其间，略无慕艳意，以中有足乐者，不知口体之奉不若人也。盖余之勤且艰若此。

今诸生学于太学，县官日有廪稍之供，父母岁有裘葛之遗，无冻馁之患矣；坐大厦之下而诵《诗》《书》，无奔走之劳矣；有司业、博士为之师，未有问而不告，求而不得者也；凡所宜有之书皆集于此，不必若余之手录，假诸人而后见也。其业有不精，德有不成者，非天质之卑，则心不若余之专耳，岂他人之过哉？

湖心亭看雪　张　岱

崇祯五年十二月，余住西湖。大雪三日，湖中人鸟声俱绝。是日更定矣，余拏一小舟，拥毳衣炉火，独往湖心亭看雪。雾凇沆砀，天与云与山与水，上下一白。湖上影子，惟长堤一痕、湖心亭一点、与余舟一芥、舟中人两三粒而已。

到亭上，有两人铺毡对坐，一童子烧酒炉正沸。见余，大喜曰："湖中焉得更有此人！"拉余同饮。余强饮三大白而别。问其姓氏，是金陵人，客此。及下船，舟子喃喃曰："莫说相公痴，更有痴似相公者！"

河中石兽　纪　昀

沧州南一寺临河干，山门圮于河，二石兽并沉焉。阅十余岁，僧募金重修，求二石兽于水中，竟不可得，以为顺流下矣。棹数小舟，曳铁钯，寻十余里无迹。

一讲学家设帐寺中，闻之笑曰："尔辈不能究物理。是非木杮，岂能为暴涨携之去？乃石性坚重，沙性松浮，湮于沙下，渐沉渐深耳。沿河求之，不亦颠乎？”众服为确论。

一老河兵闻之，又笑曰：“凡河中失石，当求之于上流。盖石性坚重，沙性松浮，水不能冲石，其反激之力，必于石下迎水处啮沙为坎穴。渐激渐深，至石之半，石必倒掷坎穴中。如是再啮，石又再转。转转不已，遂反溯流逆上矣。求之下流，固颠；求之地中，不更颠乎？”如其言，果得于数里外。然则天下之事，但知其一，不知其二者多矣，可据理臆断欤？

后　记

中华民族数千年流传下来的经典诗文浩如烟海、灿若繁星，它们艺术地呈现了各个时代的文化风貌，形象记录了中华民族的风雨历程，生动地表现了“小我”与“大我”的融合与创造，涵盖无限神奇丰富的思想情感密码，成为中华民族乃至世界各民族的文化瑰宝。广大中学生继往开来，民族兴盛所系，理当珍惜文化遗产，吸纳不老精华。生生不息，养浩然正气；孜孜以求，铸精忠之魂。

北京师范大学芜湖附属学校承领导关怀，汇各界力量，追求有高度、有厚度、有温度的优质教育，重视吸纳传统文化精华，站在培养现代健全人格和成真未来光荣梦想的崇高立场，校领导班子正尽展卓越，殚精竭虑、全力以赴，全面推进学校特色课程，致力于打造文化名校、书香校园，培养“厚德、乐群、博学、尚美”人才。

出版《新编经典诗文背诵导读》，为顺应时代、合乎现实的积极作为。我们语文教研组老师根据教学实际和学生特点，注重素质教育与学习考试的相辅相成，运用自己的经验和眼光，精挑细选，巧作解读，妙语点评，为学生提供丰盛的文化营养。

经典诗文选择体现了我们慎重确定的四原则：一、经典性，所有诗文必须文质兼美，经受历史考验，堪为典范；二、人文性，选用诗文必须具有超越时空、穿透灵魂、蕴蓄普遍情思的人文价值；三、浅近性，忌文字晦涩、内容过于抽象，贴近社会生活和学生理解接受力现实；四、精短性，尽力避收长篇文字，每篇作品都是短小精悍、字字珠玑。

针对人教版五册必修和一册选修的教材实际，又根据高中不同年级的教学实际，我们将不同学段的经典诗文分成课内必背、对接诵读、拓展阅读三个板块，采取了分阶段定任务、有计划分轻重、按步骤稳推进的编写设想，对遴选出来的课内外近300篇（首）经典诗文做了较为科学、实用的编排和校勘，《新编经典诗文背诵导读》即将出版，我们也为莘莘学子付出了良苦用心。

本书编委会的老师们不辞辛苦，积极推荐，实为可敬。专家型老师寇金良、姜月明既做了大量筛选工作，又对编排方案给予热诚的建议，实在让人感动。年轻老师王荣慧、王思齐等在编写中积极担负，认真努力，表现可圈可点。编排过程中学校各位校长、各部门主任、各位教师同仁的真诚支持，让我们感谢之中常怀欣慰。由于编者水平有限，眼界促狭，时间短促，《新编经典诗文背诵导读》缺憾之处一定很多，诚请大家批评指正。

二〇一八年三月六日